U0127560

数据新闻的可视化实践

肖　倩　谢海涛　初晓青　著

电子工业出版社

Publishing House of Electronics Industry

北京 • BEIJING

内 容 简 介

本书围绕数据新闻的可视化实践这一主题展开讨论。全书分为六章。第 1 章是数据新闻与可视化概述，阐述和讨论数据新闻的概念、实践流程，数据可视化及其与数据新闻的关系等内容，是展开后续章节的基础。第 2~6 章围绕实践流程展开，第 2 章介绍可视化前的数据准备——数据的搜集、处理与分析；第 3~5 章根据第 1 章对数据新闻中常用、适用的可视化工具的分类及常见可视化技术类型的讨论，分别探讨简单易用的可视化工具及其可视化实践、可视化框架与编程语言及其可视化实践，以及特定展现形式的可视化实践与工具；第 6 章在将前几章所讨论的内容进行串联和综合应用的基础上，讨论数据新闻可视化内容的整合呈现过程。

本书适合从事数据新闻实践和研究的新闻从业者或相关研究者阅读，对相关领域的技术人员也有一定的参考价值，还可作为相关专业本科生、研究生的参考书。

未经许可，不得以任何方式复制或抄袭本书之部分或全部内容。

版权所有，侵权必究。

图书在版编目（CIP）数据

数据新闻的可视化实践 / 肖倩，谢海涛，初晓青著. —北京：电子工业出版社，2021.3
ISBN 978-7-121-40857-1

Ⅰ. ①数… Ⅱ. ①肖… ②谢… ③初… Ⅲ. ①数据处理－可视化软件－应用－新闻报道－研究 Ⅳ. ①G212

中国版本图书馆 CIP 数据核字（2021）第 054184 号

责任编辑：刘真平
印　　刷：北京天宇星印刷厂
装　　订：北京天宇星印刷厂
出版发行：电子工业出版社
　　　　　北京市海淀区万寿路 173 信箱　　邮编：100036
开　　本：720×1 000　1/16　印张：21.5　字数：397.6 千字
版　　次：2021 年 3 月第 1 版
印　　次：2021 年 3 月第 1 次印刷
定　　价：98.00 元

凡所购买电子工业出版社图书有缺损问题，请向购买书店调换。若书店售缺，请与本社发行部联系，联系及邮购电话：(010) 88254888，88258888。

质量投诉请发邮件至 zlts@phei.com.cn，盗版侵权举报请发邮件至 dbqq@phei.com.cn。

本书咨询联系方式：(010) 88254579。

前言
Preface

　　随着大数据时代的到来，与之相关的数据分析、数据可视化技术得到了更快的发展，并开始向与我们生活有关的各个领域渗透，其中就包括新闻领域。在大数据发展、"开放数据"潮流兴起和可视化技术渗透的背景下，数据新闻应运而生。这种以"数据"和"可视化"为基础的新型新闻报道模式一经推出，就受到国内外媒体的追捧，成为传媒行业的宠儿。

　　数据新闻旨在通过搜集、处理、分析数据，挖掘其背后的关联、模式和规律，通过丰富的可视化形式展现新闻内容，述说新闻故事。一次完整的数据新闻实践通常需要经过选题内容策划，搜集、处理、分析数据，可视化，可视化内容的整合呈现（新闻故事叙述）等阶段。其中，可视化是数据新闻实践的重要环节之一。数据可视化这一领域的发展实际上已经过了一段时间，有许多成熟的可视化技术、工具。数据新闻中的可视化对该领域已有的若干可视化技术、工具有所运用，同时也发展和呈现出新闻领域自身的特点。而且，作为实践环节之一，可视化与其之前的数据搜集、处理与分析环节紧密相关，又是其之后可视化内容的整合呈现（新闻故事叙述）环节的基础，起着承前启后的关键作用，因此，对数据新闻中的可视化实践进行讨论是重要和必要的。随着计算机技术的发展和向新闻领域的渗透，数据新闻可视化实践能够运用的工具越来越丰富，对相关从业人员也提出了越来越高的技术能力要求。除若干简单易用的可视化工具外，HTML、CSS、JavaScript 等 Web 前端开发技术，以及基于它们的可视化技术和工具在数据新闻领域的应用与实践也变得更为重要，因此，针对数据新闻的可视化实践需要进行更全面、详细的探讨。

本书以数据新闻的可视化实践为主题，讨论和介绍与之相关的一些内容。其中，以介绍数据新闻中常用、适用的可视化工具及其可视化实践为最主要内容，且主要面向以图片或网页形式呈现的数据新闻。在介绍这些可视化工具时，不仅涉及一些简单易用的工具，还涉及以编程为基础的可视化框架、编程语言在数据新闻可视化实践中的基本应用过程和方法。具体来说，本书分为六章。第 1 章进行数据新闻与可视化概述，介绍数据新闻的概念、意义、发展与现状，数据新闻的实践流程、数据可视化及其与数据新闻的关系，数据新闻中的常见可视化技术类型，数据新闻的分类，并对数据新闻中常用、适用的可视化工具进行概述。通过上述讨论，厘清数据可视化与数据新闻的区别与联系，强调可视化环节在数据新闻实践流程中所处的承前启后的关键位置及其与其他环节的联系等。同时，本书以可视化环节为中心，将数据新闻实践流程归结为"选题内容策划""可视化前的数据准备""可视化""可视化内容的整合呈现（新闻故事叙述）"四个环节，并围绕后三个环节展开本书后续章节的讨论。第 2 章介绍可视化前的数据准备——数据的搜集、处理与分析，包括"数据"的概念及数据准备与"可视化"的关系，搜集数据的途径与方法，数据的常见存储格式，数据权威性的验证，数据存储格式的转换、数据清洗、数据分析的一些方法和工具等。其中，重点介绍通过计算机程序（网络爬虫）抓取网页数据（主要是如何用数据来源站点提供的应用程序接口搜集和获取数据）的原理与过程，使用编程语言（主要以 Python 为例）实现数据存储格式转换的原理与过程，JSON 格式与 JavaScript 的基本语法，以及使用 Excel 软件进行数据清洗、数据分析的过程。第 3～5 章按照第 1 章对数据新闻中常用、适用的可视化工具的分类，通过举例，讨论各类可视化工具及其可视化实践。第 3 章介绍 Adobe Illustrator、Tableau、Excel、Power BI 等简单易用的可视化工具及其可视化实践；第 4 章讨论一些可视化框架与编程语言及其可视化实践，以基于 JavaScript 的框架 D3.js、ECharts 的可视化实践为重点；第 5 章主要面向第 1 章梳理的数据新闻中常见的可视化技术类型，探讨特定展现形式的可视化实践与工具，包括组合式统计图表的可视化实践与工具 Plotly、基于模板的信息图可视化实践与工具、词云的可视化实践与工具、时间轴的可视化实践与工具、地理信息的可视化实践与工具、时变空间的数据可视化实践工具 Power Map、网络可视化实践与工具 Gephi、高维多元数据的可视化实践与工具、基于计算模型的交互可视化实践工具 Tangle。第 6 章讨论可视化内容的整合呈现，以制作网页形式的数据新闻为例，介绍整合呈现过程的实践方法。

为了给读者一个更完整的印象，本书不仅按照实践流程中的环节来编排章节，更重要的是，全书的举例基本都围绕同一个实例背景。第 2～5 章根据所讨论的具体内容针对该实例背景的不同部分展开，最后一章对实例进行整合呈现，将前几章的内容加以串联、概括和综合应用，也方便读者理解可视化实践在数据新闻中的重要地位（注：全书所举实例和所用数据仅用于技术讨论）。而且，本书以若干数据新闻中常用、适用的可视化工具及其可视化实践为讨论重点，针对各工具主要通过举例来介绍其可视化实践过程与方法，并不就某个工具展开过于深入的探讨，因为本书希望通过介绍更多可视化工具及其实践过程，使读者在面对具体的可视化需求时能更好地选择适用的工具。此外，本书虽然对一些以编程为基础的可视化框架和编程语言进行介绍，但目的并非让读者精通编程，而是希望借此帮助读者了解编程技术在数据新闻可视化实践中的应用场景、适用性、特点与难度，使他们在需要学习和掌握一种以编程为基础的可视化工具时，知道如何起步，以便应对数据新闻向新闻从业者提出越来越高的技术能力要求这一趋势。同时，也让他们认识到以编程为基础的可视化工具既不是洪水猛兽，也不是万能的，从业者需要根据具体的实践情况选择合适的可视化工具。

本书主要面向从事数据新闻实践和研究的新闻从业者或相关研究者，对相关领域的技术人员也有一定的参考价值，还可作为相关专业本科生、研究生的参考书。

本书出版受北京市教委专项资金、北京印刷学院"新闻与传播专业学位硕士授权点建设"项目资助。同时，本书也是北京市优秀人才培养资助项目"面向传媒行业的数据新闻实践研究"（项目编号：2014000020124G112）的成果之一。本科生杜海燕（就职于澎湃新闻）、叶雅萍、孙文瑾和郑彩妮参与了本书部分可视化软件的调研，在此一并表示感谢。

由于作者水平所限，书中不足和错误之处在所难免，恳请广大读者批评指正。

肖 倩

北京印刷学院

谢海涛

北京科技经济信息联合中心

2020 年 10 月

$\mathscr{C}ontents$ 目·录

第 1 章

数据新闻与可视化概述

1.1 什么是数据新闻

随着大数据时代的到来，"开放数据"（Open Data）成为全球新潮流，各国政府机构、非政府组织、企业等，开始将一些数据向媒体与社会公众开放，这些数据可以被他们自由获取并再次发布，而不必受著作权、专利权及其他管理机制的限制[1, 2]。"数据新闻"（Data Journalism）在该背景下应运而生，并成为传媒行业的宠儿。

作为新闻业在大数据时代孕育的一种新型新闻报道模式，数据新闻旨在对数据进行抓取、统计和分析，挖掘和展示数据背后的关联与模式，并通过丰富的可视化形式向受众直观展现新闻内容，呈现上还可具有交互性[3, 4]。根据"人类从外界获得的信息有 80% 以上来自视觉系统"[5~7]，且"人脑几乎是在瞬间完成对图形信息的处理"[8]的生理事实，数据新闻依托于可视化增加了其内容的直观性和易读性，使之更深入人心。

许多世界知名媒体率先在数据新闻领域进行了尝试，如英国《卫报》（*The Guardian*）、英国广播公司（British Broadcasting Corporation，BBC）、《金融时报》（*Financial Times*），美国《纽约时报》（*The New York Times，NYT*）、《芝加哥论坛报》（*Chicago Tribune*）、《华尔街日报》（*The Wall Street Journal*），德国 Zeit 在线（Zeit Online），澳大利亚广播公司（Australian Broadcasting Corporation，ABC）等。同时，欧洲新闻中心（European Journalism Centre，EJC）、开放知

识基金会（Open Knowledge Foundation，OKF）、网络新闻协会（Online News Association，ONA）和国际新闻设计协会（Society for News Design，SND）等一些非营利性组织、机构也在推动数据新闻发展方面做出了积极贡献。

2011 年，由欧洲新闻中心和开放知识基金会发起，率先探索数据新闻的从业者和研究者协作编写并推出了数据新闻领域的第一本著作 *The Data Journalism Handbook*（《数据新闻手册》）[9、10]。它主要遵循"创作共用署名-相同方式共享协议"（Creative Commons Attribution-Share Alike License）以免费在线阅读的形式推出，也由 O'Reilly Media 发行了电子书[9]，且继率先推出英文版之后，陆续推出了其他多个语言版本（包括中文版[11]）。这本书主要探讨了数据新闻的概念，并汇集了业界实践经验[10]。目前，该书的第 2 版[12]也已由欧洲新闻中心和谷歌新闻计划（Google News Initiative，GNI）制作并推出。

1.2　数据新闻的意义、发展与现状

1.2.1　数据新闻的意义

数据新闻对新闻业产生了重要影响，它对于新闻业的意义可从以下三方面来阐述。

首先，由于互联网和新媒体的冲击，传统媒体亟待转型，与新媒体融合发展。然而，如何转型，如何与新媒体更好地融合，传统媒体还在不断探索。数据新闻无疑是该探索过程中的一个产物。它使新闻媒体可以以数据为基础，采用可视化的技术手段并利用丰富的多媒体形式（如图片、音频、视频、动画等），将新闻事件编辑成既客观又生动的"故事"，从而增加报道的吸引力。曾有数据记者细心地观察到，在他们的新闻网站上，"含有数据"能够增加用户在一个页面上的驻留时间[13]。

其次，随着社交媒体的发展和公民新闻的出现，新闻机构在新闻报道（尤其是突发事件报道）中的地位受到了较大的冲击。报道的客观性、深入性和预测性成为新闻机构重新赢得受众的突破口。这正是数据新闻的又一价值所在。因为，这些突破口的实现正是基于对数据的分析解读、对新闻价值的深度挖掘及对所挖掘内容的直观、可视化呈现。新闻机构对数据进行深度观察，就能依

托数据库技术、可视化技术，向人们直观、客观地呈现与其生活息息相关的信息，为人们的日常生活提供不可或缺的实用指导。例如，非营利新闻编辑室 ProPublica 曾围绕人们比较关注的"医疗保险"话题制作了数据新闻报道（新闻应用）*Treatment Tracker: The Doctors and Services in Medicare Part B*（《治疗追踪（第二部分）：医疗保险中的医生和服务》）①，调查了 2013 年个人医生和其他医疗专业人员服务于 4900 万老人和残疾人产生的医疗保险费用[14]。又如，我国中央电视台《晚间新闻》栏目 2014 年 1 月推出的《"据"说春运》报道，通过百度迁徙动态地图进行大数据可视化，生动播报了我国春运人口流动的情况，为人们的春运出行提供了实用参考。

最后，再从更宏观的新闻产业角度来看，德国之声记者米尔科•洛伦兹（Mirko Lorenz）曾对数据新闻背后的商业模式（Business Model）发表过精辟的见解，他认为麦当劳、Zara、H&M 等公司早已通过跟踪业务数据来获得巨大利润。而且，当前这种商业模式及其实践工具、软件、技术与方法正在向其他领域扩散，也包括传媒业。让数据可见、可知，以数据为导向来创造利润，正成为许多新闻机构的选择。例如，英国《经济学人》（*The Economist*）杂志雇用了数百名专业记者，打造了"经济学人智库"单元，提供了几乎所有国家的相关发展趋势预测，面向数量庞大的客户群体开展了咨询服务[11]。

1.2.2 数据新闻的发展与现状

2009 年，英国《卫报》创立了《数据博客》（Datablog，网址：www.theguardian.com/data），成为率先开展数据新闻实践的媒体。随后，英国广播公司、《金融时报》，美国《纽约时报》、《芝加哥论坛报》、《华尔街日报》，德国 Zeit 在线，澳大利亚广播公司等知名媒体也积极探索数据新闻。2010 年 8 月，欧洲新闻中心与阿姆斯特丹大学（University of Amsterdam）合作举办了首届数据驱动新闻圆桌会议（The Data-Driven Journalism Roundtable in Amsterdam）[15]。2011 年，在伦敦召开的 Mozilla 大会（Mozilla Festival）上，开放知识基金会和欧洲新闻中心倡导并利用 48 小时研讨会促成了著作 *The*

---

① 参见 *Treatment Tracker: The Doctors and Services in Medicare Part B*，https://projects.propublica.org/treatment/，分别访问于 2015 年 10 月 19 日、2016 年 11 月 7 日和 2018 年 11 月 17 日。该作品获得了 2015 年数据新闻奖（Data Journalism Awards，DJA）"年度开放数据奖"（Open Data Award）。作品先后于 2016 年 8 月和 2017 年 12 月做了更新，分别展示了 2014 年和 2015 年的相应调查结果。

Data Journalism Handbook 雏形的诞生；随后，经过数月，该书通过网络协作的方式完成编写，并免费在线发布，同时由 O'Reilly Media 发行了电子书[9、3、11、16]。该书一经推出就成为业界广为推崇的数据新闻权威著作。2012 年，全球编辑网（Global Editors Network, GEN）发起和组织了全球首届"数据新闻奖"①的评选活动；之后，该活动每年举办一次，成为探索数据新闻的世界各国媒体交流成果和经验的一个主要平台。2014 年，《纽约时报》正式推出了数据新闻相关栏目 *The Upshot*（网址：www.nytimes.com/upshot/），由 15 名成员组成的团队参与此栏目的运营，主要面向政治、经济领域制作数据新闻，也有许多体育类新闻作品[17]。澳大利亚广播公司早在 2011 年 11 月就推出过数据新闻报道 *Coal Seam Gas by the Numbers*（《数字上的煤层气》）②；2014 年 2 月，它成立了专门的交互叙事团队，发布了许多交互新闻作品[18]。同年，欧洲新闻中心推出在线课程 Doing Journalism with Data: First Steps, Skills and Tools（用数据做新闻：起步、技能与工具）③；随后，它还推出了许多其他的数据新闻相关课程④。美洲奈特新闻中心（Knight Center for Journalism in the Americas）也一直在开设与数据新闻有关的在线课程，如 Investigative Journalism for the Digital Age（数字时代的调查报道）⑤。

　　除业界外，数据新闻的相关研究和教学也受到国外学术界的广泛关注。2012 年 4 月，哥伦比亚大学（Columbia University）新闻学院接受了奈特基金会（The John S. and James L. Knight Foundation）和陶氏基金会（The Tow Foundation）提供的 200 万美元经费，对数据新闻进行三方面的研究，分别是：新的实践及工具影响力的作用机制、公共数据的可用性、可视化工作功能发挥的最佳化[19]。一些国外高校还通过开设数据新闻相关课程，或推出线上、线下讲座的形式，梳理其研究成果，也会邀请业界专家前来教授和分享实践经验。例如，斯坦福大学（Stanford University）的 Geoff Mcghee 推出纪录片 *Journalism*

---

① "数据新闻奖"的官方网站见 https://www.datajournalismawards.org/。
② 参见 *Coal Seam Gas by the Numbers*，http://www.abc.net.au/news/specials/coal-seam-gas-by-the-numbers/，访问于 2016 年 8 月 21 日。
③ 参见 Doing Journalism with Data: First Steps, Skills and Tools，https://datajournalism.com/watch/doing-journalism-with-data-first-steps-skills-and-tools。
④ 参见 https://datajournalism.com/watch，访问于 2019 年 9 月 10 日。
⑤ 参见 Sign up now for Investigative Journalism for the Digital Age, the Knight Center's newest MOOC, https://knightcenter.utexas.edu/blog/00-15538-sign-now-investigative-journalism-digital-age-knight-center%E2%80%99s-newest-mooc。

in the Age of Data（《数据时代的新闻学》）①。Dan Nguyen 和 Jeremy Singer-Vine 分别在纽约大学（New York University，NYU）开设课程 Small Data Journalism（小数据新闻）②和 Analytics and Data Visualization for Journalism（新闻中的分析和数据可视化）③。伯克利高级媒体学院（Berkeley Advanced Media Institute）在推出在线教程、创建相关工具等方面做了很多工作，还通过举办研讨会来促进各媒体、相关从业者、研究者在数据新闻等方面的交流。例如，在 2013 年 5 月召开的"复杂性与语境数据新闻研讨会"（Complexity & Context Data Journalism Symposium）上，他们邀请了迈阿密大学（University of Miami）信息图艺术领域的教授 Alberto Cairo、谷歌技术大师 Daniel Sieberg 和地理新闻网（Earth Journalism Network）记者 Willie Shubert 等专家前来演讲，分享经验、成果[20]。

在我国，从 2011 年起，许多媒体纷纷开始尝试数据新闻实践。搜狐网于当年开设了数据新闻栏目《数字之道》④。2012 年，网易开设《数读》栏目⑤，腾讯开设《新闻百科》⑥和《数据控》栏目⑦，新浪开设《图解天下》栏目⑧，央视网开设《图解》栏目⑨。2013 年，新华网推出《数据新闻》栏目⑩、人民网推出《图解新闻》栏目⑪、财新网推出《数字说》栏目⑫、中央广播电视总台国际在线推出《图解天下》栏目⑬。新京报除了在其网站上推出《图个明白》等栏目⑭外，还在报纸上开设了《新图纸》版面，对传统报纸如何运用数据新闻这种新型报道模式展开探索。2014 年 1 月底，中央电视台《晚间新闻》栏

---

① 参见 *Journalism in the Age of Data*，Geoff Mcghee，http://datajournalism.stanford.edu/。
② 参见 Small Data Journalism，Dan Nguyen，2013，http://www.smalldatajournalism.com/。
③ 参见 Analytics and Data Visualization for Journalism，Jeremy Singer-Vine，2013，https://www.jsvine.com/WRIT1-CE9741/syllabus/。
④ 搜狐《数字之道》栏目的网址原是 http://news.sohu.com/matrix/，后更新至"四象工作室"的搜狐号，网址为 http://mp.sohu.com/profile?xpt=NzJCMERBNUNDN0NEODJBOTkwMTZFMkM2NkU3REM3QjBAcXEuc29odS5jb20=。
⑤ 网易《数读》栏目的网址为 https://data.163.com/special/datablog/。
⑥ 腾讯《新闻百科》栏目的网址为 https://news.qq.com/newspedia/all.htm。
⑦ 腾讯《数据控》栏目的网址为 https://news.qq.com/bigdata/。
⑧ 新浪《图解天下》栏目的网址为 http://roll.news.sina.com.cn/chart/index.shtml。
⑨ 央视网《图解》栏目的网址为 http://news.cntv.cn/illustration/index.shtml。
⑩ 新华网《数据新闻》栏目的网址为 http://www.xinhuanet.com/datanews/index.htm。
⑪ 人民网《图解新闻》栏目的网址为 http://opinion.people.com.cn/GB/364827/。
⑫ 财新网《数字说》栏目的网址为 http://datanews.caixin.com/。
⑬ 中央广播电视总台国际在线《图解天下》栏目的网址为 http://news.cri.cn/tjtx。
⑭ 新京报《图个明白》栏目的网址为 http://graphic.bjnews.com.cn/。

目推出"据"说系列报道，是对电视类数据新闻的实践。此外，中国网、光明网、中新网、中国日报网、南方都市报、澎湃新闻等媒体也都加入到了数据新闻的探索中。

在国内众多开展数据新闻实践的媒体中，网络媒体是主力，其中，新华网和财新网是实践较为突出的两个媒体。新华网早在 2012 年就开始了数据新闻的探索，2013 年成立了数据新闻部，逐渐形成从"数据抓取"到"数据分析、提纯"再到"可视化呈现"的完整业务链[21]。它的《数据新闻》栏目于 2013 年 2 月开始推出数据新闻报道。2015 年，该栏目获得"中国新闻奖"的"中国新闻名专栏"奖项。财新网于 2013 年 6 月启动"财新数据可视化实验室"的创建工作，并于 2013 年 10 月 8 日正式成立该实验室[22]。同年，财新网开设数据新闻栏目《数字说》，在团队成员的努力下，发表了大量作品，并多次获得国内外奖项，特别是在 2018 年获得了全球数据新闻奖的"最佳数据新闻团队奖"（Best Data Journalism Team），是中国媒体首次在该奖项的评选中获奖。

为了推动数据新闻在我国的发展，加入数据新闻探索队伍的国内相关媒体、机构和从业者等都积极致力于汇集、总结国内外相关经验，还不断举办讲座、培训和比赛，加强经验分享、交流。在崔岸雍①的发起与译言网的帮助下，*The Data Journalism Handbook* 中文版得以由志愿团队翻译成稿，并于 2013 年获得欧洲新闻中心正式授权[11]，同样通过在线方式为读者提供免费阅读的途径。该书中文版的在线发布，使得这本数据新闻领域的经典著作获得了更多国内新闻从业者的关注，也为他们带来了许多宝贵的经验。此外，2013 年成立的"数据新闻网"②成为国内最早开始专门面向数据新闻提供资讯的平台，它不仅为国内从业者汇集了包括相关优秀案例、会议、工具、课程和书籍资料等在内的优秀成果和经验（其中包括大量国外相关成果、经验），还在组织讲座培训、促进经验交流等方面做了许多工作。

从 2013 年起，我国数据新闻的相关研究文献数量也迅速增长，清华大学、中国人民大学、新华社新闻研究所等高校和科研机构都纷纷关注了该研究领域，研究议题丰富，如对数据新闻概念的界定、对其发展现状和未来趋势的讨论，以及对相关案例的分析等。而且，许多高校也开始重视数据新闻人才的教

---

① "数据新闻网"创办人之一。
② 该网站现已停止运营，但它在我国数据新闻发展早期做出了很多贡献。

育与培养，例如，中国传媒大学于 2015 年新增新闻学专业（数据新闻报道方向），属全国首例。中国人民大学、武汉大学等众多高校也都开设了与数据新闻相关的课程。同时，清华大学、复旦大学、香港大学等高校还积极对外开办培训课程或工作坊。

总的来说，自 2009 年数据新闻在欧美国家出现以来，就在全球范围内呈现出欣欣向荣的发展景象。其中，国外媒体从 20 世纪 50、60 年代起就尝试了一些以计算机技术和数据为基础的报道模式（如计算机辅助新闻、精确新闻等），他们在其中所积累的经验和取得的成果对数据新闻的出现和快速发展也起到了促进作用[23~29]。在我国，自一些媒体率先于 2011 年左右开始关注并探索数据新闻以来，短短几年时间该领域就取得了许多进展，且越来越多的媒体加入数据新闻的实践中，这与大数据时代背景是分不开的。

1.3　数据新闻的实践流程、数据可视化及其与数据新闻的关系

德国之声记者米尔科·洛伦兹在阐释数据新闻的概念时概括了它的实践流程。他指出：数据新闻可以被定义为一种工作流程，其中，数据是分析、可视化和讲故事的基础，且讲故事是最重要的一环。数据新闻也可以被视为一个数据提纯的过程，使原始数据向有意义的内容转换，经过数据新闻实践流程的各环节——挖掘、过滤和处理数据、可视化、讲故事，其之于公众的价值得以提升，尤其是当复杂的事实被归结为十分清晰、大众容易理解和记忆的新闻故事时[15]。由此可见，米尔科·洛伦兹认为数据新闻的实践流程包括了"挖掘、过滤和处理数据、可视化、讲故事"等环节。不过，我们认为还有一个环节——选题内容策划，也是数据新闻实践流程中不可缺少的。而且，从数据新闻实践流程的上述各环节来看，可视化是这一流程的中间阶段，起到承前启后的作用。鉴于本书以讨论数据新闻的可视化实践为主题，因此，我们在上述实践流程界定的基础上，以可视化为中心来概括数据新闻实践流程的各环节，包括选题内容策划、可视化前的数据准备、可视化、可视化内容的整合呈现（新闻故事叙述）四个环节。其中，"可视化"与其之前的"可视化前的数据准备"及其之

后的"可视化内容的整合呈现"联系尤其紧密。它以"可视化前的数据准备"作为前提和基础，以"可视化内容的整合呈现"作为决定和提升可视化内容质量及新闻价值、意义的关键因素。因此，本书讨论数据新闻的可视化实践，以"可视化"环节为重点，也涉及对"可视化前的数据准备"和"可视化内容的整合呈现"两个环节的讨论。虽然"选题内容策划"环节对"可视化"也有影响，为其提供了思路和依据，但由于本书重在技术实践方面的讨论，故对于该环节不单独做深入探讨，不过在探讨可视化内容整合呈现的具体实例中也会简单涉及对该环节的讨论。

此外，要强调的是，虽然本书在概括数据新闻的实践流程时，以"选题内容策划、可视化前的数据准备、可视化、可视化内容的整合呈现（新闻故事叙述）"为顺序，包括后面章节涉及的一些讨论也主要遵循此顺序，但在实际的数据新闻实践中有时各环节不一定会按照上述顺序串行发生。这是因为数据新闻非常强调团队合作，不同的环节可能由不同团队成员负责，他们常常在确定选题后就各司其职，并行推进部分环节，也会在推进过程中及时交流和调整方案。例如，根据可视化环节或可视化内容整合呈现阶段的执行效果，可能会要求补充数据或调整选题内容策划方案等。很多时候甚至是在拿到数据并进行了初步分析以后，再确定最终的选题策划方案。总的来说，在实际操作中，各环节如何展开，还要视具体实践情况而定。

通过以上关于数据新闻实践流程的讨论，我们已经认识到可视化是数据新闻中的重要环节之一。实际上，由于人脑超过 50% 的功能用于视觉感知，也就是说视觉是人类获取信息的重要渠道，因此，人类在几个世纪以前就开始借助可视化来加快、加深对信息的认知，以便更好地发现、决策、把握事物规律[30, 31]。在可视化漫长的发展过程中，其理论得到了不同领域人员的不断补充、发展。石教英教授在为陈为等学者的《数据可视化》一书撰写的序言中，指出数据可视化"是可视化研究领域的新起点"[31]。"可视化"过往长时间的发展与积累，也为数据可视化奠定了较深厚的理论基础。数据可视化技术旨在借助计算机处理能力、计算机图像和图形学及可视化算法，将海量数据用静态或动态的图像、图形进行展现，且允许通过交互抽取数据或控制画面显示，从而发掘和显现隐含在数据之下的现象，帮助人们分析理解数据、形成概念和寻找规律[32]。一般认为，数据可视化有三个主要的分支——科学可视化（Scientific

Visualization）、信息可视化（Information Visualization）和可视分析学（Visual Analytics）[30, 31]。三者没有清晰的边界，但各有侧重：科学可视化重点处理带有空间坐标和几何信息的三维空间测量数据、计算模拟数据和医学影像数据等，主要面向物理、化学、气象气候等学科领域，也被称为"科学计算可视化"（Visualization in Scientific Computing，ViSC）。信息可视化主要处理非结构化、非几何的抽象数据（如金融数据、文本信息等），旨在对抽象数据使用计算机支持的、交互的、可视化的表示形式，来增强认知能力[6, 7]，更侧重于借助可视化来呈现数据中的信息和规律，建立符合人类认知规律的心理映像（Mental Image），帮助人们分析复杂问题[5, 7]。其核心问题有高维数据及数据间抽象关系的可视化、用户的敏捷交互和可视化有效性的评判等。可视分析则侧重从数据中综合、意会、推理出知识，是一门综合性学科，与科学可视化、信息可视化、计算机图形学、信息获取、数据处理与挖掘、人机交互等学科领域都相关[33]，且其中人机交互是不可缺少的[31]。

　　由于可视化是人类认知信息的一种重要手段，因此，它在人们生活所涉及的各行业领域中都可能得到运用，而随着大数据的发展及其理念向各行业的渗透，数据可视化的此类运用更得到了强化。因此，如果从数据可视化的视角来看，数据新闻也可以看成数据可视化的应用主题之一，是数据可视化技术在传媒领域应用的产物。但是，数据新闻更重视对数据中新闻价值和意义的展现，重视新闻故事的叙述。只不过，叙述方式不再是传统的文字，而是采用可视化的方式来展示数据，讲述"故事"。综上所述，数据新闻与可视化的区别与联系可以归纳为如下几个要点。

　　（1）数据可视化本身是一个发展相对成熟的研究领域。数据可视化技术就是借助计算机的处理能力及相关算法，使海量数据得以图像、图形化展示，并允许通过交互控制数据及其展现，以便发现隐含在数据之下的现象[32]。

　　（2）数据新闻是新闻业在大数据时代的一种新型新闻报道模式，利用计算机技术及统计学、数据挖掘等学科、研究方向的理论、技术基础来搜集、处理、分析数据，挖掘其背后的意义，并通过可视化来展示分析结果、叙述新闻故事。

　　（3）从数据可视化的应用发展过程来看，数据新闻是可视化的应用主题之一，是可视化技术在传媒领域应用的产物。

（4）从数据新闻的实践流程来看，可视化是其实践过程中的一个环节，而一个好的数据新闻作品，除了采用丰富的可视化技术外，新闻选题与角度，内容策划，数据的搜集、处理与分析，以及叙事方式（即如何整合可视化元素，进行生动的新闻故事叙述）也很重要。而且，在考虑可视化技术的选择时，受众对可视化表达及其结果的理解和接受程度也是数据新闻实践中必须考虑的重要因素之一。

（5）作为一个成熟的研究领域，数据可视化本身有三个主要的分支——科学可视化、信息可视化、可视分析学[30、31]。三者在所面向的主要数据类型、研究重点、核心问题等方面各有侧重[31]。而数据新闻重视的是通过可视化的形式展现数据中的新闻价值和意义，至于可视化时涉及的是哪个分支，对其来说并不重要，因为新闻本身涉及的主题范围是很广的，尤其对于综合类新闻媒体，可能既会讨论金融话题，也会涉及气象内容，所以，或许这三个数据可视化的分支在数据新闻的可视化环节中都会遇到。不过，根据新闻业的特点，现阶段在数据新闻实践中，信息可视化会涉及更多一些，且在其具体可视化方法、表现（表达）形式等方面，也会结合新闻特点各有侧重。

（6）从数据可视化和数据新闻对可视化的关注点来看，数据可视化领域对可视化技术的研究比较注重讨论具体技术类型的实现原理（如方法、模型和算法等），对于支持这种技术实现的可视化工具，虽然也会有所讨论，但不是最主要的。然而，在数据新闻，尤其在业界实践过程中，数据可视化工具被广泛讨论，因为新闻业不得不考虑从业者对各类工具的运用能力、新闻作品的制作效率、受众对不同可视化工具呈现效果的接受程度和偏好等因素。为提高制作效率、提升可视化质量，数据新闻从业者需要对可视化工具的选择予以关注。同时，大量简单易用的可视化工具不断出现并被运用于数据新闻实践中，以便降低从业者进行可视化工作的难度。此外，运用于数据新闻中的可视化技术及工具也只是众多可视化技术及工具中的一部分，是经过相关从业者的实践后筛选出的现阶段更适于新闻领域（更符合新闻传播特点，更容易被新闻从业者掌握，所呈现的可视化内容更容易吸引受众和被受众理解等）的相关技术和工具，而数据新闻也会对与数据可视化息息相关的其他一些学科领域（如信息视觉设计）予以关注。

1.4　数据新闻中的常见可视化技术类型

无论把数据新闻看作可视化技术在传媒领域的应用结果也好，还是将可视化视作数据新闻实践流程中的一环也好，有一个事实是可以肯定的：数据可视化的若干前期基础和技术可以在数据新闻的可视化实践中加以运用。而且，1.3节中也讨论过，在数据新闻中进行可视化时或许会涉及科学可视化、信息可视化和可视分析学三个数据可视化分支，不过，现阶段以信息可视化为主。陈为等学者在《数据可视化》一书中，从空间标量场可视化、地理信息可视化、大规模多变量空间数据场可视化、时变数据可视化、层次和网络数据可视化、文本和文档可视化、跨媒体数据可视化、复杂高维多元数据可视化等几方面对数据可视化方法和技术进行了分类讨论[31]。任磊等学者在《大数据可视分析综述》一文中，也对面向大数据主流应用的信息可视化技术做了总结，将其分为文本可视化（包括标签云、语义结构可视化等）、网络可视化、时空数据可视化、多维数据可视化（包括散点图、投影、平行坐标等）几类[7]。数据新闻实践中也常用到其中许多可视化技术，不过，正如 1.3 节所述，在其具体可视化方法、表现（表达）形式等方面，数据新闻也有自身的考虑和侧重点。例如，目前数据新闻实践中处理的许多数据都不是传统意义上的"大数据"，同时，还要兼顾广大新闻受众对可视化内容的接受能力。正是基于诸如此类的种种原因，数据新闻中的可视化技术以成熟的可视化技术为基础，但也存在一些改良，形成了自己的特点。因此，在陈为等学者[31]和任磊等学者[7]对可视化方法、技术所做分类的基础上，我们结合当前的数据新闻实践（主要为国内数据新闻实践），通过举例来讨论数据新闻中一些常见的可视化技术类型。它们并不代表全部常用技术，只是借此让读者对数据新闻中的可视化形成更深刻的认识。

1.4.1　统计图表

统计图表旨在用点、线、面或具体事物形象等几何学的基本度量来表示制图对象的规模、水平、结构、相互关系及发展变化过程[34]，常见于科技论文中[35]。联合国欧洲经济委员会（The United Nations Economic Commission for Europe,

UNECE）编纂的《使数据有意义》系列手册中的第二部《统计数据可视化指南》，将统计图表归为一种传统可视化工具（技术）[36]。陈为等学者在《数据可视化》一书中也指出它是最早的数据可视化形式之一，且至今仍被作为一种基本的可视化元素而广泛采用[31]。其类型很丰富，大众熟知的条形图、柱状图、折线图、饼图、散点图等都属此类。

统计图表在数据新闻中运用得非常多，而且，为丰富视觉表达，数据新闻中常运用象形图这一类统计图表。象形图以实物为依据，通过艺术加工绘制成各种"象形符号"，通常包括五种：长度象形、单位象形、平面象形、主体象形和外加装饰的象形[37]。例如，本书3.1节例3-1中所绘制的柱状图（见图3-1）就是一个象形图，该图所讨论的主题与景区有关，因此使用了代表景区的小房子图形（后文称"景区图标"）来填充柱形，一个景区图标代表三个景区，属于单位象形。新华网《数据新闻》栏目的报道《管教≠管"叫"，"咆哮妈妈"让孩子很受伤》①中也有一个象形图，在柱状图的基础上以母亲的形象为外观，展示对身边是否存在"咆哮妈妈"的调查结果。该图中，结果分为四项，分别为非常普遍、普遍、一般、不多，每一项对应柱状图中的一个柱形，所反映的是各项的占比，且分别使用了一个不同的母亲形象来代替传统的柱形，例如，"非常普遍"这一项对应了一个发火的母亲形象，而"不多"这一项对应了一个微笑的母亲形象。各项占比的具体数值大小则由母亲的身长来反映，属于长度象形，例如，"普遍"这一项的占比最高，因此对应的母亲身长最长。

1.4.2 信息图

信息图也是数据新闻中很常见的一种可视化形式。它将数据、海量信息及复杂逻辑关系通过文字、色彩、图像、符号等视觉语言简单化、直观化，达到清晰、高效传达信息的目的[38]。严格来说，信息图和统计图形学都属于信息视觉设计的主要领域[31]。信息视觉设计是与数据可视化密切相关的学科领域，像统计图形学中的许多方法（如散点图、热力图等）同样也是信息可视化的最基本方法[31]。国内许多媒体在数据新闻报道中都经常使用信息图。例如，新华网

---

① 参见《管教≠管"叫"，"咆哮妈妈"让孩子很受伤》，2016-11-23，http://xinhuanet.com//video/sjxw/2016-11/23/c_129374785.htm。

《数据新闻》栏目的报道《互联网时代，你有多久没写字了？》①中使用了一张信息图来展示握笔的正确姿势。该图是一张手握笔的示意图，图中对手的若干部位用圆点、圆圈或线条进行突出标记，并针对各标记部位添加了简洁的注释，以说明握笔时该部位的正确姿势或应注意的细节。显然，这种用信息图进行描述的方式比单纯使用大段的文字进行描述更加直观、生动。

由于信息图和统计图形学都属于信息视觉设计的主要领域[31]，它们在实际运用中自然是密不可分的。有学者就认为 William Playfair 发表于 1781 年的苏格兰进出口情况柱状图表[39]已对信息图的一些本质特征有所展现[40]，也有学者将柱状图、饼图等统计图表看作信息图的组成部分[41]。不过，相比应用于科技论文等领域的统计图表，信息图中的统计图表更注重视觉表达效果。在数据新闻中出现的信息图也常与统计图表紧密联系，而且，很多时候，统计图表中的象形图也可以看作信息图。1.4.1 节提到的新华网《数据新闻》栏目的报道《管教≠管"叫"，"咆哮妈妈"让孩子很受伤》中用于反映身边是否存在"咆哮妈妈"调查结果的柱状图（象形图）就是一个例子。如前所述，它在柱状图中以母亲的形象作为外观，通过母亲的身长反映数值大小，而且，针对"咆哮妈妈"现象"非常普遍""普遍""一般"和"不多"四种不同情况，使用发火、微笑等不同的母亲形象（表情），从而实现了更生动的诠释。

1.4.3　词云

词云（Word Cloud）又称"标签云"（Tag Cloud），是文本可视化的技术之一[7]。文本可视化旨在直观展示文本的语义特征，如词频与重要度、逻辑结构、主题聚类、动态演化规律等[7]。更具体地说，词云是文本内容可视化的一种技术[31]，它按词频或其他规则对关键词排序，再用大小、颜色、字体等图形属性对其做可视化并按一定规律布局和呈现[7]。除文本内容可视化外，文本可视化的研究范畴还包括文本关系可视化和文本多层面信息的可视化[31]。

词云在数据新闻中较常见，例如，财新网《数字说》栏目在《2015 中国

---

① 参见《互联网时代，你有多久没写字了？》，2017-03-29，http://www.xinhuanet.com/video/sjxw/2017-03/29/c_129520909.htm。

社交媒体影响报告》①这篇报道中就运用了词云来展示"微博热门话题"。越热门的词语，在词云中的字号越大，从而通过该词云，受众可以迅速、直观地了解微博中讨论最多的话题和热词。

1.4.4　时间轴

时间轴常用于时变数据可视化。时变数据是随时间变化、带有时间属性的数据，可依据是否以时间为变量分为时间序列数据和顺序型数据两类，两类数据都能用时间轴来表达[31]。在数据新闻中，时间轴常用来表达事件或事物随时间发展的过程，其最常见的构成形式如图 1-1 所示，包含时间轴线、时间点及其标注说明三个要素。例如，澎湃新闻《美数课》栏目在《一图看懂｜174 天教练生涯落幕，盘点里皮执教中国队战绩》②这篇报道中就运用了时间轴来描述马塞洛·里皮执教中国国家男子足球队的战绩。具体来说，该时间轴展示了里皮 2016—2019 年两次执教中国队期间，带队参加过的比赛及获得的成绩。各次比赛都分别用一个小型的圆来表示，按照时间顺序排布在一条以 S 形延展的时间轴线上。时间轴线分成两段，分别代表里皮两次执教中国队的经历，这些圆用红、绿、灰三种不同的颜色填充，以表示所对应比赛的最终结果（胜、负、平）。对于比较重要的比赛，时间轴上还用文字进行了额外的描述。

图 1-1　数据新闻中时间轴的常见构成形式

从广义上讲，时变数据可视化属于时空数据可视化的范畴。陈为等学者将时空数据可视化的内容分为时变数据可视化、地理信息可视化、空间标量场可视化、大规模多变量空间数据场可视化四类。简单来说，时变数据可视化针对只有时间属性的数据，地理信息可视化则只涉及地理位置数据，而空间标量场

---

① 参见《2015 中国社交媒体影响报告》，2015-02-02，http://datanews.caixin.com/2015/kantar/。
② 参见《一图看懂｜174 天教练生涯落幕，盘点里皮执教中国队战绩》，2019-11-15，https://www.thepaper.cn/newsDetail_forward_4966006。

可视化则主要关注除地理空间位置外的其他物理空间数据，大规模多变量空间数据场可视化最为复杂，其中所包含的"时变空间标量场数据的可视化"就涉及时间和空间数据的双重变化[31]。不可否认，在数据新闻实践中也会面临仅涉及时间变化、仅涉及空间位置，以及涉及时间与空间双重变化的三种情境。本节所讨论的内容为仅涉及时间变化的情况，在 1.4.5 节和 1.4.6 节中，将讨论后两种情境下的可视化，分别是地理信息可视化和时变空间数据可视化①。

1.4.5　地理信息可视化

地理信息可视化被用于帮助用户理解、掌握数据中地理空间位置与对应信息的关联[31]。在处理不同类型的地理数据时有不同的可视化技术，如点数据的可视化、线数据的可视化、区域数据的可视化等[31]。不过，在本书所界定的地理信息可视化的概念中，它所涉及的数据类型更宽泛，既包括地理空间位置数据，也包括其他物理空间数据。在数据新闻中，对地理信息可视化的应用也很常见。例如，新华网《数据新闻》栏目在《在北京停车有多难？》②这篇报道中，借助地理信息可视化来说明北京所划分的三类区域不同的停车收费标准。报道中展示了一张北京地图，当鼠标悬停在地图中比较中间的位置时，显示所划分的三类地区。用鼠标单击"一类地区""二类地区""三类地区"字样，就会弹窗显示不同地区具体所指区域及其白天和夜间的停车收费标准。还有的数据新闻报道结合信息图或虚拟现实（Virtual Reality，VR）、增强现实（Augmented Reality，AR）、全景图、三维动画建模等技术进行实景模拟，形成更具现场感的地理信息可视化内容。例如，新华网《数据新闻》栏目在《全视角体验上海迪士尼乐园》③这篇报道中，就将地理信息可视化技术与 VR 技术结合，对上海迪士尼乐园的详情进行了直观展示。打开该报道的页面，受众可选择观看 VR，也可单击【跳过】按钮，这时，页面将呈现上海迪士尼乐园地图全景，并显示几大区域的名称，单击某个区域名称，会弹窗展示此处的实景视频，视频播放完后会跳转到该区域游玩攻略的介绍。该栏目还在《竞技之躯

---

① 本书所指的"时变空间数据可视化"是对兼具时间标签和空间位置的数据进行可视化。
② 参见《在北京停车有多难？》，2015-10-16，http://fms.news.cn/swf/tcydn_2015_sjxw/index.html。
③ 参见《全视角体验上海迪士尼乐园》，2016-06-29，http://fms.news.cn/swf/2016_sjxw/dsn2016/index.html。

为超越而生——奥运会竞技项目运动员体征报告》[①]这篇报道中，使用实景模拟的方式，结合动画交互和数据图表，介绍了里约奥运会田径场馆——若昂·阿维兰热奥林匹克体育场的情况。其中，它通过信息图的形式将该场馆的实景做了简化的绘制，并标记出举办不同运动项目的具体位置，从而实现地理信息可视化，达到一目了然的效果。

1.4.6　时变空间数据可视化

如前所述，本书所指的"时变空间数据可视化"是对兼具时间标签和空间位置的数据进行可视化，强调时间与空间的双重变化性。在数据新闻中有"人口迁徙图"这样的时变空间数据可视化实践。而且，在数据新闻实践中，很多此类可视化内容都带有交互或动画的特点。例如，在美国半岛电视台获得 2015年全球数据新闻奖"综合杰出（评委选择）奖"（General Excellence (Jurors' Choice)）的作品 *In Between in California*[②]中就有这样的可视化内容。它在地理信息可视化的基础上，通过动画来反映空间位置随时间的变化，以展示一个低收入工人分别乘坐公共汽车和私家车通勤的不同路线及所需花费的时间。在财新网《数字说》栏目的作品《变胖的地球人》[③]中，有一个关于 1975—2014 年世界人口 BMI 指数变化情况的动画，该动画为每年的世界人口 BMI 指数分布情况制作了一个地理信息可视化内容，再通过顺序播放每年的可视化内容来反映这 40 年来的变化情况。新华网《数据新闻》栏目在作品《北京一夜——重塑城市夜间生态》[④]中则选取了 2016 年的 9 天，根据"滴滴出行"的数据和"大众点评"餐饮场所价格数据，针对每一天从当日下午五点到次日凌晨五点的时段，按分钟制作了三维热力地图。热力图是一种用颜色的深浅、明暗等来表现数值大小，进而反映热点所在、分布疏密等情况的图表。该作品制作的三维热力地图上各位置呈现的颜色就反映了该位置的人员出行活跃程度，而海拔高度则反映了消费水平，因此，每张三维热力地图都反映了所对应的这一分钟内京城哪些位置人员的出行活跃度高、消费水平高。将这些三维热力地图顺序播放，

---

① 参见《竞技之躯为超越而生——奥运会竞技项目运动员体征报告》，2016-08-12，http://www.xinhuanet.net//video/sjxw/2016-08/12/c_129223845.htm。

② 参见 *In Between in California*，2014，http://projects.aljazeera.com/2014/poverty-california/。

③ 参见《变胖的地球人》，2017，http://datanews.caixin.com/mobile/obesity/。

④ 参见《北京一夜——重塑城市夜间生态》，2017-12-22，http://fms.news.cn/swf/oninbj/pc/cn.html。

就生动而直观地展现了京城业态。

1.4.7　网络可视化

网络可视化的主要内容之一是基于互联网、社交网络中节点和连接的拓扑关系来直观展示网络中蕴含的模式关系[7]。网络可视化有节点-链接法和相邻矩阵两类常用布局方法及基于它们的混合布局方法[31]。节点-链接法是用节点表示对象，用边表示关系的一种可视化布局方法，尤其适用于节点规模大但边关系简单的网络[31]。

在数据新闻实践中，以节点-链接法进行网络可视化布局的情况更为多见。例如，澎湃新闻《美数课》栏目的报道《图解｜有不少人试着破解获得诺奖的配方，从年龄到社交习惯》①中就有一个基于节点-链接法进行布局的网络可视化图，用来对比获得诺贝尔奖的科学家与拥有相似条件但未获得诺贝尔奖的科学家的合作网络。图中使用两种不同颜色的节点分别代表获得了诺贝尔奖和未获得诺贝尔奖的科学家，连接两个节点的边代表其所连接的两位科学家之间有合作关系。边相应地分为三种颜色，与节点相对应的两种颜色分别代表获得了诺贝尔奖的科学家之间的合作关系，以及未获得诺贝尔奖的科学家之间的合作关系，而第三种颜色则代表获得了诺贝尔奖的科学家与未获得诺贝尔奖的科学家之间的合作关系。图中节点越大，说明其所代表的科学家合作过的对象越多；边越粗，说明所连接的两位科学家合作关系越紧密。

与网络可视化比较类似的还有层次结构数据可视化，后者也将节点-链接法作为实现方法之一[31]。也有学者将层次结构数据看作网络信息的一种特殊情况[7]。不过，它意在表现个体间的包含和从属等层次关系[31]，如团队中人员的组织结构关系等；而且，层次结构数据可视化通过节点-链接法绘制的关系图多以树状结构出现，节点的布局相对网络可视化来说更规则。除节点-链接法外，其可视化方法还有空间填充法和基于这两种方法的混合方法[31]。

---

① 参见《图解｜有不少人试着破解获得诺奖的配方，从年龄到社交习惯》，2019-10-14，https://www.thepaper.cn/newsDetail_forward_4636334。

1.4.8　高维多元数据可视化

高维多元数据是具有多个独立或相关属性的数据，其可视化的目标就是要将这些数据在低维度（多是二维）空间中显示[31]。总的来说，二维或三维数据的可视化方法是很多的，但如果超过了三维，如何可视化就要分两种情况了：当超过的维度不多时，通常可以在一些二维或三维可视化内容的基础上增加颜色、大小等属性来表示超过的维度；当维度更多时，则可以采用空间映射（如散点图矩阵、平行坐标法等）、图标法、基于像素的可视化等方法来进行高维多元数据的可视化[31]。在数据新闻实践中，也常有需要展示高维多元数据的情况。例如，新华网《数据新闻》栏目的报道《家宴·人间至味是团圆》[①]中就有很多高维多元数据可视化内容。以其中的一个交互式热力图为例，它由"菜名"和"味道/口感"两组枚举型的数据构成一个二维矩阵，各菜名对应列，各味道/口感对应行，一个菜名和一种味道/口感则对应了矩阵中的一个格子，格子的颜色深浅代表这道菜火候的高低，进而形成热力图。矩阵的右上角按照菜的类型进行分类，点击可以切换并查看海鲜类、禽蛋类等四种不同类型菜的二维矩阵情况。将鼠标指针悬停在一个格子上，还会显示这道菜的若干详细信息。通过上述交互式的切换、悬停操作，可以实现对更多维数据的表达。

以上是对数据新闻中常见可视化技术类型的讨论。如前所述，它们并不代表全部常用技术。而且，一个完整的数据新闻报道通常包含了对多种可视化技术类型的综合运用。采用丰富多样的可视化技术类型，并依托精彩的新闻叙事制作的数据新闻报道一般都更具吸引力。不过，也正因如此，我们很难从可视化技术类型的角度对数据新闻报道进行分类。接下来，将尝试从两个角度对数据新闻进行分类。

1.5　数据新闻的分类

可以从两个角度对数据新闻进行分类。一是基于美国伊利诺伊大学厄巴纳-

---

① 参见《家宴·人间至味是团圆》，2019-02-19，http://www.xinhuanet.com/video/sjxw/2019-02/19/c_1210062862.htm。

香槟分校计算机科学领域教授 John C. Hart 提出的"数据可视化模式"[42]进行分类。鉴于数据新闻与数据可视化的紧密联系，基于可视化模式来讨论数据新闻的分类可行且较有价值。二是基于数据新闻呈现形式的类型来对其进行分类。下面将结合案例重点讨论前一种分类方式，而对后一种分类方式只做简要概述。

1.5.1　基于数据可视化模式的数据新闻分类

在 John C. Hart 教授推出的在线课程 Data Visualization（数据可视化）中，他根据受众对可视化内容的交互控制性将数据可视化模式分为交互可视化（Interactive Visualization）、交互叙事（Interactive Storytelling）和演示型可视化（Presentation Visualization）三种[42]。在交互可视化模式中，用户可全面操控内容，甚至控制数据集及其展示方式，因此，其可视化图像是实时生成的。这种模式一般面向个人研究者或少量合作研究者。在交互叙事模式中，用户可以从预设的数据集中筛选或检验细节，因此，其可视化图像也是实时生成的。这种模式一般面向大量受众。在演示型可视化模式中，用户只能观看作品，而不能做任何操控或改变，所以，其可视化图像都是预先生成的。这种模式一般也是面向大量受众的。后两种模式在数据新闻的可视化实践过程中应用更多。如果我们根据数据新闻在可视化阶段所采用的数据可视化模式对其进行分类，则主要可分为三类：基于交互叙事的数据新闻、演示型数据新闻、混合型数据新闻。下面，分别针对每一类数据新闻介绍一些案例。

1. 基于交互叙事的数据新闻案例

在基于交互叙事的数据新闻作品中，数据集是制作者预设的，用户对数据集有一定的控制权，可以通过筛选、过滤等操作来决定查看哪些数据，因此，新闻作品中的相关结果是根据用户的选择实时生成和呈现的。例如，1.2.1 节中提到的由非营利性新闻编辑室 ProPublica 制作的 *Treatment Tracker: The Doctors and Services in Medicare Part B* 就是这一类型的作品。最初，ProPublica 调查了 2013 年个人医生和其他医疗专业人员对 4900 万老人、残疾人提供服务时所产生的医疗保险费用[14]，并完成此作品。后来该作品还进行了两次更新，分别调查和展示了 2014 年和 2015 年的相应结果。所调查的服务内容包括门诊就医（Office Visit）、救护车里程（Ambulance Mileage）、实验室化验（Lab Tests）、心内直视手术（Open-Heart Surgery）的医生费用等[14]。作品页面的中间位置针对不同医学专业分别用一个南丁格尔玫瑰图（Nightingale Rose Diagram）按五个等级（1～5）展示了门诊就医费用处于各等级的占比情况，图1-2是部分展示效果，五个等级中，5表示最为密集和昂贵，1表示最不密集和昂贵，玫瑰图中各扇形的半径表示门诊就医费用处于其对应等级的占比大小。作品页面的右侧还有按照各州罗列的医疗保险费用情况。该作品的交互叙事效果体现在两个方面，第一，可以按照两种不同的方式排列这些不同专业的南丁格尔玫瑰图，而且，当受众将鼠标指针悬停在某个南丁格尔玫瑰图的某个扇形上时，与具体占比数值有关的解释性文字就会出现，如图1-2中第一幅图所示，当鼠标移出时，解释性文字消失；第二，作品还为受众提供了按照"医疗保险提供商"（Provider）、"城市"（City）或"邮政编码"（Zip Code）来进一步查询和筛选信息的功能。受众在作品页面所提供的搜索框内输入关键词，单击【Search】按钮即可进行搜索。搜索框旁边还提供了按州进行筛选的下拉框，受众也可以据此进一步筛选想深入了解的内容。通过这些交互不仅保证了新闻作品的展示效果——让大量的数据在有限的空间中简洁、清晰地呈现，而且还增强了互动性，为受众带来探索的乐趣。

图片来源：https://projects.propublica.org/treatment/

图1-2　基于交互叙事的数据新闻作品——ProPublica 的作品 *Treatment Tracker: The Doctors and Services in Medicare Part B* 中所展示的南丁格尔玫瑰图及其交互叙事效果截图（部分）

又如，英国广播公司的报道 *Will a robot take your job?*（《机器人会取代你的工作吗？》）[①]，受众只需要在搜索框中输入自己的职业，或者切换到下拉框，从中选择一种职业，如"Gardener"（园丁），然后进行搜索，该报道就会为受众呈现未来20年内其职业会被机器人取代（即该职业所从事的工作可以被自

---

① 参见 *Will a robot take your job?*，2015-12-11，http://www.bbc.com/news/technology-34066941。

动完成）的可能性有多大，以及结合面积图（一种统计图表）来反映该数值在300 多种职业中的排名。同时，还会为受众展现 2001—2015 年每年其职业在英国的雇佣人数，以及按照被自动化取代风险进行的职业排名和具体的风险值。通过上述检索方式，受众可以查看众多职业的相应情况。不过，此作品只允许受众从预设的职业中进行选择，即使通过搜索框输入职业，也需要与预设职业进行匹配。

国内基于交互叙事的数据新闻也比较多，前面提到的新华网《数据新闻》栏目的报道《全视角体验上海迪士尼乐园》就属此类。

还有一些数据新闻报道赋予用户更多的数据控制权，允许用户自行输入数据，而非从预设的数据集中做出选择。例如，财新网《数字说》栏目的报道《从调控到刺激 楼市十年轮回》①中有一个"房奴计算器"，允许受众自行输入家庭月收入，并根据受众输入的月收入值和选择的城市，计算和呈现该受众需要奋斗多少年才能在该城市买房。不过，受众无法修改计算模型的参数，也无法修改最终结果的展示方式，换言之，他们对数据、内容的控制仍是有限的，因此，我们认为这类数据新闻仍属基于交互叙事的类型。

2. 演示型数据新闻案例

对于演示型数据新闻，用户只能观看，不能操控。此类数据新闻最多，而且可以按照静态和动态划分为图解新闻和动态非交互新闻两类。

（1）图解新闻

图解新闻一般以一张或多张图片的形式呈现。当其呈现为一张图片时，通常都是长图。图解新闻采用的是完全静态的视觉呈现方式。国内许多媒体在开展相关业务时制作的大多数作品都属此类，因此，读者可以很容易地从各媒体的数据新闻栏目找到相关的例子，本书不再举例。

（2）动态非交互新闻

动态非交互新闻虽然不具有与受众的交互性，但其内容是动态呈现的，相比完全静态的呈现方式，不仅更吸引人，而且能在受众观看作品时起到一定的引导作用，引导受众观看的顺序和重点。以视频、动画等形式呈现而受众又不具有操控性的数据新闻作品都属于这一类型。例如，财新网的报道《动画带你

---

① 参见《从调控到刺激 楼市十年轮回》，2015-12-31，http://datanews.caixin.com/2016/home/。

看百年奥运变迁》[1]就属此类。

3. 混合型数据新闻案例

混合型数据新闻是指在一则数据新闻中，部分可视化内容采用了交互叙事模式，而另外一部分内容则采用演示型可视化模式的新闻作品。混合型数据新闻案例很多，在国内也较为常见。例如，财新网《数字说》栏目的报道《2016·洪水暴至》[2]、新华网《数据新闻》栏目的报道《原来你是这样的"程序猿"》[3]都属此类。至于一些根据受众的选择来展示可视化内容，而具体展示的内容又可能以演示型可视化模式呈现的数据新闻作品，如上文提到的英国广播公司的报道 *Will a robot take your job*?，以及其他一些交互游戏新闻作品，我们认为仍属于基于交互叙事的数据新闻。

1.5.2 基于呈现形式的数据新闻分类

按照数据新闻呈现形式的不同，可以将其分为图片类数据新闻、视频类数据新闻、动画类数据新闻和网页形式的数据新闻。图片类数据新闻一般以一张完整的静态图片形式在新闻媒体网站或平面媒体的相关栏目/版块中发布，在新闻媒体网站上呈现时多采用长图的形式。视频类数据新闻是最终以一个或多个视频的形式呈现的数据新闻报道，例如，中央电视台 2015 年 10 月推出的大型数据新闻节目《数说命运共同体》[4]就属此类。动画类数据新闻是指主要使用 Adobe After Effects、Adobe Flash、MG 动画制作软件等制作，并最终以一段动画的形式呈现的数据新闻，例如，前面提到的财新网的数据新闻报道《动画带你看百年奥运变迁》就属此类。网页形式的数据新闻一般是用 HTML、CSS 和 JavaScript 开发制作的数据新闻报道，很多都具有交互性。此类数据新闻在新闻媒体网站的相关栏目中越来越常见。当然，此类数据新闻中也有的不具有交互性，它们一般以"图片+文字"的形式出现。与图片类数据新闻不同

① 参见《动画带你看百年奥运变迁》，2016-08-03，http://video.caixin.com/2016-08-03/100973893.html。
② 参见《2016·洪水暴至》，http://datanews.caixin.com/mobile/flood/。
③ 参见《原来你是这样的"程序猿"》，2019-10-24，http://www.xinhuanet.com/video/sjxw/2019-10/24/c_1210323069.htm。
④ 参见《〈数说命运共同体〉构建一带一路新知体系》，央视网《聚焦》栏目，http://news.cntv.cn/special/jujiao/2015/026/index.shtml。

的是，即使以图文形式呈现，此类数据新闻也不是一张完整的图片，而是通过 HTML 和 CSS 将多张图片与多段文字整合在一起，制作成网页。在网页形式的数据新闻报道中，也可能会融入视频、动画等其他多媒体类型，例如，前面提到的财新网《数字说》栏目的报道《2016·洪水暴至》就包含了视频、图片、文字和具有交互性的图表，最终通过网页的形式整合起来。

总的来说，无论从哪个角度来对数据新闻进行分类，都可以发现交互性和多媒体类型是数据新闻实践中需要考虑的两大因素。一方面，交互性能为数据新闻增加吸引力，且在高维多元数据的展现上也更具优势，因此，从数据可视化模式的角度来看，基于交互叙事的数据新闻逐渐成为传媒业发展的一个重点；而从呈现形式的角度来看，网页形式由于更便于融入交互元素而成为许多新闻媒体网站的数据新闻栏目越来越重视的形式之一。另一方面，由于所使用的多媒体类型在一定程度上影响着数据新闻的吸引力，因此，从数据可视化模式的角度来看，即使在演示型数据新闻中，媒体也会采用不同的多媒体类型，做出图解新闻和动态非交互新闻的两类尝试；而从呈现形式的角度来看，不但形成了图片、视频、动画、网页等不同呈现形式的数据新闻，而且在网页形式的数据新闻中，也有对图片、视频、动画等的综合运用。不过，除交互性和多媒体类型外，视觉化表达的好坏也对数据新闻的吸引力有重要影响。张艳在《论数据新闻的图像表意与审美转向》一文中就指出，"新奇、美观的图像往往更容易快速捕获读者的注意力。"[43]最后，需要补充说明的是，不同呈现形式的数据新闻，尤其是视频、动画类数据新闻，它们同图片类、网页形式的数据新闻在可视化内容的制作工具和技术上会有一些差别。本书后续讨论可视化工具及其可视化实践，主要面向的是图片类、网页形式的数据新闻，因为这两类数据新闻，他们更为常见。本书第 6 章还将以网页形式的数据新闻为例，讨论如何进行可视化内容的整合呈现。

1.6　数据新闻中常用、适用的可视化工具概述

目前，市场上的数据可视化工具非常多，而且随着数据可视化向各行业的渗透，也不断出现面向不同可视化需求的各类工具。这里所指的"工具"，包

括软件、站点服务、可视化框架和相关编程语言等。不过，由于计算机和互联网技术发展的迅速程度已超出了我们的想象，所以可视化工具的更新换代非常快；同时，数据新闻作为一个还在发展的领域，其中的可视化实践需求同样也在不断变化。因此，本书不可能囊括所有可视化工具，也难以预计所介绍的这些工具或版本能否长久支持数据新闻从业者的可视化需求。从业者可能需要不断跟进和学习新的工具。不过，并非最新的工具才是最好的。在实际工作中，很多时候从业者使用已熟练掌握的技术和工具反而能更轻松地应对许多可视化需求。此外，许多工具的用法及用其进行可视化实践的基本过程是类似的，只要掌握了几种工具，通常就能轻松应对工具的版本升级或学习新工具的情况了。接下来，将采用两种不同的分类标准对可视化工具进行归类。

按照提供给用户的平台形式和使用方式，可以将其分为三类：①安装在本地的可视化软件，如 Adobe Illustrator、Tableau Desktop、Excel、Gephi 等；②在线的可视化站点，需要用户登录账号后在线使用，如词云可视化实践工具 WordArt.com 等；③可视化框架与编程语言，一般也是在本地安装的代码编辑器或搭建的开发环境中运用，需经过一定的脚本修改、编写或编程开发来完成可视化效果呈现，如可视化框架 D3.js、ECharts 及编程语言 Processing 等。当然，有些工具可能会综合上述两种或三种类型，例如，Tableau 就既提供了本地客户端（即 Tableau Desktop），又提供了在线服务站点。在以上三类工具中，安装在本地的可视化工具版本更新的频率是最低的，即便有新版本出现，用户通常也可以继续使用已经熟悉的版本，因此，需要不断适应新版本的情况相对较少。而在线的可视化站点可能随着站点功能的升级而不断变化，用户时常面临需要熟悉新的界面、新增功能的情况，所以在使用此类可视化工具时，要时刻保持学习和探索的心态。不过，这类工具的更新一般多是界面的变化、功能的增加，不会彻底改变工具的使用方法和思路，因此熟悉新版本也并非难事①。可视化框架和编程语言也会面临版本的升级，尤其是可视化框架，它们的更新也较为频繁。不过，好在即便新版本出现，旧版本的服务一般也不会停止，用户仍可以在短时间内继续使用自己熟悉的版本，再逐渐过渡到新版本。

---

① 读者在阅读本书时，可能也会无可避免地面临一些工具已经发生了更新的情况，但根据本书介绍的基本用法去操作，即便要应对新版本也并不困难。

　　按照工具的难易程度，可以将其划分为两类：①简单易用的"拖曳""点击"型可视化工具，如 Adobe Illustrator、Tableau、Excel 等；②可视化框架与编程语言。

　　由于本书主要面向新闻从业者，因此，我们结合工具的难易程度和特定用途，从三个方面对数据新闻中常用、适用的可视化工具进行了归纳和梳理，分别是：简单易用的可视化工具、可视化框架与编程语言、可实现特定展现形式的可视化工具，见表 1-1[①]。本书第 3～5 章将分别针对每一方面的若干工具，通过举例来讨论其进行可视化实践的基本过程和用法。

表 1-1　数据新闻中常用、适用的可视化工具

类　别	描　述
简单易用的可视化工具	这类工具一般只需通过拖曳、点击操作就可以制作可视化内容，新闻从业者能很快上手。常用或适用的工具包括 Adobe Illustrator、Tableau、Excel、Power BI、百度·图说等
可视化框架与编程语言	可视化框架：它们一般基于某种编程语言被开发和设计出来，可按照其所依托的编程语言分类，例如，基于 C++的可视化框架、基于 Java 的可视化框架、基于 Python 的可视化框架、基于 JavaScript 的可视化框架、基于 ActionScript 的可视化框架等。具体到数据新闻的可视化实践中，目前常用的主要是基于 JavaScript 的框架（如 D3.js、ECharts 等）。这类可视化框架通常已经提供了诸多可视化图形元素，甚至提供了非常丰富的可视化范例，从业者可在此基础上通过修改、编写、集成脚本来制作满足其需求的可视化内容。 可视化编程语言：实际上它们通常属于计算机编程语言，只不过在可视化实践中比较常用，需要通过编程开发来完成可视化内容的制作。在数据新闻的可视化实践中，常用或适用的可视化编程语言有 JavaScript、Processing 和 R 等。 值得注意的是，在应用实践中，可视化框架和编程语言并不是完全分开的，在使用一些编程语言进行可视化时，开发者有可能也需要使用一些相应的可视化框架（库）来简化开发工作，而使用可视化框架时，同样需要了解和使用其相应的编程语言
可实现特定展现形式的可视化工具	此类工具可以实现某种特定的可视化展现形式，如实现 1.4 节中提到的某种在数据新闻中常见的可视化技术类型。此类工具中，既有专门实现某种可视化展现形式的工具，也有综合类工具（既可以实现某种特定的可视化展现形式，又可以实现其他多种多样的可视化技术类型的工具），在此不一一列举，本书第 5 章会针对一些特定展现形式（主要是 1.4 节中提到的常见类型）的可视化实践过程，举例介绍若干此类工具的基本用法

[①] 所梳理的三个方面并非完全互斥，尤其可实现特定展现形式的可视化工具也可能是一种简单易用的可视化工具、一种可视化框架或编程语言。

1.7 小结及本书的章节安排

本章从介绍数据新闻的概念、意义、发展与现状入手，进而讨论了数据新闻的实践流程、数据可视化及其与数据新闻的区别和联系，数据新闻中的一些常见可视化技术类型，数据新闻的分类，并对数据新闻中常用、适用的可视化工具进行了概述。总之，数据新闻是新闻业产生于大数据时代、通过挖掘数据背后的关联和规律并借助可视化加以展现的新型新闻报道模式，旨在更直观、客观、深刻地阐述新闻内容。2009 年，英国《卫报》在数据新闻上率先做出尝试；随后，数据新闻得到欧美许多知名媒体的广泛实践。我国媒体从 2011 年左右开始探索数据新闻，近几年来，越来越多的媒体、高校和科研院所加入到探索队伍中。目前，经过几年的探索和实践，数据新闻已形成相对稳定的实践流程。本书以可视化为中心对实践流程进行概括，包括选题内容策划、可视化前的数据准备、可视化、可视化内容的整合呈现（新闻故事叙述）四个环节。本书讨论"数据新闻的可视化实践"，重点放在"可视化"环节，主要面向新闻从业者讨论数据新闻中一些常用或适用的可视化工具及其进行可视化实践的基本过程和应用方法；其次也会涉及与之联系紧密的"可视化前的数据准备"和"可视化内容的整合呈现（新闻故事叙述）"两个环节。虽然"选题内容策划"环节对"可视化"也有影响，但由于本书重在技术实践方面的讨论，故不再深入探讨此环节。综上所述，本书在后续章节上做了如下安排：第 2 章讨论可视化前的数据准备，包括数据的搜集、处理与分析。第 3～5 章围绕数据新闻中的"可视化"展开，根据 1.4 节和 1.6 节对常见可视化技术类型和常用、适用工具的梳理，分别介绍简单易用的可视化工具及其可视化实践（第 3 章）、可视化框架与编程语言及其可视化实践（第 4 章）、特定展现形式的可视化实践与工具（第 5 章），其中，"特定展现形式"主要是指 1.4 节中提到的可视化技术类型。第 6 章则讨论如何对可视化内容进行整合呈现，以完成新闻故事叙述，形成完整的数据新闻报道。为了便于读者理解，本书主要以举例的方式展开对相关工具及其可视化实践过程、方法的介绍。而且，无论是讨论可视化前的数据准备、可视化，还是最后的可视化内容的整合呈现，本书主要都围绕同一个实例背景展开，第 2～5 章的各个实例将针对各章节要阐述的内容从完整实例背景的某个部分展开叙述，第 6 章在概括前面的实践过程，整合前

面的实践内容，同时简单描述"选题内容策划"环节的基础上，对这一完整的
数据新闻实例进行阐述，从而使读者有一个更整体的认识，并更好地理解可视
化实践在数据新闻中所处的重要位置和作用。不过，在保证同一实例背景的基
础上，第 2～5 章所举各例也可能会根据各章的需要做出修改或简化，与第 6
章所述完整数据新闻实例的某些具体分析、可视化内容有略微不同，一方面，
这是为了兼顾各章节不同实例自身的完整性；另一方面，也是为了更清晰地阐
述各章节的内容，尽可能简化实例的目标，使读者将注意力放在理解基本的实
践方法而非复杂的实现逻辑上。最后，还用图 1-3 概括了本书的章节结构及其
与数据新闻实践流程（以可视化为中心）的联系。接下来，我们将按照上述思
路及章节安排展开后续各章的讨论。

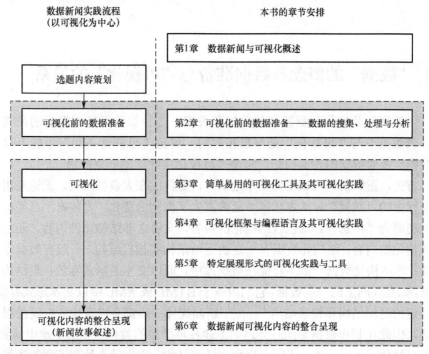

注：（1）"选题内容策划"环节仅在第 6 章结合实例做简单描述。

（2）数据新闻实践流程中各环节之间的箭头只代表一种大致的实践顺序，由于数据新闻通常需要由成员
合作完成等原因，因而有时有些环节的执行是并行或需要反复的。

图 1-3 本书的章节结构及其与数据新闻实践流程（以可视化为中心）的联系

第 2 章

可视化前的数据准备——
数据的搜集、处理与分析

2.1 "数据"的概念及数据准备与"可视化"的关系

"数据"是制作数据新闻的前提和关键，是一篇数据新闻报道的灵魂所在。"数据"与"可视化"是息息相关的，讨论"可视化实践"不能不讨论"数据"及对数据的各类操作，它是"可视化实践"的必要前提。

首先，正所谓"巧妇难为无米之炊"，更何况在大数据时代，无论是用于哪个行业的"数据"，其内涵和外延都发生了深刻的变化。"数据"已经被广义地理解为"信息"，既包含结构化的内容，又包含非结构化的内容，还包含半结构化的内容。结构化数据有一定的逻辑结构和物理结构，一般在数据库中存储；非结构化数据一般不存储在数据库中，而以文本的形式存放；半结构化数据，如互联网上的一些数据，它们内嵌于 HTML 或 XML 中以文本形式存储，有一定的逻辑结构和物理结构[44]。由于新闻媒体一般都会涉及比较广泛的报道主题，因此在制作数据新闻时会遇到上述各种类型的数据。在第 1 章中谈到，数据可视化有不同分支、不同可视化方法和技术，它们适合处理不同的数据类型。所以，只有对"数据"的相关概念及如何搜集、处理、分析数据有所了解以后，新闻从业者才能在可视化设计时选择合适的方法并准备好所需的数据。同时，随着大数据时代的到来，对非结构化数据的分析变得越来越有价值。例如，美国某著名家电厂商曾通过分析大量客户的邮件（这些都是非结构化数据），发现了一个严重的产品问题[45]，从而减少了不必要的经济损失。又如，美国某著名银行通过对其十几万条客户网络聊天信息（同样也是非结构化数据）进行分析，评估了开发一项新功能的必要性，进而更准确地定位了客户需求，防止了不必要的成本浪费[45]。新闻工作者也应意识到非结构化数据的重要性，通过分析此类数据并进行可视化，带给受众更多有价值的新闻报道。

其次，众所周知，在大数据时代，信息爆炸性地产生，数据表现出海量、冗余、质量参差不齐等特点。只有从茫茫数海中搜集到符合新闻选题的数据，并对它们进行处理、挖掘，从中抽丝剥茧，才能得到真正有价值的内容，这都要求数据新闻从业者必须做好充分的数据准备工作。而只有对真正富含新闻价值的内容使用可视化加以诠释，才是可视化的意义所在，也是数据新闻的意义所在。

综上所述，新闻中的"数据"是大数据时代产生的海量信息（包括结构化、非结构化和半结构化数据）。数据准备与"可视化"息息相关，是"可视化实践"的必要前提。数据新闻的目标就是通过数据准备（搜集、处理与分析）、可视化和新闻叙事，挖掘和呈现真正有新闻价值的内容。不过，既然本书的视角放在"数据新闻的可视化实践"上，因此在讨论可视化前的数据准备时，主要采用大部分读者都比较熟悉的软件来操作，或者介绍通过计算机编程实现的方法。强调后者是因为随着大数据进程的推进，对通过计算机编程来进行数据搜集、处理的需求越来越常见。对于新闻从业者来说，对其有一个基本了解很必要。而且，我们讨论的这些软件和编程语言大多也可以用于可视化，读者对它们加以了解，可在可视化环节选用工具时又多了一些选择。再者，在第 4 章介绍 D3.js 等基于 JavaScript 框架的可视化实践时，也会涉及一些编程。因此本节讨论一些计算机编程实现的方法及相关基础（如JavaScript 的基本语法），希望读者能尽可能熟悉这种编程的语境和思路，为理解后续内容做好准备。

2.2　搜集数据的途径与方法

既然"数据"之于数据新闻、可视化如此重要，那么该如何搜集数据呢？

本书将搜集数据的一般途径归纳为三种：①搜索与查询，包括使用搜索引擎查询数据和查询开放数据集、数据分享站点；②采访、调查与众包，包括通过采访他人或向他人询问索取数据，通过问卷调查获取一手数据，以及通过众包的形式搜集数据；③程序抓取，即通过计算机程序（通常被称为"网络爬虫"或"网络蜘蛛"）抓取网页数据。本书重点讨论通过计算机程序抓取网页数据的方法。

2.2.1 搜索与查询

1. 使用搜索引擎查询数据

在无法预判从哪里可以获得数据时，最直接的反应是使用搜索引擎来检索。搜索引擎的基本用法很简单，在搜索框中输入关键词后，单击【搜索】按钮或按 Enter 键（回车键），就可以获得与关键词有关的资源链接列表。接下来，查询者需要对资源进行筛选，寻找匹配需求的数据或可能存在此类数据的站点、平台。然而，这种简单的方式有时并不一定能快速定位所需的资源，特别是如果关键词、检索条件设置得有问题，则很可能会为后续的筛选增加很多工作量。因此，使用搜索引擎时，可以结合一些搜索技巧，如通过"and" "or" "not" 等逻辑运算符或 "+" "−" 符号来细化检索词和检索条件，通过设置检索限定条件来细化搜索需求或限制检索范围等[46]。关于这些搜索技巧，网络上有许多教程资源，读者可自行查阅，这里不再赘述。不过，值得注意的是，有些技巧只在某些搜索引擎中适用，在另一些搜索引擎中则不适用。所以，最好使用多个搜索引擎来查询数据。

2. 查询开放数据集、数据分享站点

"开放数据"是指政府或其他组织机构将一些数据开放给社会公众。这些数据可以被自由获取和再次发布，而不会受到著作权、专利权及其他管理机制的限制[1、2]。近年来，世界各国都在积极致力于推进本国的"开放数据"进程。美国和英国等是开放数据运动的领先者。我国近几年来在开放数据方面也取得了不少成绩。2012 年 6 月，上海启动政府数据资源向社会开放试点工作，上海政府数据服务网成为全国首个政府数据服务网站[47]。同年 10 月，北京市政务数据资源网开始试运行[48]。2013 年，国务院发布了《关于促进信息消费扩

大内需的若干意见》，要求促进公共信息资源共享和开发利用[49]。2014 年 8 月，在北京国家会议中心召开的"开放数据中心 2014 峰会"上，开放数据中心委员会（Open Data Center Committee，ODCC）正式宣布成立[50]。2019 年的《中国地方政府数据开放平台报告》显示，截至 2019 年上半年，有多达 82 个省级、副省级和地级政府上线了数据开放平台[51]。除了"开放数据"进程的推进外，在大数据时代，国内商业化的数据分享站点也日益丰富，其中包括许多数据交易平台，如数据堂（网址：www.datatang.com）、京东万象（网址：wx.jdcloud.com）、聚合数据（网址：www.juhe.cn）等。

2.2.2　采访、调查与众包

采访和调查都是比较传统的数据搜集途径，而众包是在社交网络、大数据技术发展成熟的前提下发展起来的搜集方法。不过，它们的共同特点是，都需要借助第三方的力量。

1. 采访或向他人询问索取数据

当难以通过查询开放数据集、数据分享站点的方式来搜集某些数据时，还可以通过采访等方式来搜集这些数据。正如《数据新闻概论：操作理念与案例解析》一书中说到的，"像做调查性报道一样去找到有关消息人士，并通过对这些人的采访而追根溯源、层层深入，逐步收集报道需要的数据。"[52]大多数新闻从业者对这种方法都比较熟悉，这里不做过多介绍。需要了解这种数据搜集途径的读者，可查阅《数据新闻概论：操作理念与案例解析》[52]一书。

2. 通过问卷调查获取一手数据

问卷调查作为一种经典的社会研究方法，在传统新闻报道的实践过程中就有运用。鉴于多数新闻从业者对此类方法都有较丰富的经验，本书也不再赘述。

3. 通过众包搜集数据

"众包"（Crowdsourcing）是美国《连线》（Wired）杂志特约编辑杰夫·豪（Jeff Howe）提出的一个概念[53、54]。2006 年 6 月，杰夫·豪在自己的博客上较正式地给出了"众包"的定义[54]。关于这一概念，他倾向于两种解释[54]：一种解释认为"众包是一种将原本由指定代理人（通常是一个雇员）承担的工作通过公开招募外包给非特定人员（一般是一大群人）的行为"；另一种解释认为"众包是软件以外的领域对开源（Open Source）原则的应用"。目前，众包模式已经被广泛应用于各行业，出现了设计众包、数据众包等类型的众包平台。数据众包按照具体的服务内容可以分为通过众包搜集数据、通过众包处理分析数据等类型，有的数据众包平台专门提供一种服务，也有许多平台同时提供多种服务。国内的数据众包平台有百度数据众包（网址：zhongbao.baidu.com）、数据堂"数加加众包"平台（网址：crowd.shujiajia.com）等。在数据新闻实践中，媒体也并不仅仅是将众包模式用在数据搜集上，例如，英国《卫报》在调查国会议员开销的项目中，面对 45 万个文件，就采用众包的方式，向读者开放项目，让其参与进来，帮忙整理数据[11]。

2.2.3　程序抓取

该搜集方法是指借助计算机程序自动搜集和抓取所需的网页数据，而为此开发的计算机程序通常被称为"网络爬虫"或"网络蜘蛛"（Web Scraper/Web Spider/Web Crawler）。由于不同的数据新闻主题一般都有不同的数据需求，因此计算机程序通常也不是一成不变的，而要根据数据需求去定制或进行参数的配置。随着大数据技术和互联网的发展，借助计算机程序来自动搜集、抓取数据的情况越来越多见，也就意味着"程序抓取"这种方法对于新闻从业者来说越来越重要。本节向读者介绍根据自己的数据需求通过程序自动搜集、抓取数据的方法。同时，从这一节开始，会接触到一些编程的内容。如前所述，我们介绍编程方法的主要目的是让读者熟悉编程的语境和思路，为理解后面章节介绍的可视化工具及其实践中涉及的编程做准备。虽有一定技术深度，但考虑到本书主要面向新闻从业者，所以会尽可能地使用不那么专业的简单语言来解释编程过程。

　　总的来说，通过程序抓取网页数据通常有三种方式：一是通过数据来源站点提供的应用程序接口（Application Programming Interface，API）来搜集和获取数据；二是使用现成的网络爬虫工具（如八爪鱼采集器①、GooSeeker 集搜客

---

① 八爪鱼采集器的官方网址为 https://www.bazhuayu.com/。

网络爬虫软件①、后羿采集器②等）来搜集和获取数据；三是直接用 Python 等编程语言进行网络爬虫程序的开发。接下来，对这三种方式分别进行介绍，重点介绍第一种方式，将通过一个实例来说明其基本原理和实现过程。

1. 通过数据来源站点提供的 API 搜集和获取数据

前面提到，API 是"应用程序接口"的英文缩写。所谓接口，就是设置在复杂系统之上，为屏蔽其操作细节以便简化某些任务[55]而设置的"窗口"。生活中有许多接口，如电源接口。你不需要知道内部的线路如何部署，当需要用电时，只要将电源插头插到电源接口上就可以了。应用程序接口也是这样一种接口。但设置这种接口的初衷不仅仅是为了屏蔽其复杂的内部机制，还出于对数据来源站点上数据的保护。但不管怎样，站点设置了 API 以后，就能让第三方开发者对站点上的数据加以利用，从而也为站点提供许多创新的功能。早在 2008 年，MySpace 就已经开放了 20 多个 API，开发者也因此能够开发像音乐播放器、电子贺卡等一类应用程序嵌入 MySpace 网站[56]。Facebook 和 Google 也提供了大量的网络应用程序接口（Web API），集结大众的力量，创新许多有用的应用程序[56]。

随着社交媒体的发展，Twitter、Facebook 和新浪微博等一类社交媒体积蓄了越来越多有价值的信息和数据，成为新闻数据的一个重要来源。如前所述，通过对它们提供的 API 进行操作可以获得数据，并在此基础上开发出许多第三方应用程序。下面就以新浪微博 API 为例，对使用 API 搜集和获取数据的原理和过程进行简单介绍。

新浪微博提供的是 REST（Representational State Transfer，表述性状态转移）API 接口，通过标准的 HTTP 请求和响应来访问资源，得到 JSON 格式的返回数据[57]。对于 JSON 格式，将在 2.3.3 节专门介绍，这里只需知道它是返回数据的一种格式即可。

一般情况下，API 可以通过在线调试或基于程序开发进行操作。前者需要平台为用户提供这类功能支持，否则就只能基于程序开发进行操作。在新浪微博开放平台（网址：open.weibo.com）上申请成为开发者以后，首先要在该平

---

① GooSeeker 集搜客网络爬虫软件的官方网址为 http://www.gooseeker.com/index.html。
② 后羿采集器的官方网址为 http://www.houyicaiji.com/。

台上创建应用，获得对应的 App Key 和 App Secret。然后，下载对应语言的软件开发工具包（Software Development Kit，SDK）。新浪微博开放平台提供了多种版本的 SDK，开发者可根据自己准备使用的开发语言选择相应的 SDK 进行下载。使用不同语言对应的 SDK，在后续开发过程的操作细节上可能会有所不同，这里以 Java 语言为例，对后续操作过程进行说明。若用 Java 语言进行后续开发，就需要下载与 Java 语言对应的 SDK。接着，基于所下载的 Java SDK，使用 Java 开发平台（也称为"集成开发环境"，如 MyEclipse[①]、Eclipse[②]等）创建 Java 工程，并打开文档 config.properties，根据 App Key 和 App Secret 等信息对该文档做若干修改并保存，以便后续完成打开新浪微博认证页、经用户认证并获得其授权的过程（所涉及的访问授权机制后文再做详细说明）。最后，根据自己的数据需求选择 Java SDK 中与所需调用的微博 API 对应的 Java 文件，在其基础上进行开发。上述使用 Java 基于程序开发来操作新浪微博 API 的过程可用图 2-1 来描述。

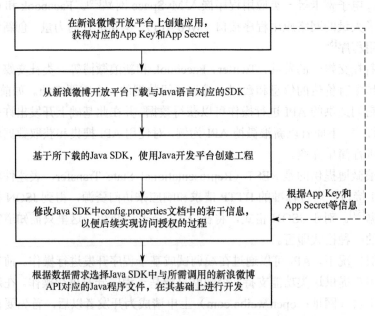

图 2-1 使用 Java 基于程序开发来操作新浪微博 API 的过程

---

① MyEclipse 的官方网址为 https://www.genuitec.com/products/myeclipse/。
② Eclipse 的官方网址为 https://www.eclipse.org/。

　　上文提到访问授权机制，该技术所采用的访问授权机制是需要重点理解的内容。具体来说，在提供 API 的站点中，开发者获取数据之前，通常都要先经过该站点用户的授权，所采用的授权方式被称为"OAuth 授权"。不同于传统的客户端—服务器认证模型中需要资源所有者向第三方应用提供自己的凭证（通常是用户名和密码），才能访问其存储在资源服务器上的资源，"OAuth 授权"的优势在于资源所有者可以在不告诉第三方应用用户名和密码的前提下进行授权，使第三方应用获得另一种凭证（称为"访问令牌"，Access Token），并据此访问和获取资源所有者在资源服务器上的数据。整个认证过程涉及资源所有者（Resource Owner）、资源服务器（Resource Server）、认证服务器（Authorization Server）和客户端（Client，通常是第三方应用）。资源服务器和认证服务器可以是同一个服务器，也可以不同[58]。具体到新浪微博上，资源服务器和认证服务器都来自新浪微博，资源所有者即新浪微博上的用户，第三方应用即开发者开发的应用程序，在数据新闻实践中则通常是媒体为了获得数据而开发的程序（网络爬虫），以及建立在所获数据基础上的新闻应用程序。用户在不告知第三方应用自己的新浪微博用户名和密码的前提下对其进行授权；经过授权，新浪微博的认证服务器就会向第三方应用发放 Access Token；最后，第三方应用通过向新浪微博出示 Access Token 来访问用户的微博数据，并据此向用户提供某项服务。

　　接下来，通过一个实例实践基于程序开发来操作新浪微博 API，从而搜集和获取数据的过程。本例的主要目的是让读者加深对这一操作过程及对"OAuth 授权"的理解。

【例 2-1】

　　目标：获得新浪微博上某个授权用户最新发布的前三条微博的创建时间和内容。由于开发者的第三方应用只有经过新浪微博的官方审核并上线后，才能获得除开发者及个别测试用户以外的其他授权用户的微博数据。本例只是一个如何操作新浪微博 API 的小例子，不进行应用上线，故在介绍过程中将会以开发者自己的微博账号作为授权用户账号，所使用的开发语言为 Java 语言。

　　过程：结合前文所述的操作过程及"OAuth 授权"原理，本例需要说明三个关键环节：第一，申请成为开发者；第二，创建应用；第三，基于数据需求的开发，包括下载 SDK，获取 Access Token，开发、测试和使用。关于"如何申请成为开发者"和"如何创建应用",新浪微博开放平台的新手指南页中已有介绍[59],为保持实例过程介绍的完整性,下面还是对其进行描述,操作细节会结合实例进行若干调整。下面就是这三个关键环节的具体实现过程①。

1）申请成为开发者

申请成为开发者的具体步骤如下②。

第 1 步：登录新浪微博开放平台,做法是在浏览器中打开新浪微博开放平台的官网（网址：open.weibo.com）,单击【登录】按钮,在弹出的对话框中根据操作提示完成登录。

第 2 步：完善开发者信息并进行验证。

第 2.1 步：单击【我的应用】菜单,跳转到【开发者信息】页面。

第 2.2 步：在【开发者信息】页面上单击【现在就去完善】按钮,跳转到【基本信息】页面。在该页面填写开发者资料,经过若干验证流程,就可成为新浪微博认证的开发者。

2）创建应用

创建应用的步骤可在"申请成为开发者"以后马上进行或选择之后的任何时间进行。具体步骤如下。

第 1 步：选择目标应用类型并创建应用。新浪微博开放平台中有【微连接】和【微服务】两个菜单,提供了"微连接"和"微服务"两种目标应用类型。"微连接"下有"移动应用""网站接入""无线游戏""其他"四种子类型。"微服务"下有"轻应用""微博支付"等子类型。本例选择【微连接】→【其他】菜单,跳转到【创建新应用】页面,在页面中将【应用名称】设置为"用户微博的相关统计",将【应用分类】设置为"网页应用",并勾选【我已阅读并接受《微博开发者协议》】,再单击【创建】按钮,即可创建应用并跳转到【应用信息】下的【基本信息】页面。

第 2 步：在【基本信息】页面中设置应用的基本信息。首先,该页面的【应用基本信息】选项区域会显示该应用的 App Key 和 App Secret,如图 2-2 所示。

---

① 实现过程所涉及的一些按钮、页面等可能会因新浪微博开放平台对页面或功能的调整、升级而有一定变化,但基本原理和操作要点不变。

② 本书在介绍每个实例的实现步骤时,一般针对每一步都会先概括地说明要做什么,再具体解释如何做,以便读者对实践过程有更完整的印象,能更清晰地把握实践思路。

这两个信息需记录下来，在后续开发环节中会用到。然后，对【应用基本信息】选项区域的各选项进行设置，尤其是将标识为"必填"的内容补充完整，再单击【保存以上信息】按钮进行保存。

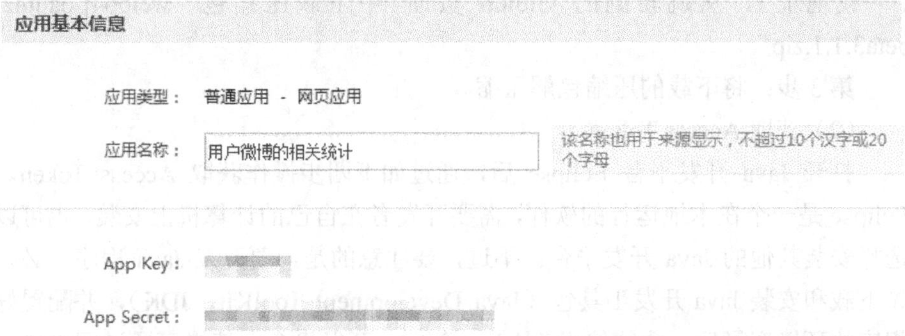

应用基本信息

| 应用类型： | 普通应用 - 网页应用 | |
| 应用名称： | 用户微博的相关统计 | 该名称也用于来源显示，不超过10个汉字或20个字母 |

App Key：

App Secret：

图 2-2　新浪微博开放平台【应用信息】下【基本信息】页面的【应用基本信息】选项区域

第 3 步：添加授权回调页，以便在后面的操作中获取 Access Token。做法是在刚刚创建的应用"用户微博的相关统计"的【基本信息】页面选择【应用信息】→【高级信息】菜单①，跳转到【高级信息】页面，单击【OAuth2.0 授权设置】选项区域的【编辑】按钮，然后在【授权回调页】和【取消授权回调页】文本框中分别输入一个授权回调页的 URL 地址（以下简称"地址"）和一个取消授权回调页地址，并单击【提交】按钮完成设置。一般来说，开发者应填写自己网站的地址。

至此，创建应用的环节完成，即可进入下面的开发环节。

3）基于数据需求的开发

这一环节包含三部分：下载 SDK；获取 Access Token；开发、测试和使用。

（1）下载 SDK

下载 SDK 的具体步骤如下。

第 1 步：选择新浪微博开放平台页面的【文档】菜单，跳转到【开发文档】页面的【首页】。

---

① 在完成第 2 步以后，浏览器中显示的就是刚刚创建的应用"用户微博的相关统计"的【基本信息】页面。若开发者已经离开此页面，则可以单击新浪微博开放平台页面的【我的应用】菜单，选择该应用并单击应用名称，跳转到该应用的页面，再进行后面的选择【应用信息】→【高级信息】菜单等操作。

第2步：在该页面中选择【资源下载】→【SDK】菜单，在跳转到的页面中，根据自己后续开发要使用的语言选择对应的 SDK 版本进行下载。本例需要选择的是与 Java 语言对应的版本"Java SDK"，即单击【Java SDK】下的【下载地址】，从跳转到的 Github 页面①中下载压缩包"weibo4j-oauth2-beta3.1.1.zip"。

第3步：将下载的压缩包解压缩。

（2）获取 Access Token

打开 Java 开发平台 Eclipse 后，通过如下四步操作获取 Access Token。Eclipse 是一个在本地运行的软件，需要开发者在自己的计算机上安装，也可以选择安装其他的 Java 开发平台。不过，要注意的是，要开发 Java 程序，必须先下载和安装 Java 开发工具包（Java Development ToolKit，JDK），并配置好相应的环境变量后，才能使用 Eclipse 等 Java 开发平台。读者可通过网络自行搜索安装 JDK 和配置环境变量等的相关操作方法，本书不详细介绍。

第1步：新建工程，分为以下三个子步骤。

第1.1步：选择 Eclipse 应用程序窗口的【File】→【New】→【Java Project】命令，弹出【New Java Project】对话框。

第1.2步：在对话框的【Project name】文本框中为新建的工程设置一个工程名称，本例设置为"beijingtour"，并将【Location】设置为上一步下载的 Java SDK（即文件夹"weibo4j-oauth2-beta3.1.1"）里面的文件夹"weibo4j-oauth2"中所有文件所在的位置。方法是，取消勾选【Use default location】，并单击【Location】选项右侧的【Browse】按钮，在弹出的【浏览文件夹】对话框中选择文件夹"weibo4j-oauth2"，再单击【确定】按钮即可。

第1.3步：单击【New Java Project】对话框中的【Finish】按钮，完成新建工程操作，此时下载的 Java SDK 已经加载到新建的工程中。

第2步：填写相关配置。这时，在第二个环节中记录的 App Key 和 App Secret 及填写的授权回调页地址就要派上用场了。填写相关配置的方法如下。

第2.1步：在 Eclipse 应用程序窗口的【Navigator】面板中选择并打开文件夹"beijingtour"→"bin"→"weibo4j"下的文件 config.properties。

第2.2步：填写该文件中 client_ID、client_SERCRET 和 redirect_URI 三项，

---

① 跳转到的 Github 页面的网址为 https://github.com/sunxiaowei2014/weibo4j-oauth2-beta3.1.1/。

即按照表 2-1 所示的对应关系将之前记录的相应参数值填入该文件上述三项的
"="之后。

表 2-1　填写文件 config.properties 中的相关配置信息

配置名称	填写的内容
client_ID	App Key
client_SERCRET	App Secret
redirect_URI	授权回调页地址

第 2.3 步：在 Eclipse 应用程序窗口选择【File】→【Save】命令，保存
修改。

第 3 步：从授权回调页获取 code 参数。操作方法如下。

第 3.1 步：在 Eclipse 应用程序窗口的【Navigator】面板中选择并打开文件
夹　"beijingtour"→ "examples"→ "weibo4j"→ "examples"→ "oauth2"
中的 Java 程序文件 OAuth4Code.java。

第 3.2 步：在 Eclipse 应用程序窗口选择【Run】→【Run】命令，运行
OAuth4Code.java 文件。程序运行后，自动打开浏览器窗口并显示一个新浪微
博的页面，页面中会询问用户是否对该应用进行授权。在用户同意授权（输入
新浪微博账号、密码进行登录）后，页面跳转到开发者所设置的授权回调页。
这时，浏览器地址栏内的网址后增加了一段以 "?code=" 开头的代码，复制等
号后面的参数（为叙述方便，本例将其称为 "code 参数"）[①]。

第 4 步：获得 Access Token。分为以下两个子步骤。

第 4.1 步：回到 Eclipse 应用程序窗口，在【Console】面板中显示的 "Hit
enter when it's done.[Enter]:" 提示语后（即图 2-3 中虚线框框出的区域），输
入上一步复制的 code 参数。

第 4.2 步：按 Enter 键（回车键）。这时，程序继续运行。运行后，就能从

---

① "OAuth 授权"机制保证了授权是在用户和新浪微博之间完成的，开发者并不能获得用户的微博密码。不
过，本例在开发过程中，程序运行后可能不会打开询问用户是否授权的页面，而是直接打开授权回调页面，
这是因为开发过程中开发者的微博一般是保持登录的，程序将默认已经过所登录用户（即开发者）授权了，
故直接跳转到授权回调页。由于所获得的 code 参数要与授权用户有关，而本例是以开发者自己的微博账
号作为授权用户账号的，即需要登录微博从而完成授权的就是开发者自己，因此，此时能够获得与开发者
的新浪微博有关的 code 参数。若在开发完成后，要用其他测试用户作为授权用户进行测试，则到该步骤
时应先退出开发者的微博登录，再进行操作。

【Console】面板显示的运行结果中获得 Access Token，即图 2-4 中【Console】面板上所显示的最后一行的"accessToken="后直到第一个逗号之前的参数值（图中矩形框框出的位置）。将这个参数记下来，后续开发过程会用到，因为前面介绍"OAuth 授权"时就提到，有了 Access Token 以后，开发者所开发的第三方应用才能访问和获取授权用户的微博数据。此外，为了降低理解难度，上述过程简单采用了人工手动操作的方式，而在实际开发相关应用时，上述过程都应考虑由应用程序自动完成。

图 2-3　在 Eclipse 的【Console】面板中"Hit enter when it's done.[Enter]:"
提示语后输入复制的 code 参数

图 2-4　从 Eclipse 的【Console】面板显示的运行结果中获得 Access Token

（3）开发、测试和使用

虽然从新浪微博开放平台下载的 SDK 为开发者提供了通过调用新浪微博 API 来获取某些微博数据的程序代码，但不一定能满足开发者的全部需求，这时就需要在现有程序的基础上，根据数据需求来补充或修改必要的代码，以完成开发过程。这正是这种搜集数据的方式有难度的地方，但也是其能满足开发者对数据的个性化定制需求的一种体现。那么，开发者如何面向自己的数据需求来完成开发、测试和使用呢？首先，开发者需要在新浪微博开放平台上查看它提供的 API 列表，找到符合开发者数据需求或与其需求最接近的 API；然后，在本地的开发平台中找到所下载的 SDK 提供的对应于该 API 的程序文件，并根据自己的数据需求在该程序文件代码的基础上补充或修改代码，以实现最终目标。因此，概括地说，这一部分的具体实现过程分为三步：第 1 步，查找

API 及 SDK 对应的程序文件；第 2 步，开发（代码补充或修改）；第 3 步：测试和使用。就本例而言，这三步的实现过程如下。

第 1 步：查找 API 及 SDK 对应的程序文件。分为以下三个子步骤。

第 1.1 步：在浏览器中打开新浪微博开放平台页面，单击【文档】菜单，跳转到【开发文档】页面的【首页】。

第 1.2 步：在页面中选择【微博 API】→【微博 API】菜单，跳转到【开发文档】页面下的【微博 API】页面。该页面显示了新浪微博开放平台提供的各种接口（如粉丝服务接口、微博接口、评论接口等），以及各种类下具体的接口名称和功能简介。根据数据需求，在该页面查找可利用的接口。经查找，发现与本例数据需求最相关的接口是"statuses/user_timeline"，其功能是获取某个用户最新发布的微博列表①，因此选择该接口。

第 1.3 步：回到 Eclipse 应用程序窗口，在【Navigator】面板中选择并打开文件夹 "beijingtour" → "examples" → "weibo4j" → "examples" → "timeline" 下 的 Java 程序文件 GetUserTimeline.java，这是与前一步选择的 API "statuses/user_timeline" 对应的程序文件，后续要在该文件的代码基础上进行开发。

第 2 步：开发（代码补充或修改）。就本例而言，就是在前一步打开的 GetUserTimeline.java 文件的代码基础上进行开发，开发过程在 Eclipse 软件中进行。在补充和修改代码前，先观察一下未做任何编辑之前的 GetUserTimeline.java 文件，代码如下。

```
1    package weibo4j.examples.timeline;
2
3    import weibo4j.Timeline;
4    import weibo4j.examples.oauth2.Log;
5    import weibo4j.model.StatusWapper;
6    import weibo4j.model.WeiboException;
7
8    public class GetUserTimeline {
9
```

---

① 该接口的详细说明参见 https://open.weibo.com/wiki/2/statuses/user_timeline。

```
10      public static void main(String[] args) {
11          String access_token = args[0];
12          Timeline tm = new Timeline(access_token);
13          try {
14              StatusWapper status = tm.getUserTimeline();
15              Log.logInfo(status.toString());
16          } catch (WeiboException e) {
17              e.printStackTrace();
18          }
19      }
20
21  }
```

为便于解释，加入行号来标识每行代码，实际编码中应去掉行号。出于同样的目的，在后面的例子中，代码较长的都会加入行号，实际编码时都应忽略，对此后文不再赘述。在上述代码中，第 1 行是 Java 的包机制，包是将一些功能相关的类放在一起的一种组织机制。简单来说，第 1 行代码意味着该源文件中定义的所有类都属于包 weibo4j.examples.timeline。类及后文出现的变量、对象、方法等也都是 Java 语言中常见的概念，对此，本书不展开详细介绍，读者可自行查阅 Java 的相关学习资料。接下来，第 3～6 行则用 import 关键字导入需要使用的其他 Java 包。第 8 行到最后一行定义了一个名为"GetUserTimeline"的类，这个类是实现本例目标的关键。

下面在原代码基础上进行代码的补充和修改。在此过程中，应尽量寻找和调用新浪微博 Java SDK 中提供的类及其方法。整个过程就像"拼积木"，找到实现最终目标所需的"积木"，然后将它们恰当地"组装"起来。开发者要做的主要是添加一些调用某些类的成员方法的代码并设置和传递若干参数，添加所需的衔接性的代码，以及根据数据需求适当地添加、修改其他一些代码（如添加将数据输出的代码等），从而完成"积木"的"组装"。本例进行代码补充和修改的过程如下。

第 2.1 步：将上述代码第 11 行，access_token 等号后的值修改为本例在"基于数据需求的开发"环节第二部分第 4.2 步获得的 Access Token 值，代码修改示例如下。注意，该值要包含在一个英文双引号中。

```
String access_token = "开发者所获得的 Access Token 值";
```

第 2.2 步：定义变量 i，创建对象 createtime 和 microblogtext，分别用于记录当前正在处理的是第几条微博、它的创建时间及内容，即在原代码第 12 行的下面增加以下三行代码。

```
int i=1;
Date createtime = new Date();
String microblogtext = new String();
```

其中，第 2 行、第 3 行代码通过 new 关键字创建了对象。关于这种创建对象的方法，我们不做详细介绍，有兴趣的读者可以自行查阅 Java 的相关学习资料。Data 类是新浪微博 Java SDK 中已经定义好的，而 String 类是 Java 语言中已经定义的字符串类型。至于为何将代码添加到第 12 行的后面，因为通过观察可以发现第 13 行以后的代码中有跟获取微博列表有关的代码，而在开始获取微博列表之前，要先将需要使用的变量和创建的对象都准备好。

此外，由于 Date 类的使用，需要导入另外一个 Java 包，即在原代码第 6 行的下面增加如下代码。

```
import java.util.Date;
```

第 2.3 步：获得用户的微博列表。本例通过 getStatuses( )方法获取用户的微博列表，并定义一个对象变量 microbloglist，将获取的微博列表的引用地址赋值给它（可简单理解为该变量指向了所获取的微博列表），即在原代码第 14 行的下面添加如下代码。

```
List<Status> microbloglist = status.getStatuses();
```

getStatuses( )方法是新浪微博 Java SDK 事先定义好的 StatusWapper 类的成员方法。前面提到，要尽量寻找和调用新浪微博 Java SDK 中提供的类及其方法，那么，该如何寻找适用的类和方法呢？在 Eclipse 软件中，当鼠标指针悬停在一个类或方法的名称上时，会显示一个解释对话框，单击对话框中的【Open Declaration】按钮，可以打开定义此类或包含了此方法的类所在的 Java 文件，从而查看关于它们的详细定义。就本例而言，通过查看关于原代码第 14 行的

getUserTimeline( )方法的定义，发现其作用是获取某个用户发表的最新微博列表，返回值是 StatusWapper 类型。因此，再通过查看定义 StatusWapper 类的 Java 程序文件 StatusWapper.java，就找到其成员方法 getStatuses( )用来获得微博列表，返回值是 List<Status>类型，即返回一组 Status 类型的对象列表。最后，再通过查看定义 Status 类的 Java 程序文件 Status.java，发现 Status 类是用来定义一条微博的各项信息和对信息进行若干操作的类。因此，最终确定 getStatuses( )方法是为获得用户的微博列表可以使用的方法。可能有读者会问，第 14 行代码已经有获取某个用户发表的最新微博列表的功能，为何还要使用 getStatuses( )方法呢？这是因为通过查看 Status 类及其方法的定义，会发现其中定义了在后续步骤中要使用的两个方法——getCreateAt( )和 getText( )，而 StatusWapper 类中定义的 getStatuses( )方法返回值是一组 Status 类型的对象列表，换言之，只有通过使用 getStatuses( )方法得到了这一返回值，才可能使用 Status 类中的 getCreateAt( )和 getText( )方法。不过，这是在完成第 2.4 步的过程中才最终确定需要使用 getStatuses( )方法的。

此外，由于添加的代码中返回值是 List<Status>类型，因此，还需要导入两个 Java 包，即在原代码第 6 行的下面再增加如下代码。

```
import java.util.List;
import weibo4j.model.Status;
```

至于什么时候需要导入额外的 Java 包及导入什么包，有一个对于初学者来说非常实用的方法，即借助 Eclipse 软件的错误提示功能。在代码编写的过程中，Eclipse 软件对于它无法识别的类型会给出错误提示，在该行代码最左侧用一个带有叉的小灯泡 标识。单击该标识，会显示解决这一问题的建议，只需要从中找到导入包的那一条建议并双击，即可在代码中自动添加导入相关包的代码（若所给建议中有多条关于导入包的建议，就需要开发者自行判断导入哪一条，或一一导入所列的包进行尝试，直到所选择导入的包使得错误提示标识消失为止）。

第 2.4 步：实现依次读取并在 Eclipse 软件的控制台（【Console】面板）上显示微博列表中前三条微博的信息（包括创建时间和微博内容）。为此，继续在第 2.3 步新增代码 "List<Status> microbloglist = status.getStatuses();" 的下面添加如下代码。

```
for(Status s : microbloglist){
    if(i<=3){
    System.out.println("最新前三条微博——第"+i+"条的创建时间和内
容如下: ");
    createtime = s.getCreatedAt();
    microblogtext = s.getText();
    System.out.println("创建时间: "+createtime);
    System.out.println("微博内容: "+microblogtext);
    System.out.println();
    i++;
    }
    else
    break;
}
```

　　其中，为了遍历 microbloglist 所指向的微博列表，使用了 for 循环语句。for 循环语句圆括号内的内容可简单理解为每次取出 microbloglist 所指向的微博列表中的一条微博信息 s 进行操作。for 循环语句的花括号内是循环体，就是对每次取出的微博信息 s 所进行的具体操作，由一个 if-else 判断语句构成。if 的圆括号内是判断条件，判断变量 i 是否不超过 3，如果是，则执行 if 后面花括号内的语句，即执行的操作是，首先，用一个 System.out.println( )方法将一行文字输出到 Eclipse 软件的控制台上，提示以下输出的是最新前三条微博中第几条微博的信息（按照发布时间的新旧，最后发布的一条称为"第 1 条"）。该方法的圆括号中是它传递的参数，即输出到控制台上的具体内容。其中，双引号内的文字是一个字符串，将直接输出到控制台上，而"i"则是输出执行 for 语句循环体的过程中，变量 i 当前所代表的值。输出字符串和输出变量的参数之间要用加号相连。System.out.println( )方法传递的参数输出完毕后，会在控制台上自动进行一次换行。其次，用 getCreateAt( )方法获得当前正在处理的微博创建的时间，并将其引用地址赋值给 createtime；用 getText( )方法获得当前正在处理的微博的内容，并将其引用地址赋值给 microblogtext。getCreateAt( )和 getText( )方法是从新浪微博 Java SDK 中找到的事先定义好的方法，是 Status 类的成员方法。寻找合适方法的思路已在第 2.3 步做了介绍，此处不再赘述。然后，用两个 System.out.println( )方法分别将当前正在处理的微博创建的时间和内容输出到控制台上，即输出 createtime 和 microblogtext 所指向的值；再用一个 System.out.println( )方法在控制台上进行一次换行，以使控制台上所显示的两条不同微博的信息之间有一个空行。最后，用"i++;"将变量 i 加 1，可理解为当前这条微博所需进行的信息处理已完成，将变量 i 加 1，以便做好处理下一条微博信息的准备。当 if 圆括号内的条件不满足（即变量 i 的值超过 3）时，则执行 else 下的语句"break;"，表示终止 for 循环，执行该循环语句后面的语句。

至此，本例进行开发（代码补充和修改）的过程就完成了，在 Eclipse 应用程序窗口选择【File】→【Save】命令，保存程序文件。本例按以上步骤实现的完整代码可扫描旁边的二维码查看。

第 3 步：测试和使用。在 Eclipse 中完成程序开发后，开发者需对程序进行测试。就本例而言，在 Eclipse 应用程序窗口选择【Run】→【Run】命令，运行上一步开发的程序，结果输出到控制台（【Console】面板）上，如图 2-5 所示。开发者通过检查输出结果来检验所开发的程序。

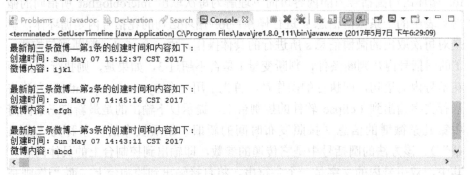

图 2-5 本例完整代码运行后在 Eclipse 的控制台（【Console】面板）上显示运行结果

尽可能对程序进行多次测试，以便发现程序逻辑中可能还存在的问题，从而进一步完善代码。例如，本例通过测试发现，如果用户发布的全部微博总数不足 3 条，则输出到 Eclipse 软件控制台上的微博信息就会少于 3 条，这时最好输出一行文字加以提示。为此，可在上一步开发的程序代码的基础上，在 for 循环语句的下面增加如下代码。

```
if(i<=3)
    System.out.println("该用户发布的全部微博只有"+(i-1)+"条,所以只能
显示以上"+(i-1)+"条微博的创建时间和内容。");
```

上述代码的作用是判断用户发布的全部微博数是否少于 3 条,如果是,则输出一行提示文字到控制台上,说明用户发布的全部微博总数是多少条。

测试完成后,开发者需将其在新浪微博开放平台上所创建的应用提交审核。如前所述,应用只有审核通过并上线后,开发者才能正式使用。最后,还要说明的两点是,第一,像新浪微博这类提供 API 的网站,会出于数据价值和安全性等方面的考虑而限制开发者能够获取的数据量,例如,本例使用的 API "statuses/user_timeline" 就被限制为最多只能获得最新发布的 5 条微博。而且,新浪微博所提供的接口中有的还是高级权限接口,需要申请并通过审核后才能使用。第二,新闻从业者用站点提供的 API 搜集和获取数据,一般都发生在开发新闻应用产品的时候,因为通过该方法搜集数据时是需要获得用户授权的,这种授权通常在用户使用新闻应用产品的过程中完成。新闻应用产品的开发还需要根据具体的应用需求考虑更多工程实现细节,本例对数据的搜集只是其中的一小步。

2. 使用现成的网络爬虫工具

市场上的网络爬虫工具非常多,如前面提到的八爪鱼采集器、GooSeeker 集搜客网络爬虫软件、后羿采集器等。网络爬虫工具的难易程度不一,前面提到的几种工具操作都比较简单。以八爪鱼采集器为例,它提供了简易采集和自定义采集两种模式。简易采集模式通过点击、输入等操作即可完成配置和数据采集,但可扩展性一般,可能无法很好地契合从业者对数据的个性化定制需求。自定义采集模式则需要从业者基于一定的开发逻辑去配置,难度相对大一些,但不需要编程,且可扩展性好,能满足从业者在数据采集上的许多个性化需求。这类工具一般都提供了丰富而翔实的教程文档,从业者通过阅读文档能够很快上手。还有一些网络爬虫工具,它们有较好的扩展性,但也需要从业者进行一定的编程。不过,与通过 API 获取数据的方式相同的一点是,这些工具都不需要从业者从头开始开发,而可以在其代码、所提供的 API 等的基础上进行二次开发以满足从业者自己的数据需求。使用网络爬虫工具的一般过程可分为以下

三步。

第 1 步：从网络爬虫工具的官方网站下载并安装该工具，打开工具后新建项目（有的工具还需要注册并登录后才能打开使用）。如果是通过浏览器在线使用的工具，则在其官方网站上登录后再使用。若进行编程，一般还需要从其支持的开发语言中选择一种。

第 2 步：在浏览器中打开要抓取数据的网页，按 F12 键打开浏览器自带的开发者工具[①]，并借助这一工具分析网页结构，找到要抓取的网页内容所在的HTML 元素。最为简单易用的网络爬虫工具也可能不需要进行此步操作，只需要按照工具向导输入要抓取数据的网页地址等信息即可。

第 3 步：设置参数，进行程序逻辑的设计或写代码，以进行网页数据的抓取。是仅需要设置参数，还是需要设计程序逻辑，甚至写代码（以及代码量），得视具体的网络爬虫工具和数据需求而定。有的可能很简单，有的则可能需要进行比较复杂的开发。

3. 直接用编程语言进行网络爬虫程序开发

实际上，使用站点提供的 API 来搜集和获取数据通常也要用到编程语言，而此处所指的是除上述情况以外使用编程语言来开发网络爬虫程序的方式。直接通过编程语言来开发网络爬虫程序，既可以从头开始进行程序设计和实现，也可以使用一些爬虫框架或库来简化开发工作。后者与结合编程来使用现成的网络爬虫工具的情况有一定交叉，因为很多开发者也将爬虫框架视为网络爬虫工具。不过，上文所指的允许进行编程的网络爬虫工具一般支持多种编程语言，而爬虫框架或库一般是专门针对某一编程语言而开发实现的，是专门针对通过这种编程语言开发网络爬虫程序时，用于简化其开发工作的框架和库。直接用编程语言进行网络爬虫程序的开发一般能更好地满足从业者对数据的个性化定制需求，但通常也更复杂，需要开发者有较强的编程能力，至少能熟练运用一门编程语言。常用于开发网络爬虫程序的编程语言有 Java、Python 和 R 等。由于该方式有一定的专业深度，而本书以"可视化"为重点，因此，我们只对其适用条件与情况、实现原理，以及从何开始（开发语言的选择）进行阐释。以下所述的大部分内容针对用现成的网络爬虫工具进行数据抓取的方式（尤其

---

① 该方法在 Chrome 浏览器中适用，有的浏览器打开开发者工具的按键可能不同。

是需要用户进行一定的编程时），其中部分内容也适用于使用站点提供的 API
搜集和获取数据的方式。

　　第一，适用条件与情况。应明确的是，能通过开发网络爬虫程序来抓取的
网页，通常通过人工搜集的手段也能获得数据。而且，往往在开发程序之前，
要首先通过人工搜集部分数据来寻找一定的规律，将数据搜集过程梳理为按照
规律重复进行某些操作（如复制/粘贴）的过程；然后编写程序，利用自动化
操作帮助开发者更快地完成这些重复性的工作。换言之，程序的最大好处是节
省了人工搜集数据花费的时间。鉴于此，需要通过开发程序来抓取数据的情况，
通常是在面对数据量比较大或更新比较快（需要频繁采集）的数据需求时。
否则，采用人工手动采集的方式有可能反而更快一些，因为编写代码也是需
要花费不少时间的。此外，由于有的数据来源站点的服务器禁止机器自动访
问或对此有严格的访问限制等，因而通过网络爬虫来抓取数据有时也会面临
困难或失效。

　　第二，实现原理。前面提到，对有重复性操作规律的数据搜集任务适合开
发网络爬虫程序来自动完成。《鲜活的数据：数据可视化指南》一书将自动搜
集数据的过程概括为"找出规律""循环""存储数据"三步[60]，但实际上
"存储数据"一般是在循环过程中同步进行的，因此，我们将实现原理概括为
两步：第 1 步，找规律，一般是找寻网址及与所需采集的数据对应的 HTML
标签上的一些规律，以便实现大量的重复性操作；第 2 步，根据规律编写实现
重复（循环）执行搜索、存储等操作的程序，即每循环一次都搜集一部分数据
并将其进行存储。至于如何编写网络爬虫程序，则与具体数据需求和所使用的
编码语言有关，本书不再详细讨论。

　　第三，从何开始（开发语言的选择）。想要开发网络爬虫程序，前提是熟
练掌握一门计算机语言。因此，选择一门开发语言就成为开始的第一步。到底
选择哪一门开发语言？实际上，任何一门你熟悉的编程语言都可以。不过，如
前所述，有的编程语言（如 Python、Java、PHP、C/C++等）提供了若干爬虫
框架或库，也可优先考虑。目前，Python 语言在开发网络爬虫程序上就很流行。
它提供了丰富的爬虫框架，还包含了大量其他功能强大的类库，开发效率高，
而且相对于 Java、C、C++等计算机语言来说更为简单。此外，R 语言也比较
适合作为开发网络爬虫程序的入门语言，其语法也较为简单，但只适合小规模

的爬虫应用场景。

此外，要补充说明的是，在使用现成的网络爬虫工具或直接用编程语言进行网络爬虫程序开发时，都应熟悉超文本标记语言（Hyper Text Markup Language，HTML）和层叠样式表（Cascading Style Sheets，CSS），以便分析所要抓取的网页是什么结构，所需抓取的数据在网页中的位置（如所关联的HTML 标签及其父标签）及它们的样式特征等。至于 HTML 和 CSS，本书在4.1 节会对它们的语法做简单介绍，因为在使用某些工具进行可视化实践时也要用到它们。

总之，在实践中到底选择哪一种方法来搜集数据，要综合考虑数据需求、数据来源站点的情况及从业者的技术水平等一系列因素。而且，实践中往往也会综合使用多种不同的方法来搜集数据。

2.3　数据的常见存储格式

2.3.1　数据常见存储格式概述

通过不同途径搜集到的数据会有各式各样的存储格式，而在后续进行数据分析、可视化时，通常有一些常用的数据存储格式，本节对此进行了归纳（见表 2-2）和简单介绍（见表 2-3）。2.3.2 节和 2.3.3 节还将分别重点介绍 XML 和JSON 这两种格式，为后文部分内容的展开做准备。

表 2-2　数据新闻中一些常见的数据存储格式

搜集到的数据常见的 存储格式	PDF（Portable Document Format，便携式文档格式）
	Word 软件专用格式.doc 或.docx
	Excel 软件专用格式.xls 或.xlsx
	CSV（Comma-Separated Value，逗号分隔值）格式
	XML（Extensible Markup Language，扩展标记语言）格式
	JSON（JavaScript Object Notation，JavaScript 对象表示法）格式
进行数据分析和可视化时 常用的数据存储格式	Excel 软件专用格式.xls 或.xlsx
	CSV 格式
	XML 格式
	JSON 格式

表 2-3　几类数据存储格式简介

PDF	PDF 是一种用于在全球进行电子文档分发的开放式标准，由美国 Adobe 公司推出[61]。因其所具有的跨平台、跨语言和高保真特性[61、62]而成为研究报告、调查报告和电子书等的常用格式。不过，由于其本身缺乏语义信息[61]，因此不太适用于数据的统计分析和可视化。面对这样的数据时，往往要进行存储格式的转换
Word 软件专用格式.doc 或.docx	它们是基于微软的 Word 软件产生的文件格式，前者是 2003 及以前版本的文件格式，后者是 2007 及以后版本的文件格式。一些研究报告、调查报告也可能以这两种格式来存储。不过，此类格式也不适用于数据统计分析和可视化，在进行后续操作之前，也面临要转换为其他存储格式的情况
Excel 软件专用格式.xls 或.xlsx	它们都是基于微软 Excel 软件产生的文件格式，前者是 2003 及以前版本的格式，后者是 2007 及以后版本的格式。许多开放数据集、数据分享站点都提供下载以这两种格式存储的数据，它们对于后续的数据统计分析来说比较方便。因为 Excel 软件自带强大的数据清洗、分析和统计功能，还能进行图表绘制，而且此两种格式还可以被直接导入其他一些常用的统计分析工具和可视化工具。同时，Excel 软件本身也可以进行一些数据存储格式的转换，因此，获得以此两种格式存储的数据以后，即使后续可视化过程需要其他存储格式，有时也能用 Excel 软件直接完成格式的转换
CSV 格式	CSV 格式属于一种带分隔符的文本格式。这种格式用分隔符而非表格的单元格边框来标识文字或数值分隔的位置。CSV 格式是用英文半角输入状态下[①]的逗号作为分隔符。除逗号外，还有许多符号都可用作分隔符，如英文分号、空格、制表符 Tab 和斜杠等[60]，从而形成各种不同的带分隔符的文本格式。CSV 格式可用文本编辑器（如记事本）、Excel 等软件打开、浏览。许多开放数据集、数据分享站点都提供下载 CSV 格式的数据。而且，许多数据分析和可视化工具都支持使用这种数据存储格式，如后面章节将介绍的工具 Excel、Power BI、D3.js、Infogram、WordArt.com、TimeFlow、智图 GeoQ 和 Gephi 等。不过，在 Excel 软件中打开此格式的文件时尽量不要直接双击打开，更好的方法是：在 Excel 软件中选择【数据】→【自文本】命令，在弹出的【导入文本文件】对话框中双击选择所需的 CSV 文件，然后根据弹出的【文本导入向导】对话框的提示完成各步设置并最终打开文件，这样才能保证各字段根据被定义的数据类型正确显示
XML	XML 通过用标签来标记（Markup）信息内容，使各内容元素成为可识别、可分类的信息[63]。把内容标记出来，一个很大的作用是可以将数据从 HTML 中分离出来，从而方便数据的更新[64]，即如果采用未分离的做法，每当要改变网页中的数据时都需要编辑 HTML 网页文件，浪费许多时间；然而，将数据分离并存储在独立的 XML 文件中，再通过 JavaScript 代码读取这个 XML 文件，使数据在 HTML 网页中显示，当修改数据时，就只需要更新 XML 数据文件，更新结果会同时反映在 HTML 网页中（虽然并未修改 HTML 代码）。此方式非常适用于数据频繁变动的网页。而且，XML 数据是纯文本格式，独立于软硬件[64]。数据分析和可视化工具 Excel、Power BI、D3.js 等都支持使用 XML 文件

---

① 若无特殊说明，全书提到的英文符号都是在半角输入状态下进行输入的。

（续表）

JSON	JSON 是近年来十分流行的一种轻量级的数据交换格式,基于 JavaScript 语言的一个子集,易于人们阅读、编写及机器解析、生成[65]。而且,它也是纯文本格式,独立于语言和平台[65]。可视化工具 Power BI、D3.js、ECharts 和 Infogram 等都支持使用 JSON 格式。通过 API 接口或一些现成的网络爬虫工具获得的数据也可能是以 XML 或 JSON 格式返回的

相比其他几种格式,XML 格式和 JSON 格式有相对复杂的语法结构,接下来的两节就分别对它们进行简单介绍。

2.3.2　XML 格式介绍

XML 文档由一个个元素及其树状结构构成。每一个元素又由标签和内容构成。标签包括开始标签和结束标签,开始标签与结束标签之间的部分就是元素的内容。开始标签中还可以定义元素的属性。熟悉 HTML 的读者可能会感觉 XML 与 HTML 的语法结构是相似的。不过,一个很大的区别是,XML 标签由用户自己定义。下面结合一个完整的 XML 文档实例,进一步介绍 XML 格式的构成及其基本语法。

我们从新浪微博上采集了两个与"北京旅游"相关的微博用户的信息[①],并从中筛选他们的若干信息,在 XML 中用两种方式对它们进行表示,分别是"以元素来表示"和"以属性来表示"。

1. 以元素来表示

```xml
<?xml version="1.0" encoding="UTF-8"?>
<Users>
    <User>
        <id>1000000000</id>
        <screenName>北京旅游1</screenName>
        <location>北京 东城区</location>
        <followersCount>123627</followersCount>
        <friendsCount>951</friendsCount>
        <statusesCount>7104</statusesCount>
```

---

① 为尊重用户隐私,将用户真实的 id 和 screenName 隐去,后面的章节在用到这一数据时也会这样做。

```xml
        <createdAt>Thu Aug 12 17:48:18 CST 2010</createdAt>
        <biFollowersCount>206</biFollowersCount>
    </User>
    <User>
        <id>1000000001</id>
        <screenName>北京旅游2</screenName>
        <location>北京 朝阳区</location>
        <followersCount>18329</followersCount>
        <friendsCount>1201</friendsCount>
        <statusesCount>10439</statusesCount>
        <createdAt>Mon Sep 13 14:51:53 CST 2010</createdAt>
        <biFollowersCount>358</biFollowersCount>
    </User>
</Users>
```

在上面的实例中，第 1 行是 XML 的声明。它用 version 属性定义了 XML 的版本为 1.0，用 encoding 属性定义了所使用的编码为 UTF-8。关于属性的写法，后面再做介绍。<Users>是这个 XML 文档的根元素，当然，也可以给它取一个别的名称，如何命名是用户自己决定的，只要符合 XML 的命名规范即可。根元素是每个 XML 文档必不可少的。根元素的内容是该文档中其他的所有元素，因此也称根元素是这些元素的父元素。而且，XML 是严格区分英文字母大小写的，所以"Users"和"users"是两个不同的名称。如前所述，每一个元素都由一个开始标签、一个结束标签和两个标签之间的内容构成。开始标签是"<元素名>"的形式，结束标签是"</元素名>"的形式，一对标签关于元素名的写法要完全一致。开始标签和结束标签之间的内容可以是纯文本，也可以嵌套其他元素。<Users>元素的内部就嵌套了两个子元素<User>，每个子元素内又分别嵌套了八个子元素。这八个子元素的开始标签与结束标签之间的纯文本分别记录了微博用户的如下信息：<id>记录微博 id；<screenName>记录微博昵称；<location>记录用户所在位置；<followersCount>记录用户的粉丝数；<friendsCount>记录用户关注的其他用户数；<statusesCount>记录用户当前发布的微博博文数；<createdAt>记录用户创建微博的时间；<biFollowersCount>记录用户与其他用户达成相互关注的用户数。概括地说，就是根元素<Users>的内部嵌套了两个<User>元素，它们分别代表一个微博用户，每个<User>元素内嵌套了<id><screenName>等八个元素。这八个元素的开始标签与结束标签之间的纯文本就构成了这个用户的信息描述。最终，通过这种方式就完成了对两个微博用户信息的描述。换言之，"以元素来表示"的方式就是把针对每个微博用户的每条描述都作为一个元素，将具体的描述信息作为这些元素的内容。

2. 以属性来表示

除了以元素来表示针对每个微博用户的每条描述外，还可以用属性来表示每条描述，即把"id""screenName"等作为代表一个微博用户的<User>元素的八个属性，XML 文档如下。

```
<?xml version="1.0" encoding="UTF-8"?>
<Users>
    <User id="1000000000" screenName="北京旅游1" location="北京 东
城区" followersCount="123627" friendsCount="951" statusesCount=
"7104" createdAt="Thu Aug 12 17:48:18 CST 2010"  biFollowersCount
="206"></User>
    <User id="1000000001" screenName="北京旅游2" location="北京 朝
阳区" followersCount="18329" friendsCount="1201" statusesCount=
"10439" createdAt="Mon Sep 13 14:51:53 CST 2010"  biFollowersCount=
"358"></User>
    </Users>
```

第 1 行仍是 XML 的声明，第 2 行定义 XML 文档的根元素<Users>。<Users>元素内仍嵌套两个子元素<User>。不同之处在于，<User>元素的内部不再定义子元素，而是为每个<User>元素添加八个属性，属性名就是前一种表示方式中<User>元素内的八个子元素名称。也可以使用其他名称，属性如何命名同样由用户自己决定。XML 的属性都在元素的开始标签中定义，以"属性名称=值"的形式出现，属性名称和值之间用等号相连，属性值应放在一对英文引号内，双引号或单引号均可。若属性值本身带有双引号，最外层则用单引号。可为一个 XML 元素添加多个属性，每个属性都按以上格式来定义，两两属性之间用一个空格隔开，第一个属性的属性名与元素名之间也用一个空格隔开。不过，对于上述两种表示方式，第一种方式（以元素来表示）更为常用。

关于 XML，本书只做如上简单介绍，后面 2.4.2 节介绍数据存储格式的转换，以及 4.1.3 节介绍 SVG（Scalable Vector Graphics，可缩放矢量图形）时会涉及它。想深入了解 XML 的读者可以阅读相关教程，如 W3School 网站上的 XML 教程[66]。W3School 是万维网联盟（The World Wide Web Consortium，W3C）中国社区成员，致力于 W3C 标准技术的推广[67]。W3C 是一个开发开放标准，以确保 Web 发展的国际联盟[68]。

2.3.3　JSON 格式与 JavaScript

1．JSON 与 JavaScript 的联系

前面提到，JSON 的全称是"JavaScript Object Notation"（JavaScript 对象表示法），是一种轻量级的数据交换格式。它基于编程语言 JavaScript 的一个子集[65]，即 JSON 的语法（格式）是基于 JavaScript 的，是 JavaScript 语法的子集。进一步，还可以从以下两个方面来理解 JSON 与 JavaScript 的联系。

1）从作用上理解

在异步应用程序或称 AJAX（Asynchronous JavaScript and XML，异步 JavaScript 和 XML）应用程序中传输数据通常可以将纯文本的名/值对、XML 或 JSON 作为数据格式。以发送数据为例，首先可以用 JavaScript 获得和操纵来自 Web 表单的数据，然后有两种常见做法：第一，将数据转换为纯文本的名/值对或 XML 进行传输，此时 JavaScript 扮演了数据操纵语言的角色；第二，用 JavaScript 对象来表示数据，并将其转换为 JSON 格式的字符串（也称"序列化"），进而实现它们在函数间的传递，或在异步应用程序中从 Web 客户端向服务器端的传递[69]。由这两种做法可以看到，JavaScript 是一种编程语言，它可以用来完成很多功能，而且不一定要与 JSON 一起使用；JSON 是一种数据交换格式，其本质是字符串，是独立于语言的文本格式[65]，换言之，它也不一定要跟 JavaScript 一起使用。至于什么是 JavaScript 对象，概括地说，它是由属性（属性值为函数时通常被称为方法[70、71]，方法是能对对象执行的动作[71]）构成的、用以描述事物的集合[70]。此处可先有一个笼统的认识，关于对象及其中涉及的属性、方法等概念，以及它们的基本语法，在下面还会介绍。

2）从语法关系上理解

若从语法关系上理解，前面已经提到，JSON 的语法（格式）是 JavaScript 语法的子集；若要更进一步地理解，就要从 JavaScript 对象的一种创建方法——字面量表示法（Literal Notation）说起。字面量表示法就是按字面意思来表示固定值的方法，在很多程序语言中都存在这一表示法。不过，在 JavaScript 中，用这种方法所表示的固定值可以是对象，即可以使用字面量表示法来表示对象，而此时这一方法被称作"对象字面量（Object Literal）表示法"。因此，更准确地说，JSON 产生于 JavaScript 对象字面量表示法的一个子集[72]。不过，JSON 的语法更严格一些[72]，这一点在了解了 JSON 的写法和更深入地了解了 JavaScript 对象的字面量表示法以后，再做进一步解释。

2. JSON 的写法

概括来说，JSON 有两种结构：一种是名/值（Name/Value）对的集合，在 JSON 中通常被称为对象（Object）；另一种是值的有序列表，在 JSON 中通常被称为数组（Array）[65]。下面仍以 2.3.2 节中所使用的两个微博用户数据为例，来说明 JSON 的语法结构。不过，为便于解释，同时也根据需要，对数据做了一些修改。

1）JSON 中的对象

如前所述，JSON 中的对象是一组无序的名/值对，它们被包含在一对英文花括号中，每个名/值对都被写成"名称:值"的形式，"名称"和"值"之间的冒号为英文冒号，"名称"须放在一对英文双引号内，且各对"名称:值"之间用英文逗号隔开[65]。值可以是字符串（String，必须用双引号包裹）、数字（Number）、数组（Array）、布尔值（Boolean）、Null 等，也可以嵌套其他对象[65]。各对"名称:值"可换行书写，也可在同一行书写。例如，关于一个微博用户（包括用户 id、用户的微博昵称、用户粉丝数、是否允许评论四条描述信息）的 JSON 数据描述有以下两种书写方式，其中，每条描述信息都作为一个"名称:值"对，两种方式等价。

```
// 第一种书写方式
{
    "id": 1000000000,          // 用户 id 是 1000000000
```

```
    "screenName": "北京旅游1",       // 用户的微博昵称是"北京旅游1"
    "followersCount": 123627,        // 用户的粉丝数是 123627
    "allow_all_comment": true        // 用户允许所有用户对其微博进行评论
}

// 第二种书写方式
{ "id": 1000000000, "screenName": "北京旅游1", "followersCount":
123627, "allow_all_comment": true }
```

其中，id 和 followersCount 的值都是数字；screenName 的值是字符串，如前所述，字符串必须用英文双引号包裹；allow_all_comment 的值是布尔值，其中，ture 表示"真"（或"是"），false 表示"假"（或"否"）。每条语句的"//"之后是对这条语句的注释说明。实际上，"//注释文字"是 JavaScript 及其他若干编程语言的一种代码注释方式，暂且在此用其对代码进行注释（尽管上述代码是 JSON 数据而非 JavaScript 代码）。在 JavaScript 中，注释主要是为了使代码容易被理解，而它不会被浏览器执行。

2）JSON 中的数组

如前所述，JSON 中的数组是值的一个有序列表，包含在方括号中，数组中各值（也称元素）之间用英文逗号隔开[65]。例如，下面是关于两个微博用户昵称的一个数组。

```
["北京旅游1", "北京旅游2"]
```

数组中的值同样也可以是字符串（必须用英文双引号包裹）、数字、布尔值、Null 等，还可以嵌套其他数组和对象[65]。例如，将两个微博用户（包含 id、昵称、粉丝数三条描述信息）分别定义为一个对象，再将它们放在一起，定义为一个数组，就属于数组中的值是对象的情况。

```
[
    { "id": 1000000000, "screenName": "北京旅游1", "followersCount":
123627 },
    { "id": 1000000001, "screenName": "北京旅游2", "followersCount":
```

```
18329 }
   ]
```

　　除了数组中可以嵌套对象外，前面在介绍 JSON 中的对象时提到，对象的"名称:值"对中的"值"也可以是数组，换言之，对象与数组可相互嵌套。看下面这个例子，其中，对象中的值既有字符串，又有数字，还有数组，而数组中还嵌套了对象。

```
{
    "userssource": "新浪微博",
    "usersnum": 2,
    "userlist": [
        { "id": 1000000000, "screenName": "北京旅游1",
"followersCount": 123627 },
        { "id": 1000000001, "screenName": "北京旅游2",
"followersCount": 18329 }
    ]
}
```

3. JavaScript 对象的字面量表示法及相关概念与基本语法

　　前面提到，JSON 产生于 JavaScript 对象字面量表示法的一个子集[72]，而对象字面量表示法就是用字面量表示法来表示（创建）JavaScript 对象的方法。该方法是创建 JavaScript 对象方法中最简单、直接的一种。接下来，将详细介绍如何用字面量表示法创建 JavaScript 对象，同时也会对所涉及的一些概念和语法进行简单介绍。一方面，读者在了解了这种创建 JavaScript 对象的方法后，可以更深刻地理解基于 JavaScript 对象字面量表示法的子集而产生的 JSON 与 JavaScript 的联系和区别；另一方面，读者了解了 JavaScript 的相关概念和基本语法后，也可为理解 JSON 的使用和 4.2 节基于 JavaScript 的可视化框架做好准备。

　　1）用字面量表示法创建 JavaScript 对象

　　前面提到，所谓字面量表示法，就是按照字面来表达一些固定值，在许多编程语言中都可用于声明变量和给变量赋初始值，这在 JavaScript 中也不例外[72]。在 JavaScript 中，用字面量表示法来声明变量和给变量赋值的写法是

"var 变量名称=值（字面量）"的形式。其中，需说明四点：第一，声明变量时以"var"开头，后面接变量名称，"var"与变量名称之间用一个空格隔开；第二，"变量名称"与"值（字面量）"之间用等号相连；第三，如果"值（字面量）"是字符串，需要将该值放在一对英文双引号或单引号中，且双引号更常用；第四，最后用一个英文分号结束一个变量的声明与赋值。例如，下面的两条语句分别用字面量表示法声明了一个变量并为其赋值。

```
    var followersCount = 123627;              /* 声明变量 followersCount,
并赋值为 123627 */
    var createdAt = "Thu Aug 12 17:48:18 CST 2010";  /* 声明变量 createdAt,
并赋值为字符串"Thu Aug 12 17:48:18 CST 2010" */
```

在 JavaScript 中，根据字面量的值类型的不同，可将其分为整数（Integers）、浮点数字面量（Floating-Point Literals）、字符串字面量（String Literals）、布尔字面量（Boolean Literals）、数组字面量（Array Literals）、对象字面量（Object Literals）等[73]。例如，下面的语句中字面量是数组（即数组字面量，也即用字面量表示法创建一个数组）。

```
    var userScreenNames = ["北京旅游1", "北京旅游2"];
```

上面的数组包含两个值（又称元素），且都是字符串，值与值之间用英文逗号分隔。

再如，字面量是对象，即对象字面量，也就是用字面量表示法来创建对象的方法，具体做法是定义一个对象的所有属性（Property）"名称:值"对。各属性的名称和值之间是英文冒号，两两属性"名称:值"对之间用英文逗号隔开，最终，所有属性的定义被包含在一对英文花括号中。属性的值可以是函数。当其值是函数时，通常也称其为该对象的方法（Method）[70]。例如，通过字面量表示法创建关于一个微博用户的 JavaScript 对象 user，代码如下（其中，id、screenName 和 followersCount 就是该对象的属性）。

```
    var user = {
      "id": 1000000000,
      "screenName": "北京旅游1",
```

```
    "followersCount": 123627
};
```

在上述用字面量表示法来创建 JavaScript 对象的例子中，读者可能会发现，关于对象 user 的定义看起来与 JSON 格式的数据很像，但它们是有区别的：第一，JavaScript 中数组的元素或对象属性的值取值范围更广[72]，例如，对象中属性的值可以是函数，也就是前面提到的属性是方法的情况；第二，在 JSON 中，"名称:值"对中的"名称"必须放在一对英文双引号内，而在 JavaScript 中，对象的属性"名称:值"对中的"名称"可以放在一对英文双引号或单引号内，也可以不使用任何引号[72]。例如，上述创建 JavaScript 对象 user 的代码也可以写成下面的形式。

```
Var user = {
    id: 1000000000,
    screenName: "北京旅游1",
    followersCount: 123627
};
```

同样，JSON "名称:值"对中的"值"若为字符串，则必须放在一对英文双引号内；而 JavaScript 对象的属性"名称:值"对中的"值"若为字符串，则可以放在一对英文双引号或单引号内。此外，用字面量表示法创建的 JavaScript 对象（即 JavaScript 对象字面量）与 JSON 格式的数据还有一个最大的不同，涉及两者概念本质的不同[74]，下面再做详细说明。

接着，再深入讨论一下 JavaScript 对象中的属性值及数组中的值（元素）的取值类型。总的来说，JavaScript 对象中属性的值可以是任何 JavaScript 数据类型，而 JavaScript 数据类型主要包括数字、布尔值、字符串、Null、Undefined、BigInt、Symbol 和对象。此处数据类型中所指的"对象"是一个广义的概念，除了指前文提到的"对象"，即由若干属性"名称:值"对构成的集合（如无特别说明，本书提到"对象"时都指这一概念）外，还包括数组和函数[75]。如前所述，当 JavaScript 对象中属性的值为函数时，属性也被称为"方法"[70]。在本书后面的章节中函数运用并不多，我们不对它做专门的介绍①。由于在

---

① 本书 4.2 节介绍基于 JavaScript 的可视化框架时会结合一些实例对函数的概念和用法做简单介绍。

JavaScript 中数组本质上也是对象，数组中的值（元素）可以看作数组对象的属性[76]，因此数组的元素也可以是任何 JavaScript 数据类型。例如，用字面量表示法（两种写法）创建下面的对象 usersinfo，它包含 usersource、usersnum 和 userlist 三个属性，属性值分别是字符串、数字和数组。其中，数组中的元素是两个用于描述微博用户的对象。

```javascript
// 第一种写法
var usersinfo = {
    "userssource": "新浪微博",
    "usersnum": 2,
    "userlist": [
        { "id": 1000000000, "screenName": "北京旅游1",
"followersCount": 123627 },
        { "id": 1000000001, "screenName": "北京旅游2",
"followersCount": 18329 }
    ]
};


// 第二种写法
var usersinfo = {
    userssource: "新浪微博",
    usersnum: 2,
    userlist: [
        { id: 1000000000, screenName: "北京旅游1", followersCount:
123627 },
        { id: 1000000001, screenName: "北京旅游2", followersCount:
18329 }
    ]
};
```

以上两种写法都是有效的，区别仅在于属性名是否放在了一对双引号内，第一种写法看起来就像是 JSON 格式的数据（但其实不是 JSON，后文会详述区别）；根据 JavaScript 的语法，对象（包括数组中所嵌套的对象）属性名外层的双引号也可以去掉，即第二种写法。

下面将就 JavaScript 对象的属性与方法再做一些介绍。

2）JavaScript 对象的属性与方法

（1）属性与方法的概念

前面提到，一个对象由若干属性"名称:值"对构成，属性用以描述对象，而当其值是函数时，属性又被称为"方法"[70、71]，方法是在对象上执行的动作[71]，通过方法就可以实现针对对象的一些操作。在接下来的描述中我们将"属性"和"方法"区分开，凡是提到"属性"的地方，主要指其值为非函数的情况。例如，在前面创建用于描述两个微博用户的对象 usersinfo 时定义了一个属性 usersnum，描述了对象 usersinfo 中包含几个微博用户；还定义了另一个属性 userlist，它是一个数组，记录了微博用户的信息。如果在对象 usersinfo 中定义一个向数组 userlist 中添加新的微博用户的方法，并把 usersnum 也定义为一个方法，则该方法的返回值是数组 userlist 中元素的个数。如此一来，就可以实现针对对象 usersinfo 中微博用户信息的更新行为了，而且，微博用户数量的变更也可以通过 usersnum 方法的返回值得到及时反映。

（2）在 JavaScript 中访问对象的属性

通过对象的属性名可以访问它的属性，读取该属性的值，写法是"对象名.属性名"，其中，"对象名"和"属性名"的中间是英文句点。例如，访问对象 user 的属性 followersCount，方法如下。

```
// 对象 user
var user = {
    id: 1000000000,
    screenName: "北京旅游1",
    followersCount: 123627
};

// 访问对象 user 的属性 followersCount
var count = user.followersCount;
```

最后一行就是访问属性 followersCount 的语句。注意，一般都需要声明一个变量来存储被访问属性的值。因此，本例声明了变量 count，并将访问对象 user 的属性 followersCount 以后得到的值赋给它，这样，变量 count 的值就为

123627。

　　如果所要访问的是一个数组（如前所述，在 JavaScript 中，数组也是对象[76]），例如，下面的 userlist，该数组包含了两个关于微博用户的对象。访问其中第 2 个微博用户的 id，方法如下。

```
// userlist 是一个数组
var userlist = [
        { "id": 1000000000, "screenName": "北京旅游1",
"followersCount": 123627 },
        { "id": 1000000001, "screenName": "北京旅游2",
"followersCount": 18329 }
    ];

// 访问其中第 2 个微博用户的 id
var id_num = userlist[1].id;
```

　　最后一行就是访问指定属性的语句。其中，userlist 后面方括号内的数字用来指定将访问数组中的第几个元素。在数组名称后加方括号和数字是用来访问数组中元素的方法。数组从 0 开始计数，所以，通过 "userlist[1]" 就指定了要访问的是数组 userlist 中的第 2 个元素，由于它是一个对象，于是，再通过 ".id" 来访问该对象的属性 id。以上代码执行后，变量 id_num 的值将是 1000000001。

　　再看一个更复杂的例子，假设要访问 JavaScript 对象 usersinfo 中属性 userlist 的值（一个数组）的第 2 个元素（一个对象）的属性 id，方法如下。

```
// 对象 usersinfo，它有一个属性 userlist，属性值是一个数组
var usersinfo = {
    userssource: "新浪微博",
    usersnum: 2,
    userlist: [
        { "id": 1000000000, "screenName": "北京旅游1",
"followersCount": 123627 },
        { "id": 1000000001, "screenName": "北京旅游2",
"followersCount": 18329 }
    ]
```

```
};
```

```
// 访问属性 userlist 的值（一个数组）中第 2 个元素（一个对象）的属性 id
var id_num = usersinfo.userlist[1].id;
```

最后一行就是访问指定属性的语句。这条语句中，usersinfo 是对象名，userlist 是属性名。通过"usersinfo.userlist[1]"指定要访问对象 usersinfo 的属性 userlist（一个数组）的第 2 个元素，该元素是一个对象。于是，再通过".id"访问该对象的属性 id。以上代码执行后，变量 id_num 的值将是 1000000001。

（3）在 JavaScript 中修改对象的属性值

同样，在 JavaScript 中，可以通过对象的属性名直接访问并修改其属性值。例如，修改前面创建的对象 user 的属性 screenName 的值，可使用下面的语句。

```
user.screenName = "关于北京旅游的微博";
```

这样，screenName（用户的微博昵称）的值就由"北京旅游 1"被修改为"关于北京旅游的微博"。

（4）在 JavaScript 中访问对象方法的途径

在 JavaScript 中访问对象的方法，其基本语法是"对象名.方法名(参数)"。其中，"对象名"和"方法名"之间的符号是英文句点；"方法名"后面的括号为英文输入法状态下的圆括号；圆括号中间的参数可以没有，也可以为一个或多个，视方法的具体定义而定。如果有多个参数，则参数之间用英文逗号隔开。例如，将前面数组 userlist 中第 1 个微博用户的 screenName 输出到网页上，并在输出结果的前面加上"用户名："的字样，可通过访问 concat( )方法和 write( )方法来实现，语句如下。

```
var screenName1 = "用户名: ";
screenName1 = screenName1.concat(userlist[0].screenName);
document.write(screenName1);
```

第 1 行语句定义了一个变量 screenName1，并赋值为字符串"用户名："。第 2 行语句通过访问 Array 对象（用以构造数组的全局对象[76]）的方法 concat( )，将第 1 个微博用户的 screenName 连接到变量 screenName1 的值（即字符串"用户名："）后。作为参数传入的 userlist[0].screenName 则是访问指定属性（即第 1 个微博用户的 screenName）的代码。前两行语句执行后，变量 screenName1 的值变成字符串"用户名：北京旅游 1"。最后，第 3 行语句通过访问 HTML DOM Document 对象（该对象是整个网页文档的根节点，至于什么是 DOM，后文再做介绍）的 write( ) 方法将变量 screenName1 的值写入网页文档，进而在网页中展现出来。

　　本书对 JavaScript 的相关概念和语法只做上述简单介绍，尤其需要了解其声明变量的方法、对象的概念和创建方法，以及对象属性、方法的访问途径，以便理解后续的一些内容。想深入学习 JavaScript 的读者可查阅相关书籍或在线教程，如 W3School 的 JavaScript 在线教程[77]等。

　　接下来，介绍如何使用 JSON，主要通过举例说明如何在网页中使用 JSON 数据。

4．JSON 的使用及举例

　　前面提到，将 JavaScript 对象表示的一组数据转换为 JSON 格式的字符串，就能在函数间或在 AJAX 应用程序（异步交互类应用程序）中 Web 客户端和服务器端之间传递字符串[69]。这其中强调了一个事实——此时所传递的数据是 JSON 格式的字符串（以下简称"JSON 字符串"）。"JSON 字符串"和"JavaScript 对象"是两个不同的概念，这正是上一节提到的用字面量表示法创建的 JavaScript 对象与 JSON 格式的数据最大的不同之处。例如，下面的两条语句，前一个是 JavaScript 对象，后一个是 JSON 字符串。

```
// JavaScript 对象
var user = {"id": 1000000000, "screenName": "北京旅游 1",
"followersCount": 123627};


/* JSON 字符串（准确地说，user 是一个变量，用字符串对其进行赋值，该字符串
是 JSON 字符串）*/
var user = '{"id": 1000000000, "screenName": "北京旅游 1",
"followersCount": 123627}';
```

　　上述例子中的 JavaScript 对象就是用字面量表示法创建的对象（即

JavaScript 对象字面量），即使它看起来与 JSON 字符串几乎一样（似乎仅仅是最外层是否有单引号的差别），但它不是 JSON 字符串[74]。理解 JSON 字符串和 JavaScript 对象字面量的区别很重要，它是理解如何应用 JSON 的基础。概括地说，JSON 只是一种数据交换格式，是文本格式，因此可以用于传输，所传输的内容是 JSON 格式的字符串，而 JavaScript 对象不能用于传输，必须转换为 JSON 格式的字符串才能进行传输。很多开放 API 也都会返回 JSON 格式的数据，开发者可使用其他任何编程语言（不一定是 JavaScript）来开发应用程序对所返回的数据进行再利用。正如前文所述，JSON 是独立于编程语言的，并非与 JavaScript 捆绑在一起。

由于 JSON 也是诸多可视化工具支持的一种数据格式，因此，数据新闻从业者会遇到一些要应用 JSON 的情况。本节以 JSON 在 AJAX 应用程序中一个面向可视化的应用场景为例，来说明如何使用 JSON。这个应用场景是，服务器端根据客户端传递的数据做了相应处理并得到结果以后（例如，将用户输入的数据传递到服务器端，基于这些数据完成在数据库中的查询操作并返回查询结果），将结果以 JSON 字符串来表示并响应给客户端。JSON 字符串形式的数据传递到客户端以后，客户端要在网页中展现这些数据，就可以先将 JSON 字符串转换为 JavaScript 对象，再通过一些 JavaScript 脚本来访问数据并达到展现数据的目标。这一应用场景及处理过程可用图 2-6 来表示。其中，在客户端将 JSON 字符串转换为 JavaScript 对象，也是通过 JavaScript 代码来完成的。需要补充说明的是，由于 JSON 独立于编程语言，当数据以 JSON 字符串的形式传递到客户端以后，也可以通过其他编程语言来可视化展现数据，而不一定要通过 JavaScript。只不过，JavaScript 在 Web 前端可视化中比较常用，故本书以此为例。

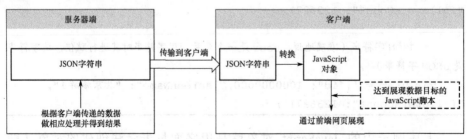

图 2-6　JSON 的一个可视化应用场景及其应用过程

接下来，通过一个简单的例子（例 2-2）更详细地展示当 JSON 字符串形式的数据传递到客户端以后，编写 JavaScript 脚本来展现这些数据的过程。由于目的是让读者深化对 JSON 应用过程的理解，而非讨论基于 JavaScript 实现受众交互或进行可视化的方法，所以，例 2-2 只简单地把数据作为 JSON 字符串输入，不再考虑用户输入数据、从服务器端传递数据等情况，而且只做简单的可视化展现。第 4 章还会对基于 JavaScript 的框架的可视化实践做一些讨论，读者可从第 4 章了解更多与 JavaScript 有关的可视化实践方法。此外，实现本例目标的做法很多，我们仅提供其中一种可行的途径，具体操作会涉及一些 HTML、SVG 的概念和语法，不熟悉它们的读者可以先阅读 4.1 节。

【例 2-2】

目标：通过编写 JavaScript 脚本，实现将下面的 JSON 格式的数据作为字符串输入，从中找出用户 id 是 1000000000 的用户（即第 1 个微博用户），根据其粉丝数绘制如图 2-7 所示的直线（直线长度由粉丝数决定），并在直线的左侧显示他的昵称。

```
{
    "userssource": "新浪微博",
    "usersnum": 2,
    "userlist": [
        { "id": 1000000000, "screenName": "北京旅游 1",
"followersCount": 123627 },
        { "id": 1000000001, "screenName": "北京旅游 2",
"followersCount": 18329 }
    ]
}
```

北京旅游1 ——————————————————————

图 2-7　根据 JSON 格式的数据展现的内容

过程：根据图 2-6 所示的过程，通过编写 JavaScript 脚本来实现本例目标，包含三个操作要点：第一，将上述 JSON 格式的数据作为字符串输入，然后转换为 JavaScript 对象，再从中找出用户 id 是 1000000000 的用户，读取其昵称和粉丝数，概括地说，就是将 JSON 字符串转换为 JavaScript 对象，并读取所需数据；第二，在 HTML 文档中引用 JavaScript；第三，在网页中展现数据，即根据读取的用户粉丝数绘制直线，并将读取的用户昵称显示在网页中指定的位置。

1）将 JSON 字符串转换为 JavaScript 对象并读取所需数据

将 JSON 字符串转换为 JavaScript 对象的方法有多种，以下介绍两种：使用 eval( )函数、使用 JSON.parse( )方法。

通过 eval( )函数进行转换，并完成本例第一个操作的代码如下。

```
// 声明变量 usersinfo 并用 JSON 字符串为其赋值
var usersinfo = '{"userssource": "新浪微博", "usersnum": 2,
"userlist": [{ "id": 1000000000, "screenName": "北京旅游1",
"followersCount": 123627 }, { "id": 1000000001, "screenName": "北京
旅游2", "followersCount": 18329 }]}';

// 用 eval( )函数将 JSON 字符串转换为 JavaScript 对象
var obj = eval ("("+usersinfo+")");

// 找到用户 id 是 1000000000 的用户，读取其昵称和粉丝数
for(var i=0; i<obj.usersnum; i++) {
    if(obj.userlist[i].id==1000000000) {
        var screenName_1 = obj.userlist[i].screenName;
        var followersCount_1 = obj.userlist[i].followersCount;
    }
}

// 向网页文档中写入所读取的用户昵称和粉丝数，从而将它们在网页中显示出来
document.write(screenName_1+"<br/>");
document.write(followersCount_1);
```

其中，在用 JSON 字符串为变量 usersinfo 赋值时，因为字符串本身带有双引号，所以最外层使用了单引号。而且，用 eval( )函数传递参数时，必须在待转换的 JSON 字符串（本例即 usersinfo）外面加圆括号。由于本例要找到用户

id 是 1000000000 的用户，而用户的 id 都记录在数组 userlist 中的各对象中（一个对象记录了一个用户的信息），所以，思路是遍历数组 userlist，按顺序每次针对其中的一个对象，判断其 id 值是否是 1000000000。如果是，则读取该对象的昵称和粉丝数；如果不是，则继续对数组 userlist 中剩下的对象进行上述判断，直到找到这一 id 对应的对象，或数组 userlist 中所有对象都被遍历一遍为止。我们使用了一个 for 循环语句和 if 判断语句来实现这一思路，for 循环与 2.2.3 节中用新浪微博 API 抓取数据的 Java 程序中的 for 循环类似，用于重复执行一些操作。for 循环的圆括号内有三条语句。第 1 条语句只在循环开始之前执行一次。本例中，"var i=0;"是声明一个变量 i，用于记录已经执行完的循环次数，并对其赋初值 0。for 循环圆括号内的第 2 条语句是判断循环是否要继续进行的条件。由于本例要遍历数组 userlist，因此当已经执行的循环次数等于数组中元素的个数时，就不再继续执行循环。所以，本例用"i<obj.usersnum;"作为继续执行循环的条件，属性 usersnum 记录了数组中元素的个数。for 循环圆括号内的第 3 条语句是每执行一次循环体以后都要执行的操作。本例中，"i++"表示每执行完一次循环体，就将已执行的循环次数 i 的值加 1。for 循环的花括号中就是它的循环体，即每次循环要执行的操作。本例中，循环体是一个 if 判断语句，它与 2.2.3 节中用新浪微博 API 抓取数据的 Java 程序中的 if-else 判断语句类似，但本例省略了 else 语句。if 后的圆括号内是判断条件，当条件满足时才执行其花括号内的语句。本例的判断条件是"obj.userlist[i].id==1000000000"，"=="符号用于判断该符号左右两边的值是否相等，符号左边是访问数组 userlist 中当前对象（即当前执行的这一轮循环正访问的数组元素）的属性 id。其中，i 就是 for 循环在圆括号中定义的变量，不仅指示已经执行的循环次数，而且也指示当前正在访问数组中第几个元素，而由于本例数组 userlist 中的元素是对象，因此指示的是当前正在访问数组中第几个对象。综上所述，本例的判断条件"obj.userlist[i].id== 1000000000"就是判断当前循环所访问对象的属性 id 的值是否等于 1000000000。若相等，则执行 if 判断语句花括号内的语句。花括号内的两条语句分别访问了所匹配对象的属性 screenName 和 followersCount，并分别定义两个变量 screenName_1 和 followersCount_1，将访问上述属性得到的值赋给它们。截至代码的倒数第 5 行，本例第一个操作实际已经实现，不过，我们用最后两行代码分别向网页上

输出了 id 为 1000000000 的微博用户的昵称和粉丝数，其目的只是帮助检查编写的代码是否正确。向网页输出数据（即在网页上显示该数据）使用的是 HTML DOM Document 对象的 write( )方法。该方法在前面也做过简单介绍，它将括号中参数传递的内容写入网页文档，进而显示在网页上。就本例而言，以"document.write(screenName_1+"<br/>");"为例，该方法的参数传递的是 screenName_1+"<br/>"，表 示 输 出 变 量 screenName_1 的 值（就 是 使 screenName_1 的值显示在网页上），而
是 HTML 中的强制换行符，传递""<br/>""就可以在输出变量 screenName_1 的值以后在网页上进行一次换行，再接着输出后面的内容。

使用 JSON.parse( )方法来实现 JSON 字符串到 JavaScript 对象的转换的做法与上面的做法差不多，若结合 JSON.parse( )方法来实现本例第一个操作，则只需将上面代码中使用 eval( )函数的那句代码替换为以下代码。

```
var obj = JSON.parse(usersinfo);
```

以上的例子都只提供了最关键的代码部分，如果想让这些 JavaScript 代码正确运行，就需要将它们与一个 HTML 文档建立联系，或者说在一个 HTML 文档中引用以上 JavaScript 脚本。接下来，介绍第二个操作要点——在 HTML 中引用 JavaScript。本书 4.2.1 节介绍的可视化框架 D3.js 也会用到该操作，所以了解它非常必要。

2）在 HTML 中引用 JavaScript

总的来说，在 HTML 中引用 JavaScript 有以下两种方式，其中所涉及的 HTML 元素、标签、属性等概念，读者可通过 4.1.1 节了解，而且要注意区分 HTML 元素的属性和 JavaScript 对象的属性，虽然本例后续描述中在涉及这两个概念时都使用了"属性"一词，但它们是不同的两个概念。

方式一：在 HTML 文档的<head>元素或<body>元素内部添加<script>标签，并在<script>元素内部添加 JavaScript 代码，即把以下形式的代码添加到<head>元素或<body>元素内部。

```
<script>
    // 在此放置JavaScript 代码
</script>
```

　　方式二：单独存储一份 JavaScript 文档（后缀名为.js），然后在 HTML 文档的<head>元素或<body>元素内部添加这份 JavaScript 文档的引用声明。例如，新建一个 JavaScript 文档 yourjs.js 来存放 JavaScript 代码。然后，在 HTML 文档的<head>元素或<body>元素内部添加如下引用声明，从而建立 HTML 文档与 JavaScript 文档 yourjs.js 的联系。

```
<script src="yourjs.js"></script>
```

　　其中，src 属性的值是文档 yourjs.js 存放的路径，且一般用相对路径的写法。相对路径就是相对于当前的 HTML 文档，JavaScript 文档 yourjs.js 存放的位置。上述代码中相对路径的写法是将 HTML 文档和 JavaScript 文档存放在同一个文件夹时的写法。"相对路径"的概念和写法本书不详细介绍，读者通过网络可以方便地搜索到许多有关此概念的讨论。

　　此外，无论使用方式一还是方式二，<script>元素都既可以放在<head>元素内部又可以放在<body>元素内部。不过，若 JavaScript 脚本涉及与<body>元素内部嵌套的其他 HTML 元素（或元素的属性等）发生关联（如脚本中存在要获取某个 HTML 元素并对该元素进行若干操作的代码），则该脚本就最好放在<body>元素内部所关联的 HTML 元素的定义之后，否则有可能无法获得正常显示的页面效果；若有两个及以上的 JavaScript 脚本需要引用，且其中一个要调用另外一个脚本中定义的函数、方法等，则被调用者也必须写在调用者之前。此外，若 JavaScript 脚本是可视化框架 D3.js 用于绘图的脚本，就应放在<body>元素内部，否则也无法获得正常显示的页面效果。上述几种情况在使用基于 JavaScript 的可视化框架来绘制图表的应用中很常见，而且在这类应用中，被调用函数、方法等且未与<body>元素内部其他 HTML 元素相关联的 JavaScript 脚本一般作为单独的文档存储（需通过方式二来引用），而调用函数、方法的脚本或关联到<body>元素内部其他 HTML 元素的脚本通常是用于进行具体图表绘制的 JavaScript 代码，它们一般直接写在一个 HTML 文档中（即通过方式一来引用）。此时就要特别注意引用 JavaScript 脚本时其被放置的位置和顺序。结合可视化应用中 JavaScript 脚本引用方式的上述特点，为叙述方便，也为了初学者更好地理解，本书一般都将通过第一种方式添加的<script>元素（包括元素内部的 JavaScript 脚本）放在<body>元素内部，将通过第二种方式添加的<script>元素（即链接外部 JavaScript 文档的<script>元素）放在<head>元素内部。若发生了页面无法正常显示的情况，再调整所引用脚本放置的位置和顺序。在实际应用中，开发者往往还会考虑网页加载效率，并结合此因素决定将<script>元素放在哪个位置，也因此形成了一些常见的做法，本书对此不再展开介绍。若采用第一种方式来引用实现本例第一个操作的 JavaScript 代码，则 HTML 文档结构如下。为节省篇幅，HTML 文档中放置 JavaScript 代码的位置使用了一行注释来代替，完整 HTML 文档及在浏览器中打开该文档所显示的页面效果可扫描旁边的二维码查看。

```
<!DOCTYPE html>
<html>
    <head>
        <title>JSONtoJavascript</title>
        <meta charset="utf-8">
    </head>
    <body>
        <script>
            // 此处放置实现本例第一个操作的 JavaScript 代码
        </script>
    </body>
</html>
```

不熟悉 HTML 的读者可以先阅读 4.1.1 节 HTML 的相关基础，再来理解上述 HTML 文档，这里只对部分语句做简单说明：第 1 行是声明语句，用于告诉浏览器该网页的 HTML 版本，而 "<!DOCTYPE html>" 是 HTML5 的声明。像 XML 一样，一个 HTML 元素也包含开始标签和结束标签，并且也可以在开始标签内定义属性。<head>元素内部的<title>元素用于命名网页标题，<meta>元素使用 charset 属性指定了该网页文档的字符编码方法是 UTF-8。当数据中有中文字符时，此声明尤为重要，若忽略，在某些浏览器中这些中文字符就可能变成乱码。

本例也可以按照第二种方式来引用 JavaScript 脚本，在浏览器中的显示结果是一样的，具体过程不再赘述。最后，要补充说明的是，HTML 和 JavaScript 代码，以及后面章节会涉及的 CSS、SVG、XML 代码，可以用任何一种文本编辑器（例如记事本、Sublime Text、EditPlus、Notepad++等）来进行编辑，后面章节对此不再——说明。

3）在网页中展现数据

完成本例第一个操作以后，已经读取了 id 是 1000000000 的用户的昵称和粉丝数，接下来，要把它们按照图 2-7 所示效果展现在网页中。我们继续在刚才的 HTML 文档（包含实现本例第一个操作的 JavaScript 代码）中实现这一操作。该如何做呢？先介绍后面会用到的 DOM 中 Document 对象的一个方法 getElementById( )，以及 Element 对象的两个方法 getAttribute( )、setAttribute( ) 和一个属性 textContent。其中，DOM 在前文也多次提到，其全称是 "Document Object Model"（文档对象模型），是由万维网联盟定义、供 HTML 和 XML 文档使用的应用程序编程接口，它定义了文档的逻辑结构及访问、操作文档各部分的标准方法[78]，如 getElementById( )、getAttribute( )等。通过 DOM，开发者就可以使用 JavaScript 等语言编写代码来动态访问、修改、添加和删除 HTML 或 XML 文档中的任何元素、元素内容及其属性[79、80]。

以 HTML DOM 为例，getElementById( )方法返回 HTML 中 id 属性的值为某一特定值的第一个对象的引用。其中的 id 不是指本例中的用户 id。至于这里的 id 是什么，可简单理解为 "为了区分 HTML 中的各元素而被用来给元素指定唯一名称的属性"。例如，以下面的这段 HTML 代码为例进行说明。

```
<div id="txt" style="width:100px; height:100px;">
    <p>段落文本</p>
</div>
```

代码中的<div>元素就使用 id 属性指定了一个唯一的名称 "txt"（唯一性是指该元素所在的页面中其他元素不能再使用 "txt" 作为 id 名称），它的另一个属性 style 则指定了元素的样式是 "宽、高各 100px"。这是使用 CSS 内联样式表为 HTML 元素添加样式的做法，该方法在 4.1.2 节介绍 CSS 时再做详细描述。

使用 getElementById( )方法的语法结构为：document.getElementById("具体的 id 名称（即 id 属性的值）")。例如，要获取 HTML 中 id 属性值为 "txt" 的第一个对象的引用，JavaScript 代码如下。

```
document.getElementById("txt");
```

getAttribute( )方法用于获得某个指定属性的值。例如，获取上述<div>元素的 style 属性的值"width:100px; height:100px;"，JavaScript 代码如下。

```
document.getElementById("txt").getAttribute("style");
```

上述代码先用 getElementById( )获得指定元素（id 属性值为"txt"的<div>元素）[①]，再用 getAttribute( )获得该元素指定属性 style 的值。

setAttribute( )方法用于为某个 HTML 元素添加某个指定的属性，并设置该属性的值。例如，假设上述<div>元素开始只有一个 id 属性，我们通过 setAttribute( )方法为其添加 style 属性，JavaScript 代码如下。

```
document.getElementById("txt").setAttribute("style",
"width:100px; height:100px;");
```

其中，也需要先用 getElementById( )获得指定元素，再用 setAttribute( )进行属性及其值的添加。通过上述代码，<div>元素就成了之前定义的那个样子。注意，即使 HTML 元素已经存在某个指定的属性，也可对其使用该方法，此时则仅为设置（修改）该属性的值。

属性 textContent 用于获得或设置指定元素的文本内容，在获取该元素的文本内容时，若其还有子元素，则子元素的文本内容也将一并获得；在向该元素设置某特定文本内容时，若其还有子元素，则子元素也将一起被替换为该文本内容。如果对上述定义<div>元素的这段 HTML 代码执行以下 JavaScript 代码，就会返回 id 属性值为"txt"的<div>元素及其子元素的文本内容，即返回"段落文本"。

```
document.getElementById("txt").textContent;
```

在 XML DOM 中，也有类似的属性和方法，只不过这些方法很多都要以"NS"结尾，如 getAttributeNS( )，以便提供相应的命名空间（Namespace）。不过，实际应用中，根据具体情况有时也能使用不带"NS"的方法。

---

① 更准确地说，是获得对指定元素的引用，为了简练，叙述为获得指定元素。

　　通过 JavaScript 对象的上述方法和属性，就能根据本例第一个操作读取的数据来控制文档中的某些元素或属性，从而实现想要的数据展现效果，其原理实际上就是对 DOM 的应用。如前所述，DOM 是供 HTML 和 XML 文档使用的应用程序编程接口，定义了文档的逻辑结构及访问、操作文档各部分的标准方法[78]，使开发者得以使用 JavaScript 等语言编写代码来动态访问、修改、增删 HTML 或 XML 文档中的元素、元素内容及其属性[79]、[80]。由于在 AJAX 应用场景中，客户端获得的 JSON 格式的数据往往都不是固定的，因此需要通过这种动态访问、更新文档的方式才能基于所获得的数据来达到实时的可视化展现目标。关于 DOM，在 4.2.1 节还会做进一步介绍，D3.js 是一种通过数据驱动的方式来操作 DOM 的可视化框架[81]。

　　下面对绘制本例的过程进行说明。本例主要通过绘制 SVG 图形来实现可视化目标。简单来说，SVG 是一种基于 XML 语法的矢量图格式[82]。由于 SVG 图形在使用 D3.js 进行可视化实践时比较常用，因此关于 SVG 及其图形绘制涉及的一些语法会在第 4 章做详细介绍。这里，读者只需要通过本例理解 JSON 的应用过程，而对本例代码的完整理解可在阅读了 4.1.3 节后再进行。概括地说，绘制 SVG 图形需要先使用<svg>标签定义一块绘图区域（或理解为 SVG 图形创建区域），然后在绘图区域内通过各图形标签来进行 SVG 图形绘制。本例绘制直线需要使用的标签是<line>，显示用户昵称（即添加并显示文本）需要使用的标签是<text>。不过，在本例中，我们是通过 JavaScript 编写脚本来操作 DOM，以便对 SVG 进行元素内容的添加和属性的设置等，从而完成 SVG 图形绘制的。实现本例的完整 HTML 代码（包含 JavaScript 代码）如下。

```
1    <!DOCTYPE html>
2    <html>
3      <head>
4        <title>JSONtoJavascript</title>
5        <meta charset="utf-8">
6      </head>
7      <body>
8        <svg width="360" height="50" version="1.1" xmlns="http:
9    //www.w3.org/2000/svg">
10         <line id="line1"  x1="100"  x2="0"  y1="25"  y2="25"
```

```
11    style="stroke:brown; stroke-width:3;"/>
12              <text id="text1" x="10" y="25"></text>
13        </svg>
14
15        <script>
16            var usersinfo = '{"userssource": "新浪微博",
17    "usersnum": 2, "userlist": [{ "id": 1000000000, "screenName":
18    "北京旅游 1", "followersCount": 123627 }, { "id": 1000000001,
19    "screenName": "北京旅游 2", "followersCount": 18329 }]}';
20
21            var obj = JSON.parse(usersinfo);
22
23            for(var i=0; i<obj.usersnum; i++) {
24                if(obj.userlist[i].id==1000000000) {
25                    var screenName_1 = obj.userlist[i].
26    screenName;
27                    var followersCount_1 = obj.userlist[i].
28    followersCount;
29                }
30            }
31
32            var line1x1 = document.getElementById("line1").
33    getAttribute("x1");
34            var line1x2 = line1x1/1.0+followersCount_1/500;
35            document.getElementById("line1").
36            setAttribute("x2",line1x2);
37            document.getElementById("text1").textContent =
38    screenName_1;
39        </script>
40    </body>
41 </html>
```

代码的第 8、9 行和第 13 行，用<svg>标签定义了一个绘制 SVG 图形的区
域。第 8 行是开始标签，第 13 行是结束标签，width 和 height 属性分别定义了

该绘图区域的宽和高。第 10、11 行用<line>标签绘制了一条直线，直线起点的横坐标和纵坐标分别由 x1 属性和 y1 属性来指定，终点的横坐标和纵坐标分别由 x2 属性和 y2 属性来指定，style 属性将直线的颜色设置为棕色（brown），线条宽度设置为 3。在第 10 行代码中，x2 属性的值被设置为 0，这只是一个预设值，因为直线的长度是由用户的粉丝数来决定的，所以，x2 属性的值应是 x1 属性的值与粉丝数之和，是在获取了指定用户的粉丝数以后，再通过 JavaScript 脚本来设置的，更具体地说，通过 setAttribute( )方法来设置（修改），这就是对 DOM 应用的一个体现。第 12 行用<text>标签来为 SVG 图形添加文本，<text>的开始标签和结束标签之间的内容就是文本内容，x 属性和 y 属性分别指定了文本内容所需放置位置（开始位置）的横坐标和纵坐标。本例在此处将文本内容设置为空。这是因为文本内容是所指定用户的昵称，它也需要在获取了该用户的昵称后才能通过 JavaScript 脚本来设置，更具体地说，是通过 textContent 属性来设置。第 10～12 行代码为<line>标签和<text>标签都指定了 id 属性，分别是"line1"和"text1"，就是为了后续方便使用 JavaScript 代码操作 DOM 来为这两个标签设置（修改）指定属性或文本内容的。第 16～38 行是完成本例目标的全部 JavaScript 代码，其中，第 16～30 行代码已经做过介绍，是实现本例第一个操作的 JavaScript 代码，也就是先将 JSON 格式的数据作为字符串输入，然后将 JSON 字符串转换为 JavaScript 对象，再通过 for 循环语句和 if 判断语句找到数组 userlist 中用户 id 是 1000000000 的用户（对象），访问其两个属性 screenName、followersCount，并分别定义变量 screenName_1、followersCount_1 将这两个属性的值（即需要展现的数据）记录下来。第 32～38 行就完成了本例第三个操作。其中，第 32、33 行使用 getElementById( )方法选择了 id 属性值为"line1"的元素（即<line>元素），然后用 getAttribute( )方法获取该元素 x1 属性的值，并赋值给变量 line1x1。第 34 行计算直线终点的横坐标，并赋值给变量 line1x2，其中，用 followersCount_1 除以 500，是为了使直线长度不超过绘图区域的宽度；用 line1x1 除以 1.0，是为了顺利完成与 followersCount_1/500 的值的加法计算，防止在例外情况下加法变成字符串拼接操作。第 35、36 行使用 getElementById( )方法选择了 id 属性值为"line1"的元素（即<line>元素），然后用 setAttribute( )方法设置该元素 x2 属性的值，将其值修改为变量 line1x2 的值，这样就重新设置了直线终点的横坐标。第 37、

38 行使用 getElementById( )方法选择了 id 属性值为"text1"的元素（即<text>元素），然后用 textContent 属性设置该元素的文本内容，将变量 screenName_1 的值赋给它，该值就是所指定用户的昵称。上述 HTML 文档在浏览器中打开后，页面显示的就是图 2-7 所示的效果。

不过，实际上，为了使读者更聚焦于理解 JSON 的应用过程，本例的实现过程经过了简化，更常见的做法是 id 属性值为"line1"的<line>元素和 id 属性值为"text1"的<text>元素及它们的所有属性都通过编写 JavaScript 脚本操作 DOM 来动态添加，对此我们不再详细阐述，读者可扫描旁边的二维码查看通过该做法实现本例的完整 HTML 代码（包含 JavaScript 代码）。此外，如前所述，编写 JavaScript 脚本来可视化展现 JSON 格式的数据的做法很多，本例通过操作 DOM 来绘制 SVG 只是其中一种可行的途径，还有另一种常见的做法是通过 HTML5 的<canvas>元素使用 JavaScript 脚本来完成绘制，在访问<canvas>元素时同样会用到 DOM。对此，我们不再详细介绍。

2.4 数据处理的主要操作

在对搜集到的数据进行分析和可视化展示之前，需要进行数据处理。数据可视化的相关从业者一般更强调"数据清洗"这一概念。"数据清洗"自然也是数据新闻实践中的一个重要环节。不过，新闻行业也有其特殊性，例如，新闻是追求权威性、真实性的。目前，把数据来源（甚至数据文档本身）连同数据新闻报道一起发布，基本上已经成为行业共识。在公布数据源时，媒体非常重视来源的权威性，因为权威的数据源可以提升新闻本身的价值。因此，数据新闻实践中，在"数据清洗"之前还应进行数据来源的权威性验证。又如，数据可视化的从业者很多时候都是针对"大数据"进行处理的，而在数据新闻领域，目前新闻媒体拿到的数据大多都不是严格意义上的"大数据"。有时，他们还会拿到 PDF 格式的调查报告或数据文件，在进行后续分析、可视化操作之前，就需要对这些格式进行转换；还有的时候，媒体通过 API 接口、网络爬虫工具获得了以 XML 或 JSON 格式返回的数据，后续在进行数据分析、可视化时，所使用的软件可能会对数据格式有其他要求，从而也面临要将数据转换为其他格式的问题。所以，在数据新闻实践中，数据格式的转换也是数据处理阶段的一个重要步骤。

综上所述，根据数据新闻行业自身特点，本书将数据处理的主要操作分为三个方面：第一，数据权威性的验证；第二，数据存储格式的转换；第三，数据的清洗，并结合实例依次进行介绍。

2.4.1　数据权威性的验证

对于数据新闻领域来说，验证数据权威性主要是验证数据来源的权威性，保证尽可能从知名、权威的机构获取数据。不过，除此之外，以下两点也不能忽视。

第一，在考虑数据权威性的同时考虑数据的时效性，若非新闻内容对特定时间的数据有要求，一般应尽可能使用最新的数据。这需要我们多方查找和判断。举一个例子，假设要做一个关于北京旅游的数据新闻，重点解读北京等级景区和星级饭店的情况。我们先从北京市政务数据资源网（该网站提供了北京市政务部门可开放的各类数据，网址是 data.beijing.gov.cn）搜索到一份关于北京等级景区的数据和一份关于北京星级饭店的数据，看到这两份数据的提供方是"北京市旅游发展委员会"，是比较权威的。不过，以其中一份数据——北京等级景区的数据为例，其上传日期是"2014-01-09"，此时要进一步判断这是不是最新的数据。于是，我们尝试在北京市政务数据资源网查找是否有更新的数据，以及打开北京市旅游发展委员会的官网，尝试查找是否在其官网公布了更新的数据。后来，我们确实在北京市旅游发展委员会的官网发现了更新的数据，发布时间是"2016-08-11"[1]。按照同样的方式可以判断所找到的北京星级饭店数据是否为最新数据。换言之，在最初找到所需的数据后，最好以其为起点和线索，通过多方查找和比较，判断所找到的数据是否较新，以及找到尽可能新的数据。需要补充说明的是，这个关于北京旅游的数据新闻的制作实例将会作为全书举例的背景，连同等级景区和星级饭店数据一起，贯穿于本书后

---

[1] 笔者在北京市政务数据资源网上搜索数据的时间是 2016 年 9 月 28 日，北京等级景区数据的网址为 http://www.bjdata.gov.cn/zyml/ajg/slyw/3453.htm；北京星级饭店数据的网址为 http://www.bjdata.gov.cn/zyml/azt/lyzs/zs/xjjd/3282.htm。当时，该网站上关于北京等级景区数据的最新版本是于 2014 年 1 月 9 日上传的版本。后来，该网站对这两份数据进行不定期更新。笔者在北京市旅游发展委员会的官网上查找数据的时间也是 2016 年 9 月 28 日，所找到的等级景区数据的网址为 http://www.bjta.gov.cn/tsfwzt/qyml/385282.htm。

续章节的介绍中。不过，虽然我们强调在实际的数据新闻制作中要运用较新的数据，但由于本书对数据的使用只是出于示例的需要，因此，后续章节的举例使用的仍是从北京市政务数据资源网下载的于 2014 年上传的北京等级景区数据和星级饭店数据①。

第二，不能因为数据来源权威就不考察数据本身的准确性和可信性。曾有人举过这样的例子[83]：大多数记者在被问到是否会完全信任世界银行发布的数据时都回答"信任"，可是经过深入调查发现，世界银行发布的某些数据也存在不准确的现象。可见，无论数据来源的权威性如何，都要考虑验证数据的准确性和可信性。数据准确性和可信性的验证可以在数据清洗时进行，2.4.3 节会介绍数据的清洗。

2.4.2　数据存储格式的转换

如前所述，在数据新闻实践中，有时会遇到所搜集数据的存储格式不被后续进行数据分析或可视化的工具兼容的情况，这时就需要转换数据的存储格式。转换途径有以下三种。

第一种，手动转换。即从业者将原有的数据文件打开，采用复制/粘贴或手工录入的方式，生成满足后续操作要求的数据存储格式。这种方法只适用于数据量非常小的时候。

第二种，使用工具进行转换。能支持某些特定格式转换的工具不断被推出，可从中选择满足转换需求的工具。一种常见的转换需求是将搜集到的 PDF 格式的数据文件、报告转换成其他存储格式，或从该格式的文件中提取数据。此时可以使用 PDF 转换工具来完成。Tabula（网址：tabula.technology）就是一款免费开源、简单易用的 PDF 转换和数据提取工具，可将提取的数据保存为 CSV 格式或 Excel 表格，且支持 MAC、Windows 和 Linux 等操作系统[84]。其他 PDF 转换工具还有 Smallpdf（网址：smallpdf.com）、EasyPDF（网址：easypdf.com）、迅捷 PDF 转换器（网址：www.xjpdf.com）等。

第三种，使用程序代码来实现格式转换。这种方法可以按照从业者的需求实现多种格式之间的转换，而且支持转换大规模的数据集。劣势是针对数据量

---

① 本书所有实例及其中对数据的使用都仅作为技术讨论的示例。

比较小的情况，应用价值不高，因为编程也需要时间。而且，代码的可移植性一般比较差，当格式转换需求发生变化时，可能需要重新开发转换程序。接下来，举例介绍用代码转换存储格式的基本过程。同时，希望通过下面的例子，使读者进一步熟悉编程的语境和思路。

以下主要介绍 XML 和 CSV 格式文件的相互转换。XML/JSON 与 CSV 相互转换的需求比较常见，因为前面提到，一方面，异步应用程序中发送和接收数据，以及通过 API 接口、网络爬虫工具抓取网页数据，都可能会涉及 XML 或 JSON 格式，而从许多开放数据集、数据分享站点下载的经常是 CSV 或 Excel 软件专用格式的数据；另一方面，XML、JSON、CSV 又是可视化实践中的常用格式，尤其是 CSV 格式，被众多可视化工具所支持。不过，由于我们的目的是向读者展示使用代码转换存储格式的基本思路和过程，故仅以 XML 与 CSV 的相互转换为例进行说明。

在使用代码进行存储格式转换之前，首先要选择一门编程语言。对于没有过多编程基础的人来说，选择从一门合适的编程语言入手，可谓"好的开始等于成功的一半"。本书 2.2.3 节在介绍通过程序抓取网页数据的方法时提到过 Python，其语法简单，且有丰富的类库，相对更容易上手。因此，本书将使用 Python 来进行 CSV 与 XML 格式数据的相互转换。值得注意的是，Python 具有 2.x 和 3.x 两个版本，两个版本不兼容，在语法和类库上有很多不同，而 3.x 版本是当前的主流版本，很多第三方类库都与该版本兼容，因此，本书最终选择使用 Python 3.x 版本，讨论如何通过该版本来完成数据存储格式的转换。如果想了解如何使用 Python 2.X 版本进行 CSV 和 XML 格式数据的相互转换，可以查阅《鲜活的数据：数据可视化指南》一书[60]。我们在案例中还会讨论如何将转换结果输出到（即写入）一个文档中。如此一来，输出的文档就可以直接用于后续的数据分析、可视化等过程。同时，在案例中会强调如何转换含有中文字符的数据。当数据中含有中文字符时，若处理不当，转换结果中的中文字符可能会变成乱码而不能正确显示，甚至程序可能因运行错误而终止，而国内新闻从业者处理的数据通常都包含大量的中文字符，因此，讨论含有中文字符数据的转换非常有意义。综上所述，本书要讨论两个转换问题：①如何使用 Python 3.x 版本将 CSV 格式的数据转换为 XML 格式，输出到一个 XML 文档中，并支持中文字符的显示；②如何使用 Python 3.x 版本将 XML 格式的数据转换为 CSV 格式，输出到一个 CSV 文档中，并支持中文字符的显示。

本书并非专门讨论 Python 的书籍，因此关于 Python 的语法介绍将糅合到实例的介绍当中。而且，我们假设读者的计算机上已正确安装了 Python 3.x，本书举例时使用的是 Python 3.4.3。如果读者还未安装 Python，可从其官网 https://www.python.org/downloads/下载安装包进行安装。具体安装方法不再赘述。默认情况下，Python 会被安装在 C 盘的一个新建文件夹中，文件夹以"Python+版本号"命名，例如，我们举例时使用的 Python 3.4.3 安装路径是"C:\Python34"。此外，最好用一个 Python 集成开发环境（Integrated Development Environment, IDE）来进行 Python 程序的开发。Python IDE 有很多，如 PyCharm[①]、安装了 PyDev 插件[②]的 Eclipse 等。

我们的实例仍以"北京旅游"为背景。在2.3.2节举例介绍XML的格式时，使用了两个与"北京旅游"相关的微博用户信息数据。下面仍沿用这组数据来举例。在介绍实例之前，先说明 Python 语法的两个独特之处：第一，每条语句后面不需要任何符号作为结束符；第二，代码的每一层级必须用若干空格作为语句缩进。在其他程序语言中，语句缩进通常只是为了代码布局更美观或使代码更易读，而在 Python 中，语句缩进决定了代码的逻辑关系，是不能随意添加或去除的，否则将导致程序编译错误。

1. 将 CSV 格式转换为 XML 格式

【例 2-3】

目标：以 2.3.2 节所用的两个与"北京旅游"有关的微博用户的信息为例，下面是关于这两条信息的 CSV 格式的数据文件 CSVData.csv，内容如下。

```
id,screenName,location,followersCount,friendsCount,statusesCount,
createdAt,biFollowersCount
1000000000,北京旅游 1,北京  东城区,123627,951,7104,Thu Aug 12
17:48:18 CST 2010,206
1000000001,北京旅游 2,北京  朝阳区,18329,1201,10439,Mon Sep 13
14:51:53 CST 2010,358
```

---

① PyCharm 的官方网址为 http://www.jetbrains.com/pycharm/。
② PyDev 的官方网址为 http://www.pydev.org/。

需要将该 CSV 格式的文件转换为以下 XML 格式，输出到一个 XML 文档中，且保证中文字符的输出不会出现乱码（由于在 XML 的两种表示方式中，"以元素来表示"的方式更常用，因此主要对以该方式表示的 XML 格式的转换进行详细说明。不过，对于"以属性来表示"的 XML 格式的转换，后文也会做简要说明）。

```
<?xml version="1.0" encoding="UTF-8"?>
<Users>
    <User>
        <id>1000000000</id>
        <screenName>北京旅游1</screenName>
        <location>北京 东城区</location>
        <followersCount>123627</followersCount>
        <friendsCount>951</friendsCount>
        <statusesCount>7104</statusesCount>
        <createdAt>Thu Aug 12 17:48:18 CST 2010</createdAt>
        <biFollowersCount>206</biFollowersCount>
    </User>
    <User>
        <id>1000000001</id>
        <screenName>北京旅游2</screenName>
        <location>北京 朝阳区</location>
        <followersCount>18329</followersCount>
        <friendsCount>1201</friendsCount>
        <statusesCount>10439</statusesCount>
        <createdAt>Mon Sep 13 14:51:53 CST 2010</createdAt>
        <biFollowersCount>358</biFollowersCount>
    </User>
</Users>
```

过程：用 Python 实现本例中数据存储格式转换目标的过程分为两步。第 1 步，读取 CSV 文件；第 2 步，按行依次进行格式转换，即为每一行的每一个数据添加 XML 标签，并输出到一个 XML 文件中。下面，依次介绍这两个步骤的实现过程。

第 1 步：读取 CSV 文件。由于本例的 CSV 文件中含有中文字符，为保证中文字符的正确显示和程序的正确编译，在编写代码的过程中需要考虑该 CSV 文件的字符编码。含有中文字符的 CSV 文件的字符编码主要有两种方式：一种是 GB2312，它是信息交换用汉字编码字符集；另一种是 UTF-8，它是一种针对 Unicode 的可变长度字符编码。

若 CSV 文件的字符编码方式是 GB2312，则读取它的代码如下。

```
import csv
input_object = open('CSVData.csv', 'r', encoding='GB2312')
csvdata = csv.reader(input_object, delimiter=',')
```

其中，第 1 行代码使用 import 引入 csv 模块，这样，Python 编译器才能正确读取 CSV 格式的文件。第 2 行代码用 open( )函数以"读"模式打开 CSV 文件 CSVData.csv，并赋值给变量 input_object。open( )函数传递了三个参数，第一个参数传递的是 CSV 文件 CSVData.csv 所在的位置（使用相对路径的写法[①]）；第二个参数设置为"r"，就是以"读"模式打开文件，若设置为"w"，则是以"写"模式打开文件；第三个参数 encoding 用于指定 CSV 文件的字符编码方式，此情况下即为"GB2312"。此外，第 2 行代码中对变量 input_object 赋值涉及变量、对象引用等概念及其关系，但我们的目的不是深究 Python 语法，所以此处读者可简单理解为将所读取的内容存放在变量 input_object 中，或理解为变量 input_object 此时指向了 CSV 文件 CSVData.csv，后面涉及变量赋值的代码也可用类似方式理解。第 3 行代码用 reader( )函数读取 input_object 所指向的 CSV 文件 CSVData.csv 中的内容，并赋值给变量 csvdata。reader( )函数的第二个参数 delimiter 设置为"，"，表示所读取的文件中数据之间的分隔符是英文逗号。第 2 行和第 3 行代码也可以写在一起，即"csvdata = csv.reader(open('CSVData.csv', 'r', encoding='GB2312'), delimiter=',')"。

若 CSV 文件的字符编码方式是 UTF-8，则读取其代码时只需在上述代码的基础上，将 open( )函数传递的第三个参数 encoding 的值改为"UTF-8"即可。总的来说，在读取含有中文字符的 CSV 文件时，要注意查看该文件的字符编码方式，并据此来设置 open( )函数传递的第三个参数 encoding 的值。CSV 文

---

① 相对路径的概念在 2.3.3 节提到过，此处表示相对于当前的程序文件，CSV 文件 CSVData.csv 存放的位置。

件的字符编码方式可通过一个文本编辑器进行查看，例如通过 Notepad++[①]查看，即用该软件打开 CSV 文件，文件的字符编码方式会显示在该软件窗口的右下角。

第 2 步：按行依次进行格式转换，每转换完一行中的一个数据都同步输出到（即写入）一个 XML 文件中。这一过程的实现分为以下三个子步骤。

第 2.1 步：准备一个 XML 文件，后面会用来向其中写入转换后的内容，实现该目标的代码如下。

```
output_object = open('XMLData.xml', 'w', encoding='UTF-8')
```

上述代码使用了一个 open( )函数以"写"模式打开名为"XMLData"的 XML 文件，并赋值给变量 output_object。其中，open( )函数同样传递了参数 encoding 来指定 XML 文件的字符编码方式，这样才能保证输出的中文字符用任何软件打开时都不会出现乱码。该 XML 文件是否已经事先在本地准备好都没有关系。如果本地计算机上不存在这样一个文件，程序运行后会自动创建。

第 2.2 步：向 XML 文件 XMLData.xml 中写入声明语句，实现该目标的代码如下。

```
output_object.write('<?xml version="1.0" encoding="UTF-8"?>'
+'\n')
```

其中，write( )函数括号中的内容是所传递的参数，是要写入变量 output_object 所指向的 XML 文件 XMLData.xml 的内容，加号之前是要写入 XML 文件的声明语句，加号后的"\n"表示写完声明语句后在 XML 文件中进行一次换行。也可以将加号省略，将其前后两对单引号中的内容合起来，写在一对单引号内，即写成"output_object.write('<?xml version="1.0" encoding="UTF-8"?>\n')"。

第 2.3 步：给 CSV 格式的数据文件每一行的每一个数据添加 XML 标签，并写入 XML 文件 XMLData.xml，实现该目标的代码如下。

```
output_object.write('<Users>'+'\n')
currentNo = 0
```

① Notepad++的官方网址为 https://notepad-plus-plus.org/。

```
for user in csvdata:
    if currentNo != 0:
        output_object.write('\t'+'<User>'+'\n')
        output_object.write('\t\t'+'<id>'+user[0]+'</id>'+'\n')
        output_object.write('\t\t'+'<screenName>'+user[1]+
'</screenName>'+'\n')
        output_object.write('\t\t'+'<location>'+user[2]+
'</location>'+'\n')
        output_object.write('\t\t'+'<followersCount>'+user[3]+
'</followersCount>'+'\n')
        output_object.write('\t\t'+'<friendsCount>'+user[4]+
'</friendsCount>'+'\n')
        output_object.write('\t\t'+'<statusesCount>'+user[5]+
'</statusesCount>'+'\n')
        output_object.write('\t\t'+'<createdAt>'+user[6]+
'</createdAt>'+'\n')
        output_object.write('\t\t'+'<biFollowersCount>'+
user[7]+'</biFollowersCount>'+'\n')
        output_object.write('\t'+'</User>'+'\n')
    currentNo += 1
output_object.write( '</Users>'+'\n')
output_object.close()
```

其中，第 1 行代码使用 write( )函数将"<Users>"这个根元素的开始标签写入变量 output_object 所指向的 XML 文件 XMLData.xml，写完以后用"\n"在 XML 文件中进行一次换行。第 2 行定义了一个变量 currentNo，后面会用它来记录当前正在处理 CSV 文件中的哪一行。第 3 行定义了一个 for 循环，表示按照变量 csvdata 所指向的 CSV 文件 CSVData.csv 的行来循环执行。循环执行的内容是第 4 行至倒数第 3 行代码，具体来说：由于 CSV 文件的第 1 行是字段名，在转换后的 XML 文件中是不需要的，故应从 CSV 文件的第 2 行开始转换，因此，第 4 行定义了一个 if 语句，判断变量 currentNo 当前所指示的行（即指示当前正在处理 CSV 文件的第几行）是不是第 1 行（Python 从 0 开始计数，故当 currentNo=0 时，当前所指示的是第 1 行）。如果是第 1 行，则跳过 if 语句，直接执行倒数第 3 行代码，将 currentNo 的值加 1；否则，依次执行 if 后面的语句（第 5 行至倒数第 4 行代码），其含义如下。

首先，通过第 5 行代码向 XML 文件 XMLData.xml 中写入一个<User>元素的开始标签，其中"\t"表示在 XML 文件中进行一次缩进，如果要进行两次缩进，则写为"\t\t"。缩进并不是必须的，只是为了让 XML 文件的结构更美观易读。写完该标签以后，通过"\n"在 XML 文件中进行一次换行。

其次，通过第 6 行至倒数第 5 行代码将 CSV 文件中变量 currentNo 当前所指的这一行的每一个数据两边分别加上相应 XML 元素的开始标签和结束标签，并依次写入 XML 文件 XMLData.xml，每转换完一个数据并写入 XML 文件以后，就在该文件中进行一次换行（使用"\n"），且写入每个数据时，都先用"\t\t"进行两次缩进。由于 Python 从 0 开始计数，所以 user[0]～user[7] 分别表示 CSV 文件当前行的第 1～8 个数据。

然后，当 CSV 文件当前行的所有数据都写入 XML 文件后，执行倒数第 4 行代码，即向 XML 文件 XMLData.xml 中写入<User>元素的结束标签。

最后，执行倒数第 3 行代码，将变量 currentNo 的值加 1。至此，for 循环的一轮执行完毕，进入下一轮循环，直到 CSV 文件的最后一行数据转换完成并写入 XML 文件为止。概括地说，上述代码中的 for 循环执行的完整功能是针对 CSV 文件中除第 1 行以外的每一行：先添加<User>标签，再对该行每一个数据依次添加相应 XML 元素的开始标签和结束标签（分别添加在数据的两边），最后添加</User>标签（以上内容都在 XML 文件 XMLData.xml 中添加，即写入 XMLData.xml）。每完成一行数据的转换和输出，就将变量 currentNo 的值加 1 从而指示 CSV 文件的下一行。全部转换完成后，程序就会跳出循环，执行倒数第 2 行代码，使用 write( )函数向 XML 文件 XMLData.xml 中写入根元素的结束标签</Users>。最后一行代码，关闭 XML 文件 XMLData.xml。

将上述各步骤的代码依次写入一个 Python 文件（后缀名为.py）中，就构成了实现本例存储格式转换需求的完整代码。由于本例的记录条目仅有两条，也许此时未看出用程序代码来转换格式有何好处。但是，当记录条目为上千条甚至更多时，Python 中的 for 循环就能体现出用程序转换在效率上的优势。

此外，若要将上述 CSV 格式的数据转换为"以属性来表示"的 XML 格式，前面的步骤不变，只需将第 2.3 步的代码修改如下。

```
output_object.write('<Users>'+'\n')
currentNo = 0
for user in csvdata:
    if currentNo != 0:
        output_object.write('\t'+'<User id=\"'+user[0]+'\"
screenName=\"'+user[1]+'\" location=\"'+user[2]+'\"
followersCount=\"'+user[3]+'\" friendsCount=\"'+user[4]+'\"
statusesCount=\"'+user[5]+'\" createdAt=\"'+user[6]+'\"
biFollowersCount=\"'+user[7]+'\"></User>'+'\n')
    currentNo += 1
output_object.write( '</Users>'+'\n')
output_object.close()
```

代码的逻辑与前一种转换大致相同。write( )函数中各对单引号内的字符串会直接写入变量 output_object 所指向的 XML 文件 XMLData.xml。各对单引号内的双引号之前的反斜杠是转义字符，在此表示将双引号作为字符串的一部分直接写入 XMLData.xml 而不作为特殊字符使用。user[0]~user[7]仍分别表示在执行 for 循环的过程中，CSV 文件当前行的第 1~8 个数据。

2. 将 XML 格式转换为 CSV 格式

【例 2-4】

目标：将例 2-3 中 XML 格式（以元素来表示）的数据文件 XMLData.xml 转换为 CSV 格式，并输出到名为"CSVData"的 CSV 文件中，且保证中文字符能正常显示。

过程：用 Python 完成上述数据存储格式转换目标的思路是，首先，读取 XML 文件 XMLData.xml；其次，解析该文件；然后，打开 CSV 文件 CSVData.csv，向其中写入字段名；最后，找到 XML 文件 XMLData.xml 中所有<User>元素，并依次将该元素的子元素内容写入 CSV 文件 CSVData.csv。其中，解析 XML 文件需要使用 Beautiful Soup 库中的 BeautifulSoup 模块。Beautiful Soup 能够通过开发者喜欢的转换器来实现符合其习惯的导航、查找、修改文档的方式，从而节省开发时间[85]。因此，下面分三部分介绍本例的具体实践过程：①安装 Beautiful Soup；②在 Python 中引入相应模块；③按照上述数据存储格式转换思路实现本例格式转换。

1）Beautiful Soup 的安装

安装 Beautiful Soup 的过程分为以下两步。

第 1 步：下载 Beautiful Soup 的安装包。从 https://www.crummy.com/software/BeautifulSoup/bs4/download/下载该安装包，目前下载的版本一般是 Beautiful Soup 4。本例下载的是 4.4.0 版本的安装包，是一个名为"beautifulsoup4-4.4.0"的压缩包。

第 2 步：安装 Beautiful Soup 4，本例的具体做法如下。

第 2.1 步：解压安装包，并存放在 Python 的安装目录中。就本例而言，此时解压后的文件夹"beautifulsoup4-4.4.0"存放的路径是"C:\Python34"。

第 2.2 步：按 Window+R 键，弹出【运行】对话框，在对话框的【打开】文本框中输入"cmd"，再按 Enter 键（回车键）或单击对话框中的【确定】按钮，弹出 DOS 窗口。

第 2.3 步：在 DOS 窗口中输入"cd C:\Python34\beautifulsoup4-4.4.0"，然后按 Enter 键（回车键），从而通过 DOS 命令行进入路径"C:\Python34\beautifulsoup4-4.4.0"，再输入命令行"Python setup.py install"，然后按 Enter 键（回车键），完成 Beautiful Soup 的安装。

2）在 Python 中引入 Beautiful Soup 的相应模块

安装了 Beautiful Soup 后，就可以在 Python 中引入 BeautifulSoup 模块，以便解析 XML 文件。引入模块的过程通过下面这条语句来实现。

```
from bs4 import BeautifulSoup
```

3）本例格式转换目标的实现

根据前面介绍的思路，需要通过"读取 XML 文件""解析 XML 文件""写入字段名""按元素依次转换"四步来实现本例的格式转换目标。

第 1 步：读取 XML 文件 XMLData.xml，实现此步的代码如下。

```
input_object = open('XMLData.xml', 'r', encoding='UTF-8')
xmldata = input_object.read()
```

上述代码用 open( )函数和 read( )函数以"读"（r）模式打开 XML 文件

XMLData.xml，读取其中的内容，并赋值给变量 xmldata（可理解为变量 xmldata 此时指向了 XML 文件 XMLData.xml）。其中，XML 文件 XMLData.xml 的字符编码方式为 UTF-8，由于它包含中文字符，因此，open( )函数中需传递 encoding 参数指定该文件的字符编码方式，否则会出现程序编译错误；若 XML 文件仅含英文和数字，则也可省略 encoding 参数。上述两行代码也可以写在一起，即"xmldata = open('XMLData.xml', 'r', encoding='UTF-8').read()"。

第 2 步：解析 XML 文件 XMLData.xml，使用的是 BeautifulSoup 构造方法，同时，得到该文档的对象[85]。而且，一般要指定解析器。通过在 BeautifulSoup 构造方法中传递一个参数来指定，代码格式如下。

```
BeautifulSoup(指向 XML 文件的变量，解析器)
```

解析器主要有四种，分别是 Python 标准库（html.parser）、lxml HTML 解析器（lxml）、lxml XML 解析器（xml）和 html5lib。其中，lxml XML 解析器（xml）是唯一支持 XML 的解析器[85]。因此，本例使用 lxml XML 解析器（xml）。在使用该解析器之前，要先在 http://www.lfd.uci.edu/~gohlke/pythonlibs/#lxml 中下载与操作系统及 Python 版本相适应的 lxml 安装文件，并进行安装。安装 lxml 的方法可以从网络上轻松找到许多相关教程，本书不展开介绍。

完成 lxml 的安装后，就可以使用 lxml XML 解析器（xml）来解析 XML 文件 XMLData.xml，实现该步的代码如下。

```
parsed_file = BeautifulSoup(xmldata, "xml")
```

其中，BeautifulSoup 构造方法的第一个参数表示剖析的是变量 xmldata 所指向的 XML 文件 XMLData.xml，第二个参数表示指定解析器为 lxml XML 解析器（xml）。解析器在被当作参数来传递时，其名称应放在一对英文双引号中。最后，用变量 parsed_file 指向解析后所创建的 XML 文件 XMLData.xml 的对象。

第 3 步：打开 CSV 文件 CSVData.csv，向其中写入字段名，实现此步的代码如下。

```
output_object = open('CSVData.csv', 'w', encoding='GB2312')
output_object.write('id'+','+'screenName'+','+'location'+','+
'followersCount'+','+'friendsCount'+','+'statusesCount'+','+
```

```
'createdAt'+','+'biFollowersCount'+'\n')
```

代码的第 1 行以"写"（w）模式打开 CSV 文件 CSVData.csv，将其字符编码方式指定为 GB2312，准备向其中写入内容。如果开发者的本地没有 CSVData.csv，程序会自动创建。需注意，此处若传递了 encoding 参数，那么参数值必须设置为 GB2312，才能保证在转换含有中文字符的 XML 文件时，转换后得到的 CSV 文件能够在 Excel 等软件中正常显示中文字符，否则，可能会出现乱码。也可以省略 encoding 参数，即把第 1 行语句写成"output_object = open('CSVData.csv', 'w')"。若待转换的 XML 文件仅包含英文或数字，则 encoding 参数值还可以设置成"UTF-8"。接下来的三行，使用 write( )函数向 CSV 文件 CSVData.csv 中写入八个字段名，并用逗号分隔。这八个字段名根据 XML 文件 XMLData.xml 中<User>元素的八个子元素的名称来书写；传递参数"','"就是在写入的两两字段名之间添加逗号分隔符。

第 4 步：找到 XML 文件中所有<User>元素，并依次将该元素的全部子元素的内容写入 CSVData.csv，实现此步的代码如下。

```
userlist = parsed_file.findAll('User')
for user in userlist:
     output_object.write(user.id.string+','+user.screenName.
string+','+user.location.string+','+user.followersCount.string+','
+user.friendsCount.string+','+user.statusesCount.string+','+user.
createdAt.string+','+user.biFollowersCount.string+'\n')
     output_object.close()
```

第 1 行代码找到变量 parsed_file 所指向的 XML 文件 XMLData.xml 中的所有<User>元素，并赋值给变量 userlist。这时，userlist 将是一个列表（list）。第 2 行至倒数第 2 行代码是一个 for 循环，表示按照 userlist 列表中的每一个值依次进行循环操作，循环体是第 3 行至倒数第 2 行代码，即使用 write( )函数将一个 <User> 元素的八个子元素 <id>、<screenName>、<location>、<followersCount>、<friendsCount>、<statusesCount>、<createdAt>、<biFollowersCount>的内容写入变量 output_object 所指向的 CSV 文件 CSVData.csv，内容之间用逗号隔开。以传递的第一个参数"user.id.string"为例，user 表示 userlist 列表中当前正在处理的<User>元素，".id"是访问

<User>元素的子元素<id>，".string"是访问<id>元素的内容。传递参数"','"同样是为了在内容之间添加逗号分隔符。最后传递参数"'\n'"，是为了当一个<User>元素的全部子元素的内容写完后，在 CSVData.csv 中进行一次换行。最后一行代码用于关闭文件 CSVData.csv。

将上述各步的代码依次写入一个 Python 文件（别忘了最开始引入 BeautifulSoup 模块的代码"from bs4 import BeautifulSoup"），就构成了实现本例格式转换目标的完整代码。

若要将"以元素来表示"的 XML 格式转换为 CSV 格式，同样也只需将最后一步（第 4 步）的代码修改如。

```
userlist = parsed_file.findAll('User')
for user in userlist:
    output_object.write(user['id']+','+user['screenName']+',
'+user['location']+','+user['followersCount']+','+user['friendsCount']
+','+user['statusesCount']+','+user['createdAt']+','+user
['biFollowersCount']+'\n')
    output_object.close()
```

在 write( )函数传递的参数中，以第一个参数"user['id']"为例，user 表示在执行 for 循环的过程中，userlist 列表中当前正在处理的<User>元素，"['id']"是访问<User>元素的 id 属性的值。

通过例 2-3 和例 2-4，可以看出使用代码来实现数据存储格式转换的基本过程主要包括以下步骤：第 1 步，查看转换前源数据文件的字符编码方式；第 2 步，打开并读取源数据文件，此时要注意正确指定其字符编码方式；第 3 步，根据源数据格式和目标格式的写法，按行或按元素等进行格式转换，并打开一个目标格式文件，将转换结果输出（写入）其中。打开（创建）目标格式文件时也要注意正确指定字符编码方式。这一转换和输出过程将循环执行，直到所有源数据中的记录转换完毕并输出到目标格式文件。此外，使用不同编程语言时，还可能要借助它们提供的已有模块、包等，来简化代码开发过程。例如，通过 Python 实现例 2-4 时就使用 BeautifulSoup 模块来解析 XML 文件，以提高开发效率。

2.4.3　数据的清洗

在对数据进行后续分析或可视化处理之前，还需要进行数据清洗。数据清洗的目的是检测并剔除/改正数据中的错误或不一致的地方，如拼写或打印错误、不合法值、不一致的值、简写、重复、不遵循引用完整性、空值等[87]，从而提高数据质量[86、87]。在进行数据清洗的同时，也可以对数据的准确性和可信性进行验证。如果在数据清洗过程中发现了大量错误，则这份数据的可信性就大大降低了。

那么，数据清洗遵循怎样一个流程呢？其实，数据清洗并非数据新闻领域独有的需求，在数据挖掘、数据统计分析等领域都会涉及数据清洗。有人针对数据分析领域将数据清洗的一般流程分为"预处理""缺失值清洗""格式内容清洗""逻辑错误清洗""非需求数据清洗""关联性验证"六步[88]。我们认为在数据新闻制作过程中进行的数据清洗，也包含类似操作。不过，无论在哪个领域，数据清洗都是一个以问题为导向，需要视具体情况来应对的过程。因此，每次进行数据清洗的操作细节、侧重点等也都不是一成不变的。本书在上述流程界定的基础上，介绍一个在数据新闻制作过程中进行数据清洗的例子，为读者了解数据清洗过程提供一些参考，同时，展示在该过程中如何运用一些工具和技巧。

【例 2-5】

目标：接着 2.4.1 节讨论的例子，即假设我们需要制作一期关于北京旅游的数据新闻，重点解读北京等级景区和星级饭店的情况，并从北京市政务数据资源网分别下载一份关于北京等级景区的数据（名为"等级景区"的压缩包）和一份关于北京星级饭店的数据（名为"星级饭店"的压缩包）①。两个压缩包内都有 Excel 软件专用格式（.xlsx）的数据文件和 CSV 格式（.csv）的数据文件及关于数据说明的文本文件（.txt）。每个压缩包内 Excel 软件专用格式和 CSV 格式的数据文件包含的记录相同。两份 Excel 软件专用格式数据文件的格式示例（展示前两条记录的所有字段）分别如图 2-8 和图 2-9 所示。以北京等级景区数据为例，对该数据进行清洗。

---

① 下载这两份数据的时间、来源网址、所使用的版本等均已在 2.4.1 节做了详细说明。

	A	B	C	D	E	F	G	H
1	名称	等级	区县	地址	负责人	电话	传真	邮编
2	故宫博物院	5A	东城区	景山前街4号		85117049	65123119	100009
3	天坛公园	5A	东城区	天坛内东里7号天坛公园管理处		67028866	67017544	100061

图 2-8　北京等级景区数据（.xlsx 文件）的格式示例（前两条记录，总记录为 214 条）

	A	B	C	D	E	F
1	饭店名称	星级	区县	饭店地址	电话	邮编
2	丽晶酒店	五星	东城区	金宝街99号	85221888	100005
3	港澳中心瑞士酒店	五星	东城区	朝阳门北大街2号	65532288	100027

图 2-9　北京星级饭店数据（.xlsx 文件）的格式示例（前两条记录，总记录为 612 条）

　　过程：假设在前期策划阶段已确定了大方向，即就北京市各区各级景区和饭店的数量、位置做出讨论，为在北京旅游的自助游受众制定出行规划提供一些参考。下面以北京等级景区数据的清洗为例来说明数据清洗的流程和操作，故本例接下来提到的数据文件都是指北京等级景区这份数据（.xlsx 文件）。进行数据清洗时，需要借助一些数据分析、清洗工具。这类工具很多，本例主要使用 Excel 软件（版本是 2013 版）来完成。总的来说，可分为以下两个环节：第一，需求匹配性审查与预处理；第二，检查、纠正数据错误。

1. 需求匹配性审查与预处理

　　该环节要完成的内容主要是：人工查看数据的各字段、一些描述信息及元数据信息，初步判断数据是否满足分析需求及数据的质量和可信性。还可以考察数据搜集的方法，方法是否科学也可为验证数据准确性和可信性提供一定参考。例如，对于通过做问卷调查获得的数据，要检查问卷调查实施的方法。如果实施方法本身存在问题，那么，据此获得的数据也失去了可信性。

　　针对本例所搜集的北京等级景区数据而言，打开数据文件，首先观察这份数据包含的字段，有"名称""等级""区县""地址""负责人""电话""传真""邮编"等字段（见图 2-8）。假设根据大方向和所做的选题内容策划，在北京等级景区方面已初步确定了一些数据分析、可视化的需求，要展示的内容如：①北京市各区拥有的等级景区数量及比较；②北京市景区总数排名前五的各区 4A 级及以上景区数、景区总数的比较；③北京市 4A 级及以上景区数排名前五的各区的 4A 级及以上景区数、景区总数的比较；④北京市城六区及其他区（即除了城六区以外的其他所有区）拥有的各等级景区数量及景区总数对比；⑤北京市城六区各区 4A 级及以上、4A 级以下等级景区数量的比较；⑥东城区和西城区拥有的各级景区数量及其在北京市各级景区总数上所占的百分比；⑦北京市等级景区数量的各区分布情况；⑧北京市各等级景区的地理位置分布。其中，最后两个内容均通过地理信息可视化来展现①。当然，在初步策划阶段，你可以多罗列一些内容，在后续分析、可视化环节也可以继续修改或补充需求。本例经初步检查，发现"名称""等级""区县""地址"四个字段能满足上述初步确定的分析、可视化需求，进而判断该数据文件满足分析需求。

若数据规模庞大，则在这一环节还可以考虑根据数据分析与可视化目标，选择需要的字段，去除不需要的字段，这样能减少后续进行进一步数据清洗的数据量。若数据量不大，也可以考虑在该环节保留全部字段，后面进行某些数据错误检查时，这些字段或许能作为检查依据（例如，各记录都应拥有唯一值的字段可作为检查重复记录的依据等）。本例就保留了所有字段。

2. 检查、纠正数据错误

该环节实施的前提是假设所搜集待清洗的数据文件格式是所使用的数据清洗工具支持的格式（本例属于此情况），或者已经将数据文件转换成了所需的格式，否则在开始该环节之前，要先完成数据存储格式的转换。该环节主要包括以下几个方面。

（1）人工初步查错。本例通过人工初步查错可观察和发现数据中的一些问题。例如，"恭王府"这条记录中的邮编少了一位。又如，密云县和延庆县现在已经改为区，因此，将它们分别改为"密云区"和"延庆区"，字段名也由"区县"改为"所在区"②。

（2）清理缺失值。缺失值就是数据中缺失的一些内容，在用 Excel 软件打开的数据文件中则通常表现为缺失数据对应的单元格位置是空白的。在 Excel

---

① 虽然全书围绕同一实例背景展开，但除了第 6 章是针对整个完整实例进行描述外，其他各章都仅仅围绕完整实例的某一方面展开，并且可能会根据需要或为了更便于理解而有一定修改或侧重。例如，本例所罗列的与北京等级景区数据有关的分析、可视化需求，同第 6 章所述完整实例的选题内容策划及数据分析、可视化需求相比，就有一定修改，而且从实践所经历的流程、环节来看，完整实例形成清晰的分析、可视化需求的时间更靠后一些。

② 实际上原数据中使用"密云县""延庆县"并非错误，因为本书选择的是该数据 2014 年的版本作为示例数据，而密云县和延庆县改为区是在 2015 年。不过，鉴于介绍数据清洗时的示例需要，这里仍对其做了上述修改。

中可以快速查找所有缺失值，方法是：用 Excel 软件打开数据文件以后，单击该软件【开始】选项卡【编辑】组中的【查找和选择】下拉按钮，从打开的子菜单中选择【定位条件】命令，然后在弹出的【定位条件】对话框中选择"空值"，再单击【确定】按钮，这样就可以找到 Excel 表格中所有空白单元格（即缺失值）。发现缺失值以后，可以先向数据来源部门核实，尽可能据此补充缺失值。如果无法通过此途径补充缺失值，也可尝试从其他渠道重新获取数据，按照一定规则填充缺失内容，或采用适当的删除方法等其他一系列处理缺失值的方法[89、90]。如果借此机会从其他渠道重新搜集到一份数据，还可以进行交叉验证，从而进一步判断两份数据的可信性。

（3）发现异常值、记录错误或逻辑错误。可通过描述性统计分析计算各指标以发现异常值，借助数据透视表发现记录错误或逻辑错误，如重复记录、不合理值等；还可以通过初步绘制一些可视化图表来发现异常值。

就本例而言，首先，我们查找数据中是否存在重复记录。查找重复记录时，尽可能选择每条记录都应具有唯一值的字段，通过对该字段中的各值进行计数来判断。当计数结果中某个或某几个值出现两次或以上时，其所对应的记录就很可能是重复记录。不过，有些数据不一定有或很难确定是否存在这样的字段，这时，可以按某字段对另一字段的各值进行分类计数统计（即先按照前一字段的值将记录进行分类，再针对各类别中的记录按照另一字段的值进行分类并分别计数）。例如，我们通过数据透视表，按照负责人对各景区名称进行分类计数统计①。一般情况下，如果出现同一个负责人对应两个或多个名称相同的景区，那么，很可能是重复记录。虽然本例未发现这种情况，不过，我们发现大部分负责人都只对应一个景区，只有两处一个负责人对应两个景区的情况。此时，要进一步观察和核实，如果负责人同名但实际不是同一人，或者一个负责人的确负责了两个景区，则情况就是正常的；而如果是同一负责人，对应的景区只在名称写法上有差异，但实际是同一个景区，那就存在重复记录了。通过进一步查看本例的数据，发现其中一处存在景区信息重复的问题。

至于如何使用数据透视表，许多 Excel 方面的书籍都有介绍。本书只就本

---

① 本节强调"分类计数统计"时都是指按照两个及以上字段进行计数统计。例如，此处指在按照负责人分类的基础上，再针对属于不同负责人的记录按照景区名称进行分类并分别计数。而按照某一字段对记录进行分类并计数，虽然从广义上理解也是一种分类计数，但为了不引起歧义，本节在讲到该情况时，描述为"对某字段中的各值进行计数"，而不会将其描述为"按某字段对记录进行分类计数"。

例进行简单说明，操作步骤如下。

第 1 步：在 Excel 软件中打开北京等级景区数据的 Excel 文档，选中所有数据（包括字段名）所在的单元格区域，单击【插入】选项卡中的【数据透视表】按钮，弹出【创建数据透视表】对话框。对话框的【请选择要分析的数据】选项区域中一般已选中【选择一个表或区域】选项，且【表/区域】文本框中显示了所要分析的数据单元格区域，如需调整，可以在工作表中拖动鼠标重新选择需要分析的数据所在的单元格区域。然后，在【创建数据透视表】对话框中【选择放置数据透视表的位置】选项区域选择【新工作表】选项，再单击【确定】按钮，生成一个新的工作表，它就是一个数据透视表。

第 2 步：根据统计分析需求，在数据透视表的【数据透视表字段】窗格中设置统计项。本例按如下方式设置统计项：从该窗格的【选择要添加到报表的字段】选项中将"负责人"拖到【在以下区域间拖动字段】选项中的【行】区域，再从【选择要添加到报表的字段】选项中将"名称"分别拖到【在以下区域间拖动字段】选项中的【行】区域和【值】区域，并确保【行】区域内"名称"在"负责人"的下方，如图 2-10 所示。【行】区域中的字段就指定了对记录进行分类统计时的类型划分依据，本例的设置是先按"负责人"进行分类，然后，再针对属于同一"负责人"的记录，按景区"名称"进行分类。【值】区域中的字段就是指定针对哪个字段的值进行统计及做什么统计，本例是对景区"名称"进行计数。通过上述设置，本例的数据就会按照负责人对各景区名称进行分类计数。

其次，我们还按照所在区对各景区名称进行分类计数统计，以进一步检查本例所搜集的数据。按不同字段（一个或多个字段）对数据进行梳理或不同深度的分类梳理，不仅能帮助我们进一步判断是否还存在重复记录，而且也更便于观察其他类型的错误。例如，通过对某字段的各值进行计数，或者按照某字段对另一字段的各值进行分类计数，能帮助我们进一步切分数据，将具有一个或多个相同属性的数据汇总在一起，使我们更可能在同一视野中观察同类数据。而且，在数据透视表中进行上述统计操作后，双击各统计项的

图 2-10 在 Excel 数据透视表的【数据透视表字段】窗格中设置统计项

值所在的单元格，就能获得一个包含某一类数据所有字段信息的工作表。如此一来，就能在同一视野中查看同类数据的所有字段信息，也就更容易发现电话、传真、邮编等字段中可能存在的"缺一位""多一位""同一区的电话/传真/邮编偏差较大"等问题。就本例而言，通过此次分类计数统计又查找并删除了一条重复记录。

最后，使用地理信息可视化工具智图 GeoQ（网址：www.geoq.cn）制作关于所有等级景区的位置分布图，定位依据是数据中的"地址"字段。智图 GeoQ 的用法在 5.5.2 节再做详细介绍，这里只说明可视化后的结果。经过可视化，发现位置分布图中有 20 个景区节点落在北京地区以外，说明"地址"字段的记录也可能存在一些问题，可能是输入有误或不详细而难以准确定位。因此，需要纠正这些记录。不过，纠正这 20 个景区的地址信息后，再次使用智图 GeoQ 制作景区位置分布图，并进行放大，发现还有一些景区节点的定位发生了错误，例如，朝阳区的某个景区节点在位置分布图上落在了大兴区。仔细观察"地址"字段查找原因，发现主要因为大部分地址都没有写明所在区，这也可能造成一些地址无法准确定位。因此，纠正的方法是在 Excel 软件中给所有存在此问题的地址加上"北京市某某区"。由于大部分地址都需要添加这一信息，因此，可以采用批量处理的方式，操作步骤如下。

第 1 步：在 Excel 工作表中"所在区"字段的前面插入一个新的列，字段名（即第 1 行对应的单元格）为"城市"，在此列从第 2 行起的每个单元格中都输入"北京市"三个字。然后，在"地址"字段的后面插入一个新的列，字段名为"调整后的地址"，该列其他单元格先暂时不输入内容。

第 2 步：在 Excel 工作表"调整后的地址"这一字段的第 2 行（即 F2 单元格）输入公式"=C2&D2&E2"，然后按 Enter 键（回车键），实现第 2 行 C 列、D 列、E 列对应的三个单元格（C2、D2、E2 单元格）数据的合并，即"北京市""东城区""景山前街 4 号"三条信息合并，形成"北京市东城区景山前街 4 号"这条信息，显示在 F2 单元格中，如图 2-11 所示。在上述公式中，"&"符号是实现合并的关键，它用于连接两个需要合并的单元格。

	A	B	C	D	E	F	G	H	I	J
1	名称	等级	城市	所在区	地址	调整后的地址	负责人	电话	传真	邮编
2	故宫博物院	5A	北京市	东城区	景山前街4号	北京市东城区景山前街4号		85117049	65123119	100009
3	天坛公园	5A	北京市	东城区	天坛内东里7号天坛公园管理处			67028866	67017544	100061

图 2-11 Excel 工作表 C2、D2 和 E2 三个单元格合并后形成的记录置于 F2 单元格

第 3 步：将鼠标指针悬停在 F2 单元格的右下角，当指针变为一个黑色加号 **+** 时，双击或向下拖动，就可以在 F 列完成公式的自动填充，进而每一行的 C 列、D 列和 E 列单元格数据合并，形成带有"北京市某某区"的详细地址并显示在该行 F 列的单元格中。

第 4 步：由于原来的"地址"字段在某些单元格中已经包含了"北京市某某区"或"某某区"字样，合并以后就会有一些字样重复，将它们挑出来并修改正确。

除了上述解决方案外，为保证每个等级景区定位的准确性，还有一个解决方案，即分别增加一个"经度"字段和一个"纬度"字段，补充每个等级景区的经纬度信息。本例选择了该解决方案。有一些批量查询经纬度的工具，可考虑借助这些工具加快补充经纬度信息的过程。不过，若数据量不大，也可手动逐个查询和补充信息，如此一来，在补充信息的同时也增加了观察数据的机会，可能还会发现一些问题。例如，本例在逐个查询和补充经纬度信息的过程中，发现"北京海洋馆"这条记录的"所在区"写的是"西城区"，从景区管理的层面来看，该数据没有问题，不过，从北京海洋馆的具体位置来看，它位于"海淀区"。而本书在前期策划阶段所确定的讨论北京市各区各级景区和饭店数量、位置的目的是给在北京旅游的自助游受众提供制定出行规划上的参考，因此，从地理位置的远近上做出考量，将北京海洋馆的"所在区"（即该景区所位于的区）修改成了"海淀区"。

（4）清理数据格式，包括发现和纠正日期、时间、全半角显示等方面的错误或统一数据的写法。就本例而言，有一处景区的地址中出现了全角字符输入的问题，将其纠正。

经过上述数据清洗过程，最终获得一份格式如图 2-12 所示的数据文档。图 2-12 显示的是这份数据的前两条记录，总记录数为 212 条。为方便后续将这份.xlsx 数据文件导入其他软件进行可视化，把它另存为.xls 文件，即 Excel 2003 及以前版本的格式，因为有的软件仅兼容.xls 而不兼容.xlsx 数据文件。

	A	B	C	D	E	F	G	H	I	J
1	名称	经度	纬度	等级	所在区	地址	负责人	电话	传真	邮编
2	故宫博物院	116.403438	39.924455	5A	东城区	景山前街4号		85117049	65123119	100009
3	天坛公园	116.417848	39.887702	5A	东城区	天坛内东里7号天坛公园管理处		67028866	67017544	100061

图 2-12　经过数据清洗的北京等级景区数据的格式示例（前两条记录，总记录数为 212 条）

　　数据新闻制作中的数据清洗一般都可遵循上述类似的流程来进行。由于本书只为示例，并非进行真正的新闻报道，故不再对北京星级饭店数据进行清洗，只将字段名做了一些修改，将"饭店名称"改为"名称"，"区县"改为"所在区"，"饭店地址"改为"地址"，然后另存为.xls 文件。

　　关于数据清洗，还需强调三点：第一，数据清洗操作不要在原始数据上直接进行，以免清洗过程发生错误而无法重做；第二，很多时候新闻是追求时效的，数据新闻的制作过程要尽可能快，作为其中一个必经阶段的"数据清洗"也应注意效率，因此，在实际的数据新闻制作过程中，经过前期选题内容策划并辅以记者编辑的前期调查，数据需求目标有时会变得更明确，这时就可以根据实际情况简化一些环节或调整某些环节的顺序；第三，数据清洗不是一次性的过程，它往往是反复的[87]，是一个不断发现问题和解决问题的过程。

　　此外，前面也提到，能进行数据清洗的工具很多，除了本书举例时用到的 Excel 外，还有一些专门的数据清洗工具，如 OpenRefine。OpenRefine（网址：openrefine.org）原名 Google Refine，是一款开源软件。除了清洗数据外，该软件也能进行数据格式的转换[91]。读者可从 OpenRefine 的官网下载与其计算机操作系统对应的软件版本，并通过浏览器打开和使用。

　　综上所述，本书通过 2.4 节完成了对数据新闻的数据处理流程中若干主要操作的讨论，最后，对上述讨论及要点做一个总结，用图 2-13 来概括。

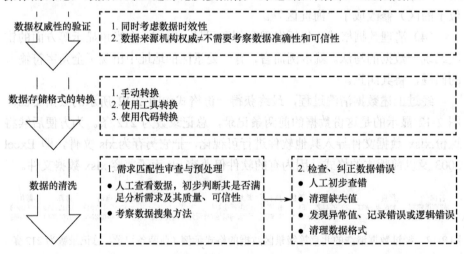

图 2-13　关于数据新闻中数据处理流程的讨论要点

2.5　数据的分析

2.5.1　数据新闻中的数据分析

Google 首席经济学家、加州大学伯克利分校（University of California, Berkeley，UCB）的哈尔·瓦里安（Hal Varian）教授曾指出："数据创造的真正价值，在于我们能否提供进一步的稀缺的附加服务。这种增值服务就是数据分析[92]。" [7]数据分析是"运用统计方法和分析工具对大量数据进行分析，挖掘其潜在规律及价值" [93]的过程。

在数据新闻中，也需要通过数据分析来挖掘新闻中蕴含的事实、结果和价值，再通过可视化将这些结果更直观、深刻、生动地表达出来，从而达到新闻价值的再提升。因此，"数据分析"也是数据新闻制作流程中的重要环节之一，且是可视化之前数据准备工作的最后一环，与"可视化实践"息息相关。根据中国数据分析行业网的分类，目前典型的数据分析应用体现在三个方面[93]：第一，探索性分析，针对刚取得的、杂乱无章而看不出规律的数据，通过各种数据分析的手段探索规律性的可能形式；第二，模型选定分析，在探索性分析的基础上提出可能的模型，再基于分析从中挑选模型；第三，推断分析，通过数理统计方法对挑选的模型或估计的可靠度、精确度做出推断。这三个方面在应用顺序上有着一种递进关系。总之，进行数据分析就是探索可能的规律或结论，以及验证规律或结论。这种"探索"和"验证"，在数据新闻实践中也都有所体现。例如，从业者拿到一些杂乱无章、难以看出规律的数据，就需要先通过探索性分析寻找规律；然后，还可能通过模型选定分析和推断分析，建立模型、验证结论，并基于当前数据预测未来的情况等。而且，当从业者通过一些传统的采访、调查手段已经得到一些结论时，这些结论便可以辅助他们更有效地找寻数据中的规律，或者他们也可能通过数据分析来佐证、验证采访调查结果。不过，在数据新闻实践中，数据分析的目的是帮助从业者挖掘有新闻价值的内容，然后通过"可视化"将其直观、清晰、生动地"展示"给受众。换言之，"数据分析"是新闻制作的一种手段而非最终目标。而且，目前国内日常的数据新闻实践中所采用的数据分析方法一般都比较简单，以描述性统计为主。此外，分析过程一般都是发生在背后的，通常不要求受众熟悉或完全理解所采用的分析方法，这在一定程度上也是数据新闻中"数据分析"的一个特殊性所在。

再进一步说，"数据分析"作为可视化之前数据准备阶段的最后一环，它在数据新闻制作流程中的定位和分析深度也受到"可视化"目标的直接影响。例如，有些数据新闻会将事实、现象或规律明确展现出来；有的则并不给受众传达非常明确的结论，而是将海量数据通过可视化和交互式的方式呈现出来，让受众自己去探索和发现数据与他们的联系。针对前一种情况，往往需要从业者先进行数据分析发现规律，再将这些规律进行视觉化呈现。这时，数据分析过程要更多地考虑两点：第一，如何通过数据分析发现可向受众展示、具有新闻价值和吸引力的规律；第二，如何更浅显地解释这些分析结果，使受众既能理解结论，又尽可能对发现这些规律的分析过程有一定了解，以增强新闻的可信度和说服力。如前所述，目前国内日常所做数据新闻报道的数据分析深度大都不太深，以描述性统计为主，这可能与需要兼顾受众对分析结果的理解也有一定关系。针对后一种情况，海量数据如何在有限空间展现，以及如何进行交互设计等与可视化有关的内容似乎比数据分析显得更为重要。不过，此时数据分析也是不可或缺的一环，只不过它的定位变为如何通过数据分析预探索其中的规律，以决定海量数据的处理方式和可视化的方向。当然，数据分析除了要结合后续可视化阶段来定位外，具体的分析内容也要根据数据本身及前期对新闻内容的策划来决定。在数据新闻实践中，很多时候，选题内容策划阶段已对内容框架等做了初步的考虑，数据分析就应朝着所定的大方向进行。

不过，现阶段，国内新闻行业很多时候应用的都不是真正的"大数据"，所以，以海量数据的可视化展现和交互式响应为基础的大数据新闻服务在日常的数据新闻实践中占比偏小。更多的媒体日常还是以小数据新闻的实践为主，统计学中的描述性统计成为数据分析阶段应用最多的理论基础。下面，本书以举例的方式介绍数据分析过程。其中我们只运用了很少的一些数据分析、统计的方法，在具体实践中，还有更多数据分析方法值得大家去学习和应用。

2.5.2 数据新闻中的数据分析实例与工具

本节首先仍以例 2-5 中"制作一期关于北京旅游的数据新闻，重点解读北京等级景区和星级饭店的情况"为实例背景，使用 Excel 软件对例 2-5 得到的数据文件做数据分析、统计，以此作为数据新闻中的一个数据分析实例展开讨论；然后，对其他一些数据分析工具做简单介绍。

【例 2-6】

目标：以制作一期关于北京旅游的数据新闻，解读北京等级景区和星级饭店情况为前提，对经过例 2-5 的操作后得到的北京等级景区数据文件（.xls 文件）和北京星级饭店数据文件（.xls 文件）进行分析、统计。

过程：如例 2-5 所述，假设前期选题内容策划阶段我们确定了"就北京市各区各级景区和饭店的数量、位置做出讨论，为在北京旅游的自助游受众制定出行规划提供一些参考"的大方向。根据上述大方向和所做策划，就可以初步确定若干具体的分析问题。这时可以多锁定一些分析问题，以便更充分地挖掘有价值的分析结果。这里仅以关于北京市等级景区的四个问题的数据分析处理过程为例来说明，分别是"北京市各区拥有的等级景区数量""北京市景区数排名前五的区及其景区数量""北京市城六区及其他区分别拥有的各等级景区数量和景区总数""北京市各区 4A 级及以上、4A 级以下景区数量"。它们是分析问题中的一小部分，所涉及的统计、分析方法也只是数据新闻中常用方法的一部分，主要是计数、排序、分组计数、求和等。本例所使用的数据文件是例 2-5 中经过数据清洗的北京等级景区数据文件，格式范例见图 2-12，所使用的分析软件为 Excel 2013。鉴于大部分读者对这款软件都比较熟悉，在介绍具体操作步骤时，对于在 Excel 中插入列、新建工作表等基本操作的实现方法不再详细描述。

1. 北京市各区拥有的等级景区数量

面对这一问题，可以使用 Excel 2013 的数据透视表来完成统计分析，操作步骤如下。

第 1 步：在 Excel 软件中打开北京等级景区数据的 Excel 文件，选中所有数据（包括字段名）所在的单元格区域，并按照例 2-5 描述的方法插入一个数据透视表。

第 2 步：在数据透视表的【数据透视表字段】窗格中设置统计项，以便按照"所在区"对等级景区进行计数统计。方法是从该窗格的【选择要添加到报表的字段】选项中将"所在区"和"名称"分别拖到【在以下区域间拖动字段】选项中的【行】区域和【值】区域。这时，等级景区就会按照"所在区"进行

	A	B
1		
2		
3	计数项:名称	
4	所在区	汇总
5	昌平区	19
6	朝阳区	13
7	大兴区	8
8	东城区	12
9	房山区	20
10	丰台区	12
11	海淀区	16
12	怀柔区	15
13	门头沟	12
14	密云区	17
15	平谷区	11
16	石景山	3
17	顺义区	6
18	通州区	4
19	西城区	20
20	延庆区	24
21	总计	212

图 2-14 本例在 Excel 数据透视表中按照"所在区"进行等级景区计数统计的结果

计数了,结果如图 2-14 所示。

第 3 步:将统计数据(图 2-14 中第 4～20 行)复制到一个新的 Excel 工作表中,并将第 1 列的字段名由"所在区"更改为"区名",将第 2 列的字段名由"汇总"更改为"景区数",然后保存该工作表。

2. 北京市景区数排名前五的区及其景区数量

要完成这一分析,只需将上面统计得到的关于"北京市各区拥有的等级景区数量"的 Excel 表格中各记录按照景区数从大到小排序并选取排名前五的记录即可,操作步骤如下。

第 1 步:在 Excel 软件中打开关于"北京市各区拥有的等级景区数量"的 Excel 文件,选中工作表中全部数据(包括字段名)所在的单元格区域,单击【开始】选项卡【编辑】组中的【排序和筛选】下拉按钮,从打开的子菜单中单击【自定义排序】命令,然后在弹出的【排序】对话框中勾选【数据包含标题】,并将【列】中的【主要关键字】设置为"景区数",【排序依据】设置为"数值",【次序】设置为"降序",如图 2-15 所示,再单击【确定】按钮,这时,工作表中的数据就会按照景区数从大到小排列。

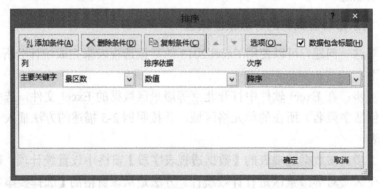

图 2-15 本例在 Excel【排序】对话框中用以实现按"景区数"从大到小排列各记录的选项设置

第 2 步：选中字段名和前五条记录①所在单元格区域，复制到一个新的 Excel 工作表中并保存，该工作表就是关于"北京市景区数排名前五的区及其景区数量"的结果。

3. 北京市城六区及其他区分别拥有的各等级景区数量和景区总数

实现该分析目标的方法很多，继续使用数据透视表也是一个不错的选择，操作步骤如下。

第 1 步：在 Excel 软件中打开北京等级景区数据的 Excel 文件，选中所有数据（包括字段名）所在的单元格区域，并按照例 2-5 描述的方法插入一个数据透视表。

第 2 步：在数据透视表的【数据透视表字段】窗格中设置统计项，以便按照"所在区"和各景区"等级"对景区进行计数统计。方法是从该窗格的【选择要添加到报表的字段】选项中分别将"所在区"和"等级"拖到【在以下区域间拖动字段】选项中的【行】区域和【列】区域，从而形成一个二维统计表（第一列是各区名称，第一行是不同等级）。然后，从【选择要添加到报表的字段】选项中将"名称"拖到【在以下区域间拖动字段】选项中的【值】区域。至此，统计项设置完毕。这时，景区就会按照"所在区"和"等级"进行计数统计了，同时，各区的景区数总计和各等级的景区数总计也被统计出来，如图 2-16 所示。

第 3 步：将统计分析结果（图 2-16 中第 4～20 行）复制到一个新的 Excel 工作表中，并对此工作表的数据进行整理，包括：

第 3.1 步：将工作表中第 1 列的字段名"所在区"更改为"区名"，最后一列的字段名"总计"更改为"景区总数"。

第 3.2 步：定位工作表中所有空单元格，批量输入"0"，方法是：

① 单击【开始】选项卡【编辑】组中的【查找和选择】下拉按钮，从打开的子菜单中单击【定位条件】命令，然后在弹出的【定位条件】对话框中选择"空值"，并单击【确定】按钮，找到工作表中的所有空单元格。

② 在【编辑栏】内输入"0"（即向其中一个空单元格输入"0"）并按

---

① 本例中，由于第五名无排名并列的情况，因此，选择的是前五条记录，若第五条和后面接下来的一条或多条记录的景区数相同，则需要将它们都选中，与前四条记录一起作为排名前五的记录。

"Ctrl+Enter"键，就可将"0"值批量输入所有空单元格中。

计数项:名称	等级					
所在区	1A	2A	3A	4A	5A	总计
昌平区	1	6	5	6	1	19
朝阳区		6	6	1		13
大兴区		1	6	1		8
东城区		2	3	5	2	12
房山区	1	5	9	5		20
丰台区		4	2	6		12
海淀区		1	6	8	1	16
怀柔区		2	9	3		15
门头沟	1	4	5	2		12
密云区		7	6	4		17
平谷区	2	3	1	5		11
石景山			1	2		3
顺义区		1	4	1		6
通州区			2	2		4
西城区		1	11	7	1	20
延庆区	6	3	11	3	1	24
总计	11	40	87	66	8	212

图 2-16　本例在 Excel 数据透视表中按照"所在区"和"等级"对景区进行计数统计的结果

第3.3步：在"区名"字段的后面插入一个新的列，字段名为"是否城六区"，并根据各条记录对应的区是否为城六区输入"是"或"否"。

经过第 3 步数据整理后的工作表如图 2-17 所示。

区名	是否城六区	1A	2A	3A	4A	5A	景区总数
昌平区	否	1	6	5	6	1	19
朝阳区	是	0	0	6	6	1	13
大兴区	否	0	1	6	1	0	8
东城区	是	0	2	3	5	2	12
房山区	否	1	5	9	5	0	20
丰台区	是	0	4	2	6	0	12
海淀区	是	0	1	6	8	1	16
怀柔区	否	0	2	9	3	0	15
门头沟	否	1	4	5	2	0	12
密云区	否	0	7	6	4	0	17
平谷区	否	2	3	1	5	0	11
石景山	是	0	0	1	2	0	3
顺义区	否	0	1	4	1	0	6
通州区	否	0	0	2	2	0	4
西城区	是	0	1	11	7	1	20
延庆区	否	6	3	11	3	1	24

图 2-17　本例经过第 3 步数据整理后的工作表

第 4 步：就上述新生成的工作表中的所有数据，插入一个数据透视表，并在【数据透视表字段】窗格中设置统计项：从该窗格的【选择要添加到报表的字段】选项中将"是否城六区"拖到【在以下区域间拖动字段】选项中的【行】

区域，再从【选择要添加到报表的字段】选项中依次将"1A""2A"
"3A""4A""5A""景区总数"拖到【在以下区域间拖动字段】选项中的
【值】区域，使之按照"是否城六区"对各级景区数和景区总数分别进行求和
统计，结果如图 2-18 所示。

	A	B	C	D	E	F	G
1							
2							
3		数据					
4	是否城六区	求和项:1A	求和项:2A	求和项:3A	求和项:4A	求和项:5A	求和项:景区总数
5	否	11	32	58	32	3	136
6	是	0	8	29	34	5	76
7	总计	11	40	87	66	8	212

图 2-18　本例在 Excel 数据透视表中按照"是否城六区"对各级景区数和景区
总数分别进行求和统计的结果

第 5 步：将统计分析结果（图 2-18 中第 4～6 行）复制并粘贴到一个新的
Excel 工作表中，在粘贴的同时进行转置。方法是单击【开始】选项卡【剪贴
板】组中的【粘贴】下拉按钮，从打开的子菜单中单击【选择性粘贴】命令，
然后在弹出的【选择性粘贴】对话框中勾选【转置】，并单击【确定】按钮，
即可实现转置粘贴。

第 6 步：将转置粘贴后的数据中"是""否"两列的位置互换，并将字段
名"是"修改为"城六区"，"否"修改为"其他区"，将第 1 列的字段名
"是否城六区"修改为"等级景区"，将该列第 2～7 行单元格的内容依次修
改为"1A""2A""3A""4A""5A""景区总数"，最终获得如图 2-19
所示的统计结果。

	A	B	C
1	景区等级	城六区	其他区
2	1A	0	11
3	2A	8	32
4	3A	29	58
5	4A	34	32
6	5A	5	3
7	景区总数	76	136

图 2-19　本例得到的关于"北京市城六区及其他区分别拥有的各等级
景区数量和景区总数"的统计结果

4. 北京市各区 4A 级及以上、4A 级以下景区数量

这一分析目标可在前面生成图 2-17 所示的 Excel 工作表的基础上进行，步

骤如下。

第 1 步：在工作表的最后插入新的两列，字段名分别设置为"4A 及以上""4A 以下"。图 2-20 是插入两列后工作表的前两条记录示范。

	A	B	C	D	E	F	G	H	I	J
1	区名	是否城六区	1A	2A	3A	4A	5A	景区总数	4A及以上	4A以下
2	昌平区	否	1	6	5	6	1	19		
3	朝阳区	是	0	0	6	6	1	13		

图 2-20　Excel 工作表插入新的两列以后的记录示范（显示前两条记录）

第 2 步：在第一个新列的第 2 个单元格（即 I2 单元格）中输入求和公式"=SUM(F2:G2)"，其中，SUM 是求和函数，"F2:G2"是求和计算所涉及的单元格范围，具体含义是对第 2 行从 F2 到 G2 的所有单元格中的数据进行求和。就本例而言，求和函数实际上计算了昌平区 4A 级及以上景区的数量。输入公式后，按 Enter 键（回车键），即可在 I2 单元格中获得计算结果。

第 3 步：将鼠标指针悬停在 I2 单元格的右下角，当指针变为一个黑色加号➕时，双击或向下拖动，完成公式的自动填充，获得其他各区 4A 级及以上景区数量的计算结果。

第 4 步：在 J2 单元格中输入求和公式"=SUM(C2:E2)"，按 Enter 键（回车键），得到昌平区 4A 级以下景区数量的计算结果，再按第 3 步的方法完成公式的自动填充，计算其他各区 4A 级以下的景区数量。

根据上述步骤得到的统计分析结果如图 2-21 所示。

	A	B	C	D	E	F	G	H	I	J
1	区名	是否城六区	1A	2A	3A	4A	5A	景区总数	4A及以上	4A以下
2	昌平区	否	1	6	5	6	1	19	7	12
3	朝阳区	是	0	0	6	6	1	13	7	6
4	大兴区	否	0	1	6	1	0	8	1	7
5	东城区	是	0	2	3	5	2	12	7	5
6	房山区	否	1	5	9	5	0	20	5	15
7	丰台区	是	0	4	2	6	0	12	6	6
8	海淀区	是	0	1	6	9	1	16	9	7
9	怀柔区	否	0	2	9	3	1	15	4	11
10	门头沟	否	1	4	5	2	0	12	2	10
11	密云区	否	0	7	6	4	0	17	4	13
12	平谷区	否	2	3	1	5	0	11	5	6
13	石景山	否	0	1	2	2	0	3	2	1
14	顺义区	否	0	1	4	1	0	6	1	5
15	通州区	否	0	0	2	2	0	4	2	2
16	西城区	是	0	1	11	7	1	20	8	12
17	延庆区	否	6	3	11	3	1	24	4	20

图 2-21　本例在 Excel 中使用求和公式计算得到的各区 4A 级及以上、
4A 级以下景区数量的结果

根据得到的工作表，还可以进一步筛选得到城六区各区 4A 级及以上、4A 级以下的等级景区数量。方法是选择工作表中所有数据（包括字段名）所在的单元格区域，然后单击【开始】选项卡【编辑】组中的【排序和筛选】下拉按钮，从打开的子菜单中单击【筛选】命令。这时，工作表中各字段名的旁边都会出现下拉按钮▾，单击"是否城六区"这一字段名旁边的下拉按钮▾，并从打开的面板中勾选"是"，再单击【确定】按钮，即可筛选出关于城六区的记录。

使用各类计算函数（如求和函数 SUM）进行统计分析是 Excel 中的常用操作。在使用函数进行计算时，先在单元格中输入等号，然后按照各类函数的用法输入函数名称及其参数，再按 Enter 键（回车键），即可完成计算。Excel 中的常用计算函数见表 2-4。对于表中各函数本书不再一一举例，其中所涉及的一些概念，如标准差、方差、平均值、中位数、众数等，在后文中会进行解释。

表 2-4　Excel 中的常用计算函数

函　　数	功　　能	函　　数	功　　能	函　　数	功　　能
SUM	求和	AVERAGE	求平均值	COUNT	计数
STDEV	求标准差	MEDIAN	求中位数	MAX	求最大值
VARP	求方差	MODE	求众数	MIN	求最小值

注：在 Excel 中标准差、方差的计算函数不止一个，不一一列举。

除了可以使用数据透视表、排序和筛选等功能，或输入计算函数来进行数据统计分析外，Excel 还提供了专门的数据分析工具，可借此完成更多统计、分析工作，如描述统计、直方图、相关系数、协方差、方差分析、回归等。下面，简单介绍使用该工具做描述统计分析的过程。

5. 使用 Excel 的数据分析工具进行描述统计分析

（1）相关概念介绍

在开始分析之前，先明确统计学里两个重要的概念——描述统计和推论统计。描述统计用于描述所收集的样本数据的特征，而推论统计则基于样本数据的特征来推断总体的一些特征[94]。如前所述，目前国内在日常的数据新闻实践中较多地使用了描述统计，而推论统计的运用较少。

描述统计中又有两个重要概念——集中趋势量数和变异性量数[94]，尼尔·J.萨尔金德（Neil J. Salkind）在《爱上统计学》一书中对这两个概念做了详细介绍，主要内容包括以下三个方面[94]。

第一，集中趋势量数即平均数，反映一组数据的集中趋势，有均值、中位数和众数三种形式。均值（又称"平均值"）是一组数据中所有数值之和除以数值总个数得到的值。中位数是一组数据中所有数值的中点，也就是将这组数据按数值大小排序后，取中间位置的数值所得到的值。当数据个数为偶时，中间位置将有两个数值，此时，中位数为这两个数值的均值。众数是一组数据中出现次数最多的数值。虽然以上三者都用以反映一组数据的集中趋势，但不同情况下要选择不同形式，《爱上统计学》一书就此总结了一般原则，其中均值是最常用的一种形式。

第二，变异性量数是指极差、标准差和方差，衡量的是不同数值之间的差异性。极差是数据分布中的最大值减去最小值得到的数值，是对变异性最笼统的一种测量。标准差反映的是数据分布中的每个值与均值的平均距离。方差是标准差的平方。假设一组数据为 $x_1, x_2, \cdots, x_n$，其标准差 s 的计算公式为

$$s = \sqrt{\frac{\sum_{i=1}^{n}\left(x_i - \overline{X}\right)}{n-1}} \tag{2-1}$$

式中，$\overline{X}$ 是这组数据的均值。

在描述变异性时，标准差的应用多于方差。标准差越大，说明数值间的相互差异越大。不过，使用标准差衡量变异性时，也要注意是否存在极值的问题，极值的存在对结论可能产生较大影响。

第三，集中趋势量数和变异性量数共同用于描述数据分布的特征及它们之间的差异。

接下来，介绍在 Excel 中加载数据分析工具的方法，然后举例说明使用该工具进行描述统计分析的步骤。

（2）如何在 Excel 中加载数据分析工具

Excel 提供的数据分析工具默认情况下不会在菜单中显示，需要用户自行加载。Excel 2013 加载数据分析工具的步骤如下。

第1步：双击打开 Excel 软件，单击【文件】选项卡中的【选项】命令，在弹出的【Excel 选项】对话框中选择【加载项】标签，切换到【加载项】选项卡，再单击该选项卡中的【转到】按钮，弹出【加载宏】对话框。

第 2 步：在【加载宏】对话框中勾选【分析工具库】，再单击【确定】按钮，完成数据分析工具的加载。

加载了数据分析工具以后，切换到【数据】选项卡，从【分析】组中就可以找到该工具的按钮，即图 2-22 中用虚线框框出的按钮。

图 2-22　Excel【数据】选项卡【分析】组中的【数据分析】按钮

（3）使用 Excel 的数据分析工具进行描述统计分析举例

根据前面的介绍，描述统计是对包括集中趋势量数（均值、中位数、众数）和变异性量数（极差、标准差、方差）等在内的诸多指标的讨论。下面使用关于"北京市各区拥有的等级景区数量"的 Excel 数据文件来说明如何用 Excel 的数据分析工具进行描述统计分析，步骤如下。

第 1 步：用 Excel 软件打开该 Excel 文件，单击【数据】选项卡【分析】组中的【数据分析】按钮，在弹出的【数据分析】对话框中选择【分析工具】为"描述统计"，并单击【确定】按钮，弹出【描述统计】对话框，如图 2-23 所示。

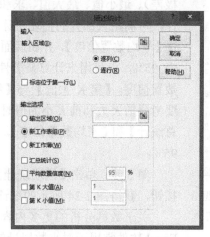

图 2-23　Excel 数据分析工具的【描述统计】对话框

第 2 步：设置【描述统计】对话框中的各个选项。主要操作如下。

第 2.1 步：单击【输入】选项区域的【输入区域】文本框，使光标停留在文本框内，然后在 Excel 工作表中拖动鼠标选择待分析的数据所在的单元格区域，选定的单元格区域编号将在【输入区域】文本框内显示。如果选定的单元格区域包含了第一行字段名，则勾选对话框中的【标志位于第一行】，否则不用勾选。本例选择了工作表中的第 2 列数据（即"景区数"字段），包含了第一行字段名，因此，在对话框中勾选了【标志位于第一行】。

第 2.2 步：根据数据格式，在【分组方式】选项中选择数据分组方式，本例选择【逐列】。

第 2.3 步：在【输出选项】选项区域设置统计结果的输出区域，有三种选择：①【输出区域】，在同一个工作表的某个空白位置输出统计结果，由分析人员自行决定具体输出到哪个空白位置；②【新工作表组】，在当前文档的一个新的工作表中输出统计结果，可在该选项的文本框中为新工作表起一个名字，也可空着不填，从而使用默认的工作表名；③【新工作簿】，在一个新的 Excel 文档中输出统计结果。本例选择【新工作表组】。

第 2.4 步：在【输出选项】选项区域选择分析项。共有四个分析选项可供勾选（如图 2-23 所示）：【汇总统计】包括了平均值、标准误差、中值（即中位数）、众数、标准差、方差、峰值、偏度、区域（即极差）、最小值、最大值、求和、观测数等项目的统计，可满足大部分的描述统计分析需求。若同时勾选【平均数置信度】，并在后面的文本框中设置数值为 95%，就可用来计算显著性水平为 5%时的平均数置信度。【第 K 大值】与【第 K 小值】在用户需要考察前 K 大和前 K 小的值时要用到。本例勾选【汇总统计】和【平均数置信度】，并设置置信度的值为 95%。

景区数	
平均	13.25
标准误差	1.506928
中位数	12.5
众数	12
标准差	6.027714
方差	36.33333
峰度	-0.63108
偏度	-0.09915
区域	21
最小值	3
最大值	24
求和	212
观测数	16
置信度(95.0%)	3.211942

图 2-24　使用 Excel 的数据分析工具进行描述统计分析的结果

第 3 步：单击【描述统计】对话框中的【确定】按钮，获得图 2-24 所示的统计结果。

关于数据分析的更多内容,本书不再深入介绍。Excel 软件常用于对小数据量的数据分析中。除了该软件外，还有很多其他的数据分析工具，如 SPSS[①]、SAS[②]、Weka[③]、R[④]等，简介见表 2-5。

表 2-5　其他四款数据分析工具简介

名　　称	功能、特点等
SPSS	IBM SPSS 提供了高级统计分析、机器学习、文本分析、与大数据的集成等功能[95]。在统计分析上，软件提供了描述统计分析、相关分析、回归分析、分类分析等诸多类型的统计算法[96]
SAS	SAS 的全称是"Statistical Analysis System"（统计分析系统），是一个集成的软件系统[97]，提供了支持统计分析、可视化分析、预测和机器学习的多样化产品
Weka	Weka 的全称是"Waikato Environment for Knowledge Analysis"（怀卡托智能分析环境），是一款用于数据挖掘的开源软件。Weka 集成了大量算法，可完成数据预处理、分类、回归、聚类、关联规则、数据可视化等任务，还允许使用者在 Weka 的架构基础上开发更多数据挖掘算法[98]。而且，Weka 支持文本分类，特别是可以实现对中文文本的分类，因此，当我国媒体在数据新闻实践中需要进行文本分类时，该软件是比较适用的
R	R 最初被定义为一个用于统计计算和绘图的语言与环境，是免费、开源的，不过随着它的发展，它已被赋予了越来越强大的功能[99]，而且可运行于 Windows、Mac OS、UNIX 等主流操作系统[100]。R 的最大优势是在其综合档案网络 CRAN 中提供了完成统计计算、机器学习、金融分析、生物信息、社会网络分析、自然语言处理等任务的大量第三方功能包[99]，开发者只需找到自己需要的功能包并学会如何使用。而且，开发者还能以此为基础进行扩展，形成自己开发的工具包并贡献到 CRAN[99]。不断有开发者贡献新的功能包，故而使 R 的功能越来越强大，使用越来越便捷。由于 R 内建了许多统计功能，包括线性和非线性模型、经典的统计检验方法、时间序列分析、分类、聚类等，也提供了绘图技术，能绘制设计精美、可用于印刷的高质量图表[101]；而且，前文提到，R 语言还可以用于开发面向小规模数据搜集的网络爬虫程序，所以面临数据搜集、分析和可视化等需求的数据新闻领域，它受到了从业者的广泛关注

2.6　小结

本章首先讨论了"数据"的概念及数据准备与"可视化"的关系。总的来说，随着大数据时代的到来，"数据"的内涵与外延发生了深刻的变化，它已

---

① SPSS 的官方网址为 https://www.ibm.com/analytics/spss-statistics-software。
② SAS 的官方网址为 https://www.sas.com/en_us/home.html。
③ Weka 的官方网址为 https://www.cs.waikato.ac.nz/ml/weka/。
④ R 的官方网址为 https://www.r-project.org/。

被广义地理解为"信息"，包含结构化的内容、半结构化的内容和非结构化的内容[44]。在制作数据新闻的过程中，数据是可视化的前提和基础，只有获得了充足、可信的数据，并做出适当的处理和准确的分析，才能更好地进行可视化，进而才能制作出一个好的数据新闻报道。可见，讨论"数据新闻的可视化实践"不能不讨论"数据"及进行数据准备的各类操作。因此，本书未忽略对可视化前的数据准备过程的介绍，包括"数据搜集""数据处理""数据分析"三方面内容。2.2 节介绍了搜集数据的主要途径与方法，重点介绍了通过计算机程序（网络爬虫）抓取网页数据，尤其是借助数据来源站点提供的 API 抓取数据的方法。2.3 节介绍了数据的常见存储格式，重点介绍了 XML 和 JSON 两种格式，还介绍了 JSON 与 JavaScript 的联系、JavaScript 的一些基本语法等，为后文若干内容的讨论做了准备。2.4 节介绍了数据处理的主要操作，包括"数据权威性的验证""数据存储格式的转换""数据的清洗"三个内容。本书以制作北京旅游的相关数据新闻为背景（且将其作为贯穿全书的一个实例背景），通过介绍一些具体例子如何实现来介绍数据处理的基本方法，以及编程语言 Python 或常用软件 Excel 在其中的操作方法。2.5 节介绍数据的分析，仍以制作北京旅游的相关数据新闻为背景，围绕一个具体的实例，以 Excel 为工具展开对若干基本数据统计、分析方法与技巧的介绍。总之，在介绍数据准备时，主要采用了大部分读者都比较熟悉的 Excel 软件进行操作示例，或者介绍了一些通过计算机编程来实现的方法。强调后者并不是为了教会读者这些编程语言，一方面，希望借助它们让读者了解通过编程实现的基本操作过程、思路或原理。因为随着大数据进程的推进，采用计算机编程来进行数据搜集、处理的需求越来越常见，对于新闻从业者来说，对此有所了解是有必要的。本书也尽量使用了浅显的语言来介绍编码过程，不执著专业名词，力求让没有编程基础的读者也能轻松看懂，至少在需要用到这些方法时，知道从何入手。另一方面，为了让读者通过一次次接触编程实现，对编程语境更加熟悉，使读者理解本书后面的章节（如基于 JavaScript 的框架的可视化实践等）变得更容易。

完成数据准备工作以后，制作者就可以开始可视化的过程，后面的三章将围绕数据新闻中的可视化环节展开，根据 1.7 节对本书章节的安排，第 3～5 章将主要通过举例的方式分别介绍"简单易用的可视化工具及其可视化实践""可视化框架与编程语言及其可视化实践""特定展现形式的可视化实践与工具"，其中，第 3、4 章主要以一些统计图表的可视化实践来举例，第 5 章主要讨论 1.4 节提到的那些常见可视化技术类型的实践与工具。举例过程将主要以经过例 2-5 的操作后得到的北京等级景区数据文件（.xls 文件）和北京星级饭店数据文件（.xls 文件）为基础，且都围绕"制作关于北京旅游的一个数据新闻"这一背景展开。

第 3 章

简单易用的可视化工具
及其可视化实践

　　本章主要介绍数据新闻中一些简单易用的可视化工具，以及如何使用此类工具进行可视化实践。简单易用的可视化工具，是指通过拖曳、点击等简单操作即可进行可视化的工具。此类工具根据提供给用户的平台形式，可分为本地安装软件、在线服务站点两类。前者向用户提供软件客户端，用户将其安装在本地使用；后者向用户提供站点地址，用户通过浏览器打开站点，登录自己的账户后方可使用，且所用到的数据一般都上传到站点提供的服务器或云平台上，做好的可视化内容可在线保存、分享给其他用户或下载到本地。也有一些在线服务站点类可视化工具甚至无须登录即可使用。本章主要介绍 Adobe Illustrator、Tableau、Excel、Power BI 这四款简单易用的可视化工具及其可视化实践，其中，Adobe Illustrator 和 Excel 是本地安装软件，Tableau 和 Power BI 既提供本地安装软件版本，也提供在线服务。除了上述四款工具外，还有一些比较常用的此类可视化工具，如百度·图说、图表秀等。百度·图说（网址：tushuo.baidu.com）是百度推出的一个在线可视化服务站点，它基于 ECharts 生成可交互的可视化图表。ECharts 也由百度推出，是基于 HTML5 Canvas 的 JavaScript 图表库，本书在后面会详细介绍它。与 ECharts 不同的是，百度·图说降低了图表制作的难度。ECharts 需要用户对代码进行修改、编写，以便完成个性化的图表制作，而百度·图说提供了许多配置菜单，用户只需选择和点击菜单就可完成可视化实践。不过，它所提供的图表类型没有 ECharts 丰富，所能设置的样式也是平台预设的。图表秀（网址：www.tubiaoxiu.com）与百度·图说类似，同样是一个在线可视化服务站点，也是通过点击菜单等操作来导入数据、选择预设的可视化类型和样式选项，从而完成可视化实践。限于篇幅，本书不再对百度·图说、图表秀等工具的可视化实践过程逐一展开介绍。值得注意的是，在线服务站点类可视化工具目前更为流行，第 5 章介绍特定展现形式的可视化实践与工具时，还会涉及一些此类形式的工具。

3.1   Adobe Illustrator

Adobe Illustrator（网址：www.adobe.com/products/illustrator.html，以下简称 AI）是 Adobe 公司推出的一款矢量图形制作软件，在出版、多媒体和在线图像等诸多领域有广泛应用[102]。由于 AI 是对矢量图进行处理，所导出的图片可随意放大、缩小而不失真，所以，由它编辑的图片非常适合用于各种不同屏幕分辨率的计算机和移动设备。而且，AI 强大的绘图功能（尤其是图表功能）使其十分适合用来进行数据可视化及图表/图像的美化，进而特别适用于信息图的制作，因此，AI 在数据新闻（尤其是图解新闻）中很常用。

用 AI 进行可视化（尤其是绘制图表）并不需要掌握它的所有功能，只要有一点入门的使用技巧及对图表功能的了解，就足以做出效果不错的可视化内容。本书使用的 AI 是 CS6 版，它的图表功能支持绘制柱状图、堆积柱状图、条形图、堆积条形图、折线图、面积图、散点图、饼图、雷达图等几类图表，还可以结合使用形状生成器等绘图工具得到更多其他图表类型。通过 AI 的图表功能绘制图表后，可以再利用它的其他绘图功能美化图表，从而就能得到更丰富多样、更个性化的可视化内容，这也是 AI 最吸引人的一个地方。AI 的图表功能本身也能实现一些简单的个性化设计，下面就以"北京市城六区各区等级景区数量"的统计数据①为例来介绍如何用 AI 制作个性化的柱状图。

---

① 第 3～6 章的实例所用数据都将以经过例 2-5 的操作后得到的北京等级景区数据、北京星级饭店数据为基础，是根据这两份数据进行统计分析后得到的，其中有的统计分析过程已在例 2-6 中做了描述，还有的虽未予以描述，但大都可以根据例 2-6 中介绍的方法（如排序和筛选、使用数据透视表及使用计算函数等）来进行，具体过程不再赘述。

【例 3-1】

目标：表 3-1 是根据经过例 2-5 数据清洗后的北京等级景区数据统计得到的关于"北京市城六区各区等级景区数量"的数据，根据这组数据绘制如图 3-1 所示的柱状图[①]。

表 3-1 北京市城六区各区等级景区数量

区　　名	东城区	西城区	朝阳区	海淀区	丰台区	石景山
等级景区数量	12	20	13	16	12	3

北京市城六区各区等级景区数量

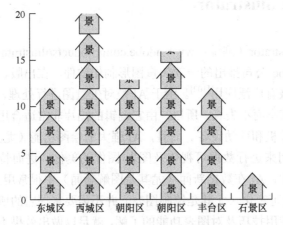

图 3-1 本例需要绘制的柱状图

过程：本例使用 AI 绘制图表的过程分为以下四步。

第 1 步：新建文档。双击打开 AI 软件，选择【文件】→【新建】命令，在弹出的【新建文档】对话框中设置文档的【名称】、【宽度】、【高度】等信息，再单击【确定】按钮，即可新建一个文档。

第 2 步：插入图表。

第 2.1 步：在【工具箱】中单击【柱形图工具】按钮，从而选择【柱形图工具】。若要选择条形图、折线图等其他图表类型的绘制工具，则长按【柱

---

① 本书 1.4 节讨论过，该图属于统计图表中的象形图，也是一个信息图。

形图工具】按钮，此时会打开一个面板，其中显示了 AI 支持的其他图表类型的绘制工具，单击进行选择即可。

第 2.2 步：在画板中合适的空白位置单击，弹出【图表】对话框，在对话框中设置图表的【宽度】和【高度】，再单击【确定】按钮插入图表，同时弹出编辑数据的对话框。

第 3 步：在编辑数据的对话框中输入数据。可手动输入数据，也可单击对话框中的【导入数据】按钮，在弹出的【导入图表数据】对话框中选择要导入的数据文件，再单击【打开】按钮进行数据的导入。不过，AI（CS6 版）不支持直接导入 Excel 表格，只能导入文本文件格式（后缀名为.txt）的数据。本例按照"区名"和"等级景区数量"在编辑数据的对话框中分两列直接手动输入数据。此时，"等级景区数量"这一列的数值都保留了两位小数，单击对话框中的【单元格样式】按钮，在弹出的【单元格样式】对话框中，将【小数位数】设置为 0，【列宽度】设置为 10，再单击【确定】按钮，使"等级景区数量"这一列的数据被设置为整数，且使各列宽度增加以便字段名在对话框中全部显示（如图 3-2 所示）。然后，单击对话框中的【应用】按钮，此时，AI 绘制出一个无任何修饰的柱状图。单击对话框中的【关闭】按钮，关闭编辑数据的对话框。

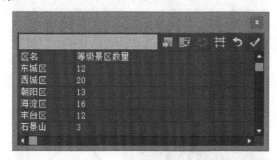

图 3-2　在 AI 编辑数据的对话框中输入本例数据并调整单元格样式后的效果

如果还需要修改数据，选择【对象】→【图表】→【数据】命令，可重新打开编辑数据的对话框，在此对数据进行修改。

第 4 步：美化图表。

如果要更改图表类型（如改为饼图），选择【对象】→【图表】→【类型】命令，弹出【图表类型】对话框，对话框默认显示【图表选项】选项卡，在选项卡的【类型】区域选择其他图表类型即可。

如果要对图表进行个性化设计，可以通过设置【图表类型】对话框中【图表选项】选项卡中的其他各选项，实现在图表顶部添加图例、调整柱形宽度等，或通过选择对话框左上角下拉框内的选项，从【图表选项】选项卡切换到【数值轴】或【类别轴】选项卡，通过设置其中各项修改图表坐标轴的样式。还可以选择【对象】→【图表】→【设计】命令，弹出【图表设计】对话框，在对话框中替换图表填充内容。

根据图 3-1，本例需要先将柱形的填充更改为景区图标▲（该图标已事先使用 AI 做好，并保存为 AI 文件格式），然后再对其坐标轴样式、标题的内容与样式等进行设置，操作步骤如下。

第 4.1 步：选择【文件】→【打开】命令，在弹出的【打开】对话框中选择景区图标的 AI 文件，再单击【打开】按钮，打开该文件。

第 4.2 步：将景区图标新建为设计，做法如下。

① 单击【工具箱】中的【选择工具】按钮，然后选中景区图标文件中的景区图标，选择【对象】→【图表】→【设计】命令，在弹出的【图表设计】对话框中单击【新建设计】按钮，将景区图标新建为设计，如图 3-3 所示。

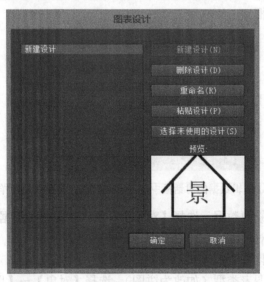

图 3-3　在 AI 的【图表设计】对话框中新建设计

② 在【图表设计】对话框中单击【重命名】按钮，在弹出的另一个【图表设计】对话框的【名称】文本框中输入"景区"两字并单击【确定】按钮，从而为新建设计重新命名。

③ 在前一个【图表设计】对话框中单击【确定】按钮，完成以上新建设计和重命名操作并关闭【图表设计】对话框。

第 4.3 步：将新建设计"景区"（即景区图标）作为柱形的填充背景，做法如下。

① 切换到通过第 3 步绘制的柱状图所在的文档，单击选中画板中的柱状图，选择【对象】→【图表】→【柱形图】命令，弹出【图表列】对话框。

② 在【图表列】对话框中进行以下设置（见图 3-4）：在【选取列设计】选项中选择之前命名的"景区"（即景区图标），将【列类型】设置为"重复堆叠"，从而通过重复地堆叠景区图标来填充柱形；同时，取消勾选【旋转图例设计】，使图例中所显示的景区图标不发生旋转。然后，通过设置【每个设计表示】来决定填充每个柱形的景区图标数量，本例将【每个设计表示】设置为"3"个单位，这样 y 轴数值为 n 的柱形就会用 n/3 个景区图标来填充。再将【对于分数】设置为"截断设计"，此时，如果 n/3 无法整除，会按照比例截取景区图标的一部分来表示余数。【每个设计表示】文本框中输入几个单位由用户自行决定，尽量填写能将大部分柱形的 y 轴数值整除且保证景区图标清晰可见的数值。

图 3-4　设置 AI 的【图表列】对话框

③ 单击【图表列】对话框中的【确定】按钮，此时，柱状图的柱形就会用景区图标作为背景来堆叠填充了。

第4.4步：修改图表中的文字信息。单击【工具箱】中的【文字工具】按钮 T ，再选中画板中图表坐标轴上的文字或数字，就可以对其内容进行修改。还可通过【文字工具】为图表添加标题或其他说明文字，并在控制栏中修改文字或数字的字体、字号、颜色等。本例为图表添加了标题，并通过控制栏中的【字符】选项卡设置了标题的字体、字号，以及修改了图表的横、纵坐标轴上文字标签、数值标签的字体、字号。若要修改坐标轴上文字的位置，则先单击【工具箱】中的【直接选择工具】按钮 ，再选中画板中图表坐标轴上的文字进行拖曳。此外，AI 生成图表时会自动给出图例，本例自动生成的图例是一个景区图标和一段文字"等级景区数量"。根据图 3-1，要将其修改为关于一个景区图标代表几个景区的说明，并将景区图标的尺寸适当调小，方法是：首先，单击【工具箱】中的【文字工具】按钮 T ，再双击选中画板上的图例文字，修改其中的内容，并通过控制栏中的【字符】选项卡修改其字体、字号。然后，单击【工具箱】中的【直接选择工具】按钮 ，选中图例中的景区图标，右击并在弹出的快捷菜单中选择【变换】→【缩放】命令，在弹出的【比例缩放】对话框中的【比例缩放】区域，将【等比】设置为 80%，再单击【确定】按钮，从而使图例中的景区图标按比例进行尺寸的缩小。最后，再次单击【工具箱】中的【直接选择工具】按钮 ，再分别选中图例中的景区图标及修改后的说明文字，将它们移到所需的位置。

按照上面的步骤，最终就绘制出如图 3-1 所示的图表。

3.2 Tableau

Tableau（网址：www.tableau.com）也是一款通过点击和拖曳来操作的数据可视化工具。Tableau 最为人熟知的产品之一是 Tableau Desktop，除此之外，它还提供了 Tableau Mobile、Tableau Server、Tableau Online、Tableau Prep、Tableau Public 等多种数据可视化产品或平台。它们或面向不同的用户类型，或在不同的终端环境下提供服务，抑或侧重以本地、在线等不同形式提供服务，所提供的服务内容也有不同程度的差别。

本书主要介绍 Tableau Desktop。Tableau Desktop 是适用于 PC 端的桌面应用程序，支持从 Microsoft Excel 或 Access 等软件/系统中导入数据，可以创建各种具有丰富交互的数据图表或完整的可视化叙事作品。支持生成的交互式图表包括热图、地图、饼图、条形图、树状图、面积图、散点图、填充气泡图等。

Tableau Desktop 的更新非常频繁，几乎不到半年就会进行一次新版本的发布。本书使用的版本是 2020.3。因此，本书后面关于 Tableau 的所有内容在该版本下都适用。各版本的工作界面可能存在细微差别，功能也随着版本的迭代而不断增强，所以若使用其他版本，操作细节上可能会有些差异，但基本思路不变。读者可以从 Tableau 官网上查阅关于该软件各版本功能、特点的详细介绍[①]。

Tableau Desktop（以下简称"Tableau"）生成可视化内容的形式有三种，分别是工作表、仪表板和"故事"。工作表是 Tableau 可视化实践的第一个环节，导入数据后首先进入工作表开始制作可视化图表，而仪表板和"故事"的创建都是在工作表的基础上实现的。仪表板是 Tableau 可视化实践的第二个环节。在仪表板上可置入一个或多个工作表，使多张可视化图表在一个页面中呈现，通过设置各图表尺寸、对它们进行布局、设置总标题和各图表标题、添加对图表的分析文本，以及添加更多用于探索数据的交互工具和元素（如导航、网页链接、视图工具栏）等，形成一页更完整而生动的可视化叙事。"故事"是 Tableau 可视化实践的最后一个环节，通过为整个"故事"设置标题、导航器（或称"菜单栏""导航菜单"），可以将所有可视化内容（工作表或仪表板）及文字等整合成一个由多张页面组成的叙事作品。因此，概括地说，用 Tableau 进行可视化实践的程序一般是：完成工作表，然后将多个工作表置入仪表板，再将仪表板置入"故事"。不过，仪表板和"故事"这两种形式不是必需的，用户在工作表中完成可视化内容的制作后，可以直接将工作表置入"故事"；也可以直接发布工作表，从而获得可视化内容的图片或相应代码等，再加载到其他的可视化工具中继续编辑，或者嵌入自己的网页。下面通过一个绘制实例，来介绍用 Tableau Desktop 进行可视化实践的一些基本操作。

【例 3-2】

目标：我们根据经过例 2-5 数据清洗后的北京等级景区数据统计了北京市

---

① 关于 Tableau 所有版本功能、特点的介绍参见 https://www.tableau.com/zh-cn/products/all-features#feature-124097。

各区的等级景区数量（见表 3-2），以及北京市景区数排名前五的区拥有的 4A 级及以上景区的数量（见表 3-3），需要据此使用 Tableau Desktop 探讨和完成以下四件事情。①在工作表中绘制气泡图，以展现和比较北京市各区的等级景区数。其中，一个气泡表示一个区，气泡上显示区名。景区数越多的区，气泡越大且颜色越深。②在仪表板中呈现气泡图和柱状图，气泡图的作用同前，柱状图用于展现和比较北京市景区数排名前五的区拥有的 4A 级及以上景区数。③创建"故事"。④在网页作品中添加和使用通过 Tableau Desktop 制作的交互式图表。

表 3-2　北京市各区的等级景区数量

区　名	景区数	区　名	景区数	区　名	景区数	区　名	景区数
昌平区	19	房山区	20	门头沟	12	顺义区	6
朝阳区	13	丰台区	12	密云区	17	通州区	4
大兴区	8	海淀区	16	平谷区	11	西城区	20
东城区	12	怀柔区	15	石景山	3	延庆区	24

表 3-3　北京市景区数排名前五的区拥有的 4A 级及以上景区的数量

区　名	延庆区	房山区	西城区	昌平区	密云区
4A 级及以上景区数	4	5	8	7	4

过程：根据前面介绍的用 Tableau Desktop 进行可视化实践的程序，具体操作一般分为七个阶段：①连接数据；②创建工作表；③创建仪表板；④创建"故事"；⑤提取数据；⑥发布作品；⑦使用作品。其中，阶段 3 和阶段 4 不是必需的。本例四项任务的实现过程分别对应了阶段 1~2、阶段 3、阶段 4、阶段 5~7。为方便理解接下来的操作步骤，读者也可以先查看图 3-11，该图是本例在 Tableau Desktop 中创建的"故事"（即完成第三个任务）的预览效果。下面，先简单介绍 Tableau Desktop 中的几个常用概念和面板，再依次探讨四项任务的实现过程和方法。

1．Tableau Desktop 的常用概念和面板

（1）维度和度量

向 Tableau Desktop 导入数据并新建工作表以后，软件会为数据各字段自动识别及分配维度或度量属性，被识别成"维度"的字段名称和被识别成"度量"的字段名称会分别显示在工作表界面【数据】面板的【维度】区域和【度量】区域，如图 3-5 所示。【数据】面板上的【表】区域用一条横线分隔了【维度】和【度量】区域，上面是【维度】区域，下面是【度量】区域（当用鼠标拖曳各区域内的字段名时，标识两个区域的字样会显示出来）。维度和度量的正确判定对于图表的制作起关键作用。维度通常指不可被聚合的字段，度量则是可以被测量、聚合或进行数学运算的字段[103]。例如，本例中，Tableau Desktop 将"区名"字段识别为维度，将"景区数"字段识别为度量（见图 3-5）。

图 3-5　Tableau Desktop 为数据各字段自动识别及分配维度、度量属性并在工作表的【数据】面板上显示分配结果

　　如果对自动分配的结果不满意，可手动调整，以实现维度和度量的转换。调整方法有两种：第一，在【维度】或【度量】区域将需要调整的字段名拖到希望调整到的区域（例如，将原来在【维度】区域的字段名拖到【度量】区域）；第二，在需要调整的字段名上右击（或者将鼠标指针悬停在该字段名上，当其右侧出现下拉箭头时，单击该下拉箭头），并在弹出的快捷菜单中选择【转换为维度】或【转换为度量】命令，即可完成转换。有时，根据实际情况，在进行维度、度量的转换后还需要更改字段的数据类型，方法是：在【维度】或【度量】区域需要更改数据类型的字段（名称）上右击（或将鼠标指针悬停在该字段名上，并单击其右侧出现的下拉箭头），在弹出的快捷菜单中选择【更改数据类型】命令，然后从【数字（小数）】、【数字（整数）】、【日期和时间】、【日期】、【字符串】、【布尔】等项中选择一种数据类型。不同类型会在【数据】面板上各字段名前用不同符号进行标识。例如，本例中，"区名"字段是字符串类型，其字段名前用符号 Abc 标识（见图 3-5）。单击类型标识符号，也能展开数据类型的下拉菜单，从而对字段进行数据类型的更改。

　　（2）工作表界面分配行列字段的功能区域

　　分配行列字段的目的是准备好用于作图的数据表格。工作表界面视图区的上方有一个【行】功能区和一个【列】功能区，就是用来分配行列字段的。在未分配行列之前，视图区显示为一个两行两列的区域（如图 3-6 所示），也可以用来分配行列字段。将【数据】面板中【维度】或【度量】区域的字段（名称）拖到【行】或【列】功能区，或者视图区两行两列的区域内显示"在此处放置字段"的位置，就可以使该字段的数据在视图区以二维表格中的行或列的形式呈现。完成字段的行列分配后，视图区会显示所形成的数据表格，或者呈现根据该数据表格绘制的图表。图表的类型是 Tableau Desktop 预设和自动选择的，可以通过【智能推荐】面板进行修改（该面板会在后文介绍）。若分配行列字段后呈现的是自动绘制的图表而非数据表格，可以单击【智能推荐】面板上的"文本表"按钮█，回到数据表格状态进行查看。关于字段的行列分配，后文还会结合本例的实现过程进行更详细的说明。

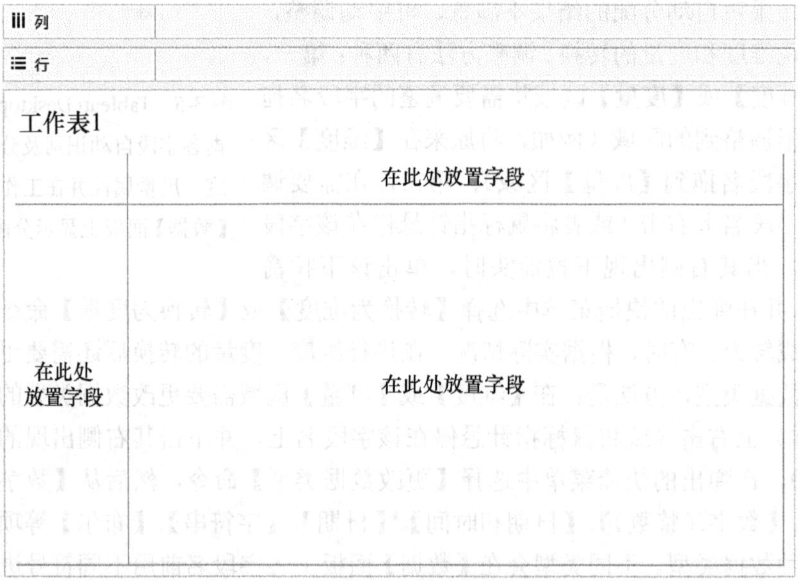

⚏ 列	
☰ 行	

工作表1		
		在此处放置字段
	在此处 放置字段	在此处放置字段

图 3-6　工作表界面分配行列字段的功能区域

（3）【智能推荐】面板

打开 Tableau Desktop 软件并进入工作表界面以后，【智能推荐】面板通常已经被打开并显示在界面右侧。若该面板未显示，可单击工作表界面右上角的【智能推荐】按钮打开该面板。【智能推荐】面板会根据制作者对字段设定的维度、度量属性及进行的行列分配，筛选并推荐可以用来表达这些数据的图表类型，其中，被推荐图表的按钮在该面板上是彩色的，而不能绘制的图表，其按钮是灰色的，如图3-7所示。制作者在面板上单击某个被推荐图表的按钮，就可以绘制这种图表。此时，视图区会显示绘制出的图表。如果制作者想绘制的图表类型不在被推荐图表之列，可尝试调整关于字段的维度、度量属性设置或行列分配方法。

（4）【标记】面板

工作表界面的【标记】面板用来设置图表中元素的颜色、大小、文本/标签样式等外观属性，包括【颜色】、【大小】、【文本】/【标签】、【详细信息】和【工具提示】等按钮，如图3-8所示。该图显示的是已绘制了图表状态下的【标记】面板。在未绘制图表之前，【标签】按钮的位置显示的是【文本】按钮，进行

图 3-7　Tableau Desktop 的【智能推荐】面板　　图 3-8　Tableau Desktop 的【标记】面板

字段的行列分配并选择要绘制的图表后,【文本】按钮通常会变成【标签】按钮。此外,【标记】面板上的下拉框也可以用来切换一些图表类型。随着所选择的图表类型的不同,【标记】面板上可能还会增加新的按钮,如选择绘制"圆视图"(即在【智能推荐】面板上单击"圆视图"的按钮 ⊞)时,【标记】面板上会新增【形状】按钮。

通过【标记】面板来设置图表外观属性的方法是:先明确要根据哪个字段来设置哪方面的外观,然后将【数据】面板中【维度】或【度量】区域的相应字段名拖到【标记】面板的相应按钮上。接着,单击此按钮,在打开的面板或弹出的对话框中修改具体的参数(也有些外观属性的设置没有此步操作)。与此同时,相关图表预览效果会在工作表界面的视图区呈现。图表外观设置完成后,最终依据哪些字段设置了哪方面外观都会在【标记】面板底部显示。例如,图 3-8 显示,根据"总和(景区数)"字段设置了"大小"和"颜色",根据"区名"字段设置了"标签"。

2. 绘制气泡图

下面通过完成本例气泡图的绘制,来说明如何在 Tableau Desktop 的工作表中绘制可视化图表,主要涉及 Tableau Desktop 可视化七个阶段中的前两个阶段。

(1)连接数据

打开 Tableau Desktop 应用程序窗口,窗口左侧显示用于连接数据的【连接】面板。Tableau Desktop 支持连接本地或服务器上的数据。由于本例绘制气泡图所用数据被存储为一个本地的 Excel 文件,文件中表格分为两列(即两个字段),第一列是区名,第二列是各区的景区数,第一行是字段名,因此,在 Tableau Desktop 中通过以下步骤完成数据连接。

第 1 步:选择【连接】面板上【到文件】区域的【Microsoft Excel】,在弹出的【打开】对话框中选择本例所用的 Excel 文件,再单击【打开】按钮,此时,Tableau Desktop 应用程序窗口切换到【数据源】界面,并自动新建一个名为"工作表 1"的工作表①,该工作表界面的切换标签显示在应用程序窗口底

---

① 此为 Tableau Desktop 的工作表,注意与后面提到的 Excel 的工作表区分。本书一般在提到 Excel 的工作表时,会在"工作表"前添加"Excel"一词。

部【数据源】标签的右侧。Tableau Desktop 会将 Excel 文件中所有的工作表名称罗列在【数据源】界面左侧面板上的【工作表】区域，制作者需从中选择具体的 Excel 工作表。选择了具体的 Excel 工作表以后，其中的数据会显示在【数据源】界面右下方区域。由于本例绘制气泡图所用的 Excel 文件只有一个工作表"Sheet1"，故"Sheet1"的数据已经显示在该区域，数据格式与 Excel 文件一致，由"区名"和"景区数"两列构成，如图 3-9 所示。该区域右上方的【行】文本框内显示了数据文件中的总记录数，本例的总记录数为 16。

排序字段	数据源顺序				显示别名	显示隐藏字段	16	行

Abc	#
Sheet1	Sheet1
区名	景区数
昌平区	19
朝阳区	13
大兴区	8
东城区	12
房山区	20
丰台区	12
海淀区	16
怀柔区	15

图 3-9　本例连接数据后在 Tableau Desktop【数据源】界面右下方区域所显示的结果

第 2 步：为了让 Tableau Desktop 中的数据能随本地数据文件实时更新，将【数据源】界面右上角的【连接】设置为"实时"。

（2）创建工作表（在工作表中绘制图表）

分为以下五步。

第 1 步：打开 Tableau Desktop 的工作表界面。如前所述，在上一步连接数据后，Tableau Desktop 已经新建了名为"工作表 1"的工作表。单击应用程序窗口下方的【工作表 1】标签，即可转到工作表 1 的界面。

第 2 步：确认维度和度量属性。前面提到，连接数据并新建工作表以后，Tableau Desktop 会为数据各字段自动识别并分配维度、度量属性。必要时，用户可做调整。本例制作气泡图的条件是将"区名"作为维度，将"景区数"作为度量。软件自动识别的结果满足此条件（见图 3-5），故不用调整。

第 3 步：分配行列字段。如前所述，在绘制图表前，要进行字段的行列分配，以便准备好绘图所用数据表格。上文介绍了分配行列字段的两种做法，本例采用第二种做法：将【数据】面板中【维度】区域的"区名"字段（字段名）拖到视图区两行两列的区域中左下角"在此处放置字段"的位置，此时，该区域已经变成一个两列的表格，左侧的一列是区名，右侧的一列还没有实际的数据。将【数据】面板中【度量】区域的"景区数"字段拖到该表格右侧的一列。这时，字段的行列分配完成，视图区显示了一个与图 3-9 一样包含"区名"和"景区数"两列的表格（不过，该表格仅显示了第 1 列的字段名"区名"，未显示第 2 列的字段名"景区数"）。

第 4 步：选择图表类型以绘制图表。本例在【智能推荐】面板中单击"填充气泡图"的按钮 ，视图区原本显示的数据表格变成初步绘制的气泡图。气泡大小随各区景区数多少而变化，景区数越多，气泡越大。而且，各气泡上显示了对应的区名。

第 5 步：设置图表的外观。如前所述，图表外观在【标记】面板中进行设置，在视图区可预览效果。本例进行了如下五步设置。

第 5.1 步：让气泡颜色的深浅随着各区景区数多少而变化，景区数越多，气泡颜色越深。设置方法为：

① 将【数据】面板中【度量】区域的"景区数"字段名拖到【标记】面板中的【颜色】按钮上。

② 单击【颜色】按钮，在打开的面板中单击【编辑颜色】按钮，弹出【编辑颜色[景区数]】对话框。

③ 单击【编辑颜色[景区数]】对话框中颜色条旁边的正方形色块，在弹出的【选择颜色】对话框中选择一种颜色（本例选择一种蓝色），单击【确定】按钮关闭【选择颜色】对话框并返回【编辑颜色[景区数]】对话框，再单击【确定】按钮完成设置。

第 5.2 步：对各气泡上所显示的区名标签进行样式调整。单击【标记】面板上的【标签】按钮，在打开的面板中可选择勾选或不勾选【显示标记标签】（该选项默认为勾选，若不想显示标签，可取消勾选）。本例勾选了【显示标记标签】以后，在该面板上通过【字体】下拉框、【对齐】下拉框等为标签文字设置了字体、字号、粗细、颜色、对齐方式等样式。此外，也可以单击该面板【文本】输入框旁边的按钮 ，在弹出的【编辑标签】对话框中设置标签文字的样式。

第5.3 步：设置图例的样式。在图例上右击（或单击图例标题右侧的箭头），并在弹出的快捷菜单中单击【设置图例格式】命令，打开【设置图例格式】面板（显示在工作表界面左侧）。在该面板上的【标题】区域和【正文】区域，分别为图例中的标题及其他文本设置字体、字号、颜色等样式。还可以在图例上右击（或单击图例标题右侧的箭头），并在弹出的快捷菜单中单击【编辑颜色】命令，然后在弹出的对话框中进行图例颜色的设置。不过，有时图例会被打开的【智能推荐】面板遮挡，这时要先单击【智能推荐】按钮，关闭【智能推荐】面板，再如上进行图例样式的设置。而且，图例的标题样式经过修改，其效果不会在工作表中显示出来，只有当工作表被置入仪表板或"故事"以后，才能看到经过修改的图例标题样式效果。

第5.4 步：修改工作表的标题内容与样式。双击工作表界面视图区中工作表1 默认显示的标题"工作表1"，在弹出的【编辑标题】对话框中即可编辑工作表1 的标题内容和样式。本例在该对话框的文本框中输入标题"北京市各区等级景区数量的比较"，再选中所输入的标题内容并通过对话框中各选项做相应的样式设置，最后单击【确定】按钮，完成设置。

第5.5 步：修改悬停时注释文本的样式。单击【标记】面板上的【工具提示】按钮，弹出【编辑工具提示】对话框，选中该对话框中文本框内的文本，通过对话框中的各选项对其样式进行修改。也可以在该对话框的文本框内修改注释文本的内容，或通过该对话框来修改注释文本的响应方式等。

完成上述步骤后就能在工作表界面的视图区绘制满足本例要求的气泡图（预览效果见图 3-11 中的气泡图部分），如果需要发布和使用此图表，可直接跳到第 5 个阶段"提取数据"继续操作，从而发布和使用单个图表，所涉及的操作后面会介绍。

接下来，介绍如何完成第二个任务——在仪表板中呈现气泡图和柱状图，它们分别用于展现和比较北京市各区的等级景区数，以及景区数排名前五的区拥有的 4A 级及以上景区数。

3. 创建仪表板

前面介绍过，仪表板上可置入一个或多个工作表，主要用于整合不同工作表中的可视化内容。所以，创建仪表板之前要先创建工作表，只有在工作表内绘制好一个个可视化内容，才能在仪表板中实现它们的整合。假设已经按照第

2 部分介绍的操作方法在两个工作表中分别绘制了关于北京市各区等级景区数的气泡图（在"工作表 1"内）和关于北京市景区数排名前五的区拥有的 4A 级及以上景区数的柱状图（在"工作表 2"内）。这时就可以开始创建仪表板了，步骤如下。

第 1 步：新建仪表板。

第 1.1 步：在 Tableau Desktop 应用程序窗口选择【仪表板】→【新建仪表板】命令，新建一个仪表板（默认名称为"仪表板 1"），同时，应用程序窗口切换到所创建的仪表板界面。

第 1.2 步：在仪表板界面左侧的【仪表板】面板中设置【大小】下拉框，从而调整仪表板的尺寸。本例单击并展开【大小】下拉框，将其中的第一个下拉框设置为"固定大小"，再将第二个下拉框设置为"自定义"，【宽度】和【高度】分别设置为 600px 和 750px，如图 3-10 所示。

图 3-10　在 Tableau Desktop 仪表板界面的【仪表板】面板上展开
【大小】下拉框进行仪表板尺寸设置

第 2 步：设置仪表板的标题内容与样式。仪表板的标题默认是不显示的，因此，首先，在仪表板界面左侧的【仪表板】面板上勾选【显示仪表板标题】，使该界面的视图区显示仪表板的默认标题"仪表板 1"。然后，双击该标题，在弹出的【编辑标题】对话框中编辑标题的内容和样式。本例输入标题"北京市各区的等级景区"，并做相应的样式设置。设置完成后，单击对话框中的【确定】按钮，关闭该对话框。最后，在视图区拖曳仪表板标题框的下边缘，调整标题的高度。完成上述设置后，仪表板标题的预览效果如图 3-11 所示。

数说北京等级景区

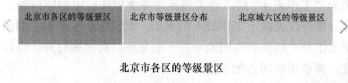

北京市各区的等级景区

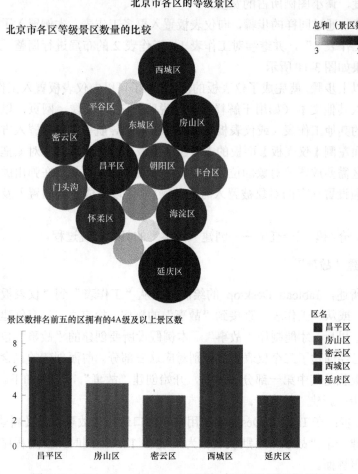

图 3-11 在 Tableau Desktop 中创建的"故事"预览效果示例①

---

① 图 3-11 中的气泡图有部分气泡未显示区名,这是因为当显示可视化内容的区域较小时,一些标签会被隐藏。若可视化内容的尺寸未设置成固定大小,而是可随显示区域的尺寸而变化时,则隐藏的标签也可能因显示区域的扩大而出现。用户也可以将鼠标指针悬停在各气泡上,使相应注释文字弹出,以查看详细说明。

第 3 步：置入工作表。从仪表板界面左侧【仪表板】面板中的【工作表】区域，将名为"工作表 1"的工作表拖到该界面视图区中的空白处。

第 4 步：调整仪表板上工作表 1 的布局。本例拖动工作表 1 的图例，调整其位置，使工作表 1 的图表与图例一左一右呈现，且顶端对齐，然后调大图表所占的宽度，调小图例所占的宽度。

第 5 步：通过同样的步骤，向仪表板置入更多工作表。本例置入了柱状图所在的"工作表 2"，并继续对工作表 1、工作表 2 的布局进行调整，调整后的预览效果如图 3-11 所示。

经过以上步骤，就完成了仪表板的创建。除了可以向仪表板置入工作表外，还可以置入其他文本（如用于解释图表的说明文字）、图像、网页，以及跳转到所制作的其他工作表（或仪表板、故事）页面的导航等对象。置入方法是从仪表板界面左侧【仪表板】面板的【对象】区域，将所要置入的对象拖曳到该界面视图区需要放置该对象的位置，再双击放置对象的区域，在弹出的对话框中进行选项设置（有的对象被置入时无此操作），以完成对象的置入及其样式的设置等。

下面，介绍第三个任务——创建"故事"的具体实现过程。

4. 创建"故事"

如前所述，Tableau Desktop 的绘制遵循从"工作表"到"仪表板"再到"故事"，或从"工作表"直接到"故事"的顺序，换言之，只有创建好工作表或仪表板以后，才能制作"故事"。本例假设所要创建的"故事"包含三部分，而且已经创建了三个仪表板，分别对应这三部分。前面创建的包含两个图表的仪表板就是其中第一部分。下面，开始创建"故事"，步骤如下。

第 1 步：新建"故事"。

第 1.1 步：在 Tableau Desktop 应用程序窗口选择【故事】→【新建故事】命令，新建一个"故事"（默认名称为"故事 1"），同时，应用程序窗口切换到该故事界面。

第 1.2 步：在该故事界面左侧的【故事】面板上通过【大小】下拉框设置故事作品的尺寸，做法与设置仪表板的尺寸类似，此处不再赘述。

第 2 步：编辑"故事"标题。首先，双击故事界面视图区中默认显示的"故事"标题，在弹出的【编辑标题】对话框中对标题内容和样式进行设置，方法与设置工作表、仪表板的标题类似，不再赘述。然后，在视图区的"故事"标题上右击，并在弹出的快捷菜单中单击【编辑高度】命令，接着在弹出的【以像素为单位设置高度】对话框中进行"故事"标题高度的调整。

第 3 步：制作"故事"各部分的导航并向"故事"置入仪表板（或工作表），本例的具体操作如下。

第 3.1 步：单击视图区"故事"标题下方的灰色标题框（导航器），输入"故事"第一部分的小标题"北京市各区的等级景区"。

第 3.2 步：从故事界面左侧的【故事】面板中将与"故事"的第一部分内容对应的仪表板拖到该界面视图区标识"将工作表拖到此处"字样的区域。

第 3.3 步：单击故事界面左侧【故事】面板上【新建故事点】区域的【空白】按钮，如图 3-12 所示，从而在视图区中原来的灰色标题框（导航器）右侧新建第二个灰色标题框（导航器）。按照同样的方法在第二个灰色标题框中编辑"故事"第二部分的小标题，并从故事界面左侧的【故事】面板中将与"故事"的第二部分内容对应的仪表板拖到视图区第二个灰色标题框（导航器）下方标识了"将工作表拖到此处"字样的区域。

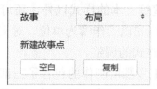

图 3-12　故事界面左侧【故事】面板上的【新建故事点】区域

第 3.4 步：使用同样的方法创建"故事"的第三部分。

第 3.5 步：调整导航器的样式。用鼠标拖动灰色标题框（导航器）的边缘，可以调整其尺寸。在故事界面左侧面板上单击相应标签，将【故事】面板切换到【布局】面板，还可以对导航器的样式进行设置。该面板提供了标题框、数字、点等可供选择的导航器样式选项，还能选择是否在导航的两端显示箭头等。本例采用的导航器样式是其默认选项"标题框"，我们对标题框的尺寸进行了调整。

第 4 步：继续设置"故事"中的文本样式等外观。选择【故事】→【设置格式】命令，在故事界面左侧打开【设置故事格式】面板，可在该面板中继续对"故事"标题的样式、导航器的填充颜色及其中小标题的文本样式等外观进行设置，具体操作方法不再详细描述。

此外，对于图表中的文本样式，也可以一个工作簿（一个工作簿是 Tableau 的一个工程文件，其中可创建多个工作表、仪表板和"故事"）、"故事"、仪表板或工作表为单位统一进行设置。例如，以工作簿为单位进行文本样式的统一设置，则该工作簿中所有工作表、仪表板、"故事"中的所有文本都会按照所设置的这一文本样式进行显示。设置方法是选择【设置格式】→【工作簿】命令，在界面左侧打开【设置工作簿格式】面板，然后在该面板中进行各选项的设置即可。以"故事"、仪表板为单位进行文本样式统一设置的方法与之类似，即切换到相应界面，再选择【设置格式】→【故事】/【仪表板】命令，或选择【故事】/【仪表板】→【设置格式】命令，然后在打开的面板中进行各选项的设置。以工作表为单位进行文本样式的统一设置，可在工作表界面的视图区右击，并在弹出的快捷菜单中选择【设置格式】命令，然后在打开的【设置字体格式】面板中进行各选项的设置。该面板中有【工作表】、【行】、【列】三个选项卡面板，可以按照整个工作表、按行或按列进行样式的统一设置。而且，在该面板中除了可以设置工作表中的标题、工具提示（悬停时显示的注释文本）、图表上的文字标签等文本的样式以外，还可以设置图表的背景颜色、网格线的样式等。本例最终先以工作簿为单位，对文本样式进行统一设置，然后再对个别文本单独进行样式的调整。

图 3-11 就是按照以上步骤所制作的包含了三部分的故事作品预览效果示例，单击导航器可在各部分之间切换，图中展示的是第一部分"北京市各区的等级景区"的内容，它对应了本例第二个任务所创建的仪表板中的内容。

接下来，介绍最后一个问题——如何在网页作品中添加和使用通过 Tableau Desktop 制作的交互式图表，即"使用通过 Tableau Desktop 制作的作品的方法"。

5. 使用通过 Tableau Desktop 制作的作品的方法

使用通过 Tableau Desktop 制作的作品（包括工作表、仪表板和"故事"）前，首先要提取数据，并发布作品。下面将依次介绍"提取数据""发布作品""根据需求选择和使用"三个操作。

（1）提取数据

提取数据是把可视化内容、作品发布到服务器上的前提和必要操作。对数据的提取不一定非要在"故事"完成后进行，完成工作表或仪表板后都可以提取数据。如果之前选择了实时更新数据，那么对数据的提取就只需操作一次。提取数据的步骤如下。

第1步：在 Tableau Desktop 应用程序窗口打开【数据】菜单，选择需要提取的数据表名称，再选择【提取数据】命令。本例提取绘制气泡图所用数据的操作是选择【数据】→【Sheet1 （北京市各区的等级景区数量）】→【提取数据】命令，弹出【提取数据】对话框，如图 3-13 所示。

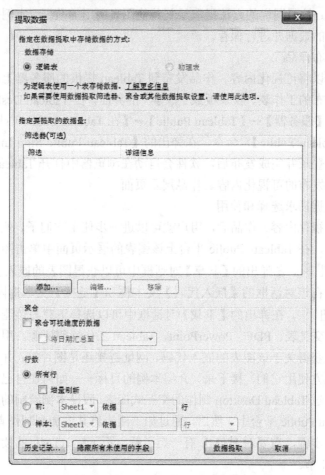

图 3-13　Tableau Desktop 的【提取数据】对话框

第 2 步：在【提取数据】对话框中单击【筛选器（可选）】区域的【添加】按钮，在弹出的【添加筛选器】对话框中选择要添加的某个数据字段，再单击【确定】按钮，并在弹出的【筛选器[字段名]】对话框中为该字段选择要添加的数据范围，然后单击【确定】按钮完成该字段向【筛选器（可选）】区域的添加。本例重复上述操作，直至将绘制气泡图时所用字段都添加进来。

第 3 步：单击【提取数据】对话框中的【数据提取】按钮，在弹出的【将数据提取另存为】对话框中选择一个本地位置来保存所提取的数据。

第 4 步：按照同样的方法提取绘制其他图表所用的数据。本例提取了绘制柱状图所用的数据并进行保存。

（2）发布作品

用户可以将可视化内容、作品发布到 Tableau 提供的服务器上，方法是：打开所要发布的工作表、仪表板或"故事"的界面，在 Tableau Desktop 应用程序窗口选择【服务器】→【Tableau Public】→【在 Tableau Public 中另存为】（或【保存到 Tableau Public】）命令，在弹出的【Tableau Public Sign In】对话框中进行登录。登录并完成发布后，软件会自动在浏览器中打开 Tableau Public 平台上用户刚发布的可视化内容、作品展示页面。

（3）根据需求选择和使用

发布可视化内容、作品后，用户就可以进一步使用它们了。例如，发布了一个图表后，在 Tableau Public 平台上该图表的展示页面中单击图表右下角的【共享】按钮 ⚬°，在弹出的【共享】对话框中可以获得图表的嵌入代码及 URL 地址（分别在该对话框的【嵌入代码】文本框和【链接】文本框内）；或单击【下载】按钮 ⤓，在弹出的【下载】对话框中可以选择下载与该图表有关的图像、数据、交叉表、PDF、PowerPoint、Tableau 工作簿等资源。用户可以根据需要决定是获得关于该图表的嵌入代码、网址链接还是图片等，并在需要嵌入该图表的地方使用它们。接下来，介绍本例的目标——如何在自己的网页中添加和使用通过 Tableau Desktop 制作的交互式图表。假设本例绘制的气泡图已上传到 Tableau Public 平台上，然后，通过如下两步将其添加到制作者的网页中。要理解以下步骤，需要对 HTML 有一定了解，不了解 HTML 的读者可以先阅读本书 4.1.1 节。

第 1 步：在 Tableau Public 平台上所绘制图表的展示页面单击图表右下角

的【共享】按钮 ，在弹出的【共享】对话框中复制【嵌入代码】文本框内的全部代码。

第 2 步：新建一个网页文件，或打开自己已有的一个网页文件，将上一步复制的代码粘贴到<body>元素内部要加载图表的位置。有时还要使用额外的 HTML 标签并结合 CSS 来将图表放置在指定位置或调整其大小，这需要对 HTML 和 CSS 有所了解，有兴趣的读者可以先阅读本书 4.1.1 节和 4.1.2 节，再进行尝试，本例不再展开讨论。

经过上述步骤，就完成了在网页文件中添加和使用通过 Tableau Desktop 制作的交互式图表的过程。总的来说，就是将图表发布到 Tableau Public 平台后，从该平台上复制此图表的嵌入代码，再粘贴到网页文件的<body>元素内部某个位置。

3.3　Excel

Excel 的绘图功能一直被用在商业图表制作领域。随着 Excel 2013 及其以上版本的相继推出，Excel 的可视化功能越发强大，不但支持绘制柱状图、折线图、饼图、条形图、面积图、散点图、雷达图等图表及其组合，而且在视觉效果方面持续优化，功能上也有了更新和升级，例如推出了可视化工具 Power Map[①]，可用于在 Excel 中绘制地理信息可视化内容。下面将通过一个简单的实例介绍 Excel 绘制图表的一般步骤和方法，所使用的版本是 2013 版。

【例 3-3】
目标：表 3-4 是根据经过例 2-5 数据清洗后的北京等级景区数据统计的关于"北京市城六区及其他区拥有的各等级景区数量"的数据，存储为 Excel 软件专用格式".xlsx"。根据这组数据，用 Excel 绘制图 3-14 所示的簇状条形图。

表 3-4　北京市城六区及其他区拥有的各等级景区数量

景区等级	城 六 区	其 他 区
1A 级景区	0	11
2A 级景区	8	32

---

① Power Map 的官方网址为 https://www.microsoft.com/en-us/download/details.aspx?id=38395。

（续表）

景区等级	城 六 区	其 他 区
3A 级景区	29	58
4A 级景区	34	32
5A 级景区	5	3

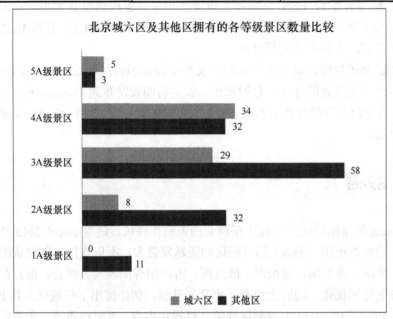

图 3-14　本例需要绘制的簇状条形图

过程：使用 Excel 进行可视化的过程分为以下三步。

第 1 步：输入和整理数据。表 3-4 中的数据已经被存储为 Excel 软件专用格式 ".xlsx"，因此，只需要双击打开该 Excel 文件即可。不过，为了像图 3-14 那样，让"城六区"条形在上，"其他区"条形在下，需要将表 3-4 中的第 2 列和第 3 列互换位置，即调整为第 2 列是"其他区"的相应数据，第 3 列是"城六区"的相应数据。

第 2 步：插入图表。可分为以下两步。

第 2.1 步：在工作表中选择用于绘制图表的数据所在的单元格区域，本例选择所有数据，然后单击【插入】选项卡【图表】组中的【推荐的图表】按钮，弹出【插入图表】对话框，显示【推荐的图表】选项卡。

第2.2步：【推荐的图表】选项卡左侧显示了 Excel 根据制作者所选数据判断并推荐绘制的各图表类型的缩略图。单击每个缩略图，选项卡右侧会显示相应的图表类型名称及根据制作者所选数据绘制的图表预览效果。就本例而言，所要绘制的簇状条形图位于选项卡上被推荐图表的第六个，单击其缩略图，再单击【确定】按钮，簇状条形图就被插入工作表中。

在平时的应用中，若【推荐的图表】选项卡没有符合制作者要求的图表，制作者也可以单击【插入图表】对话框中的【所有图表】标签，切换到【所有图表】选项卡。该选项卡左侧列出了 Excel 支持绘制的所有图表类型，制作者可从中选择所需的类型。不过，通常不是每种类型都适合用于表现所选择的数据，需要制作者加以判断。

第3步：修饰图表。单击工作表中的簇状条形图，其右上角显示【图表元素】按钮 ⊞，单击该按钮，可在打开的【图表元素】面板中添加或取消某些图表元素。双击簇状条形图中的某图表元素，工作表右侧会出现设置该元素样式的窗格，例如双击图表中某一种颜色的条形，出现【设置数据系列格式】窗格，通过该窗格中各选项即可对这种颜色的条形进行样式设置（有的选项还会对所有不同颜色条形的相应样式进行统一的设置）。如果要修改图表中文本的字体、字号、颜色等样式，可以单击选中要修改样式的文本，再通过设置【开始】选项卡【字体】组中的【字体】、【字号】、【字体颜色】等项来实现。Excel 也提供了一些预设的图表样式，选中图表，再切换到【设计】选项卡，即可从【图表样式】组中看到这些预设的样式并从中选择。本例选择了其中一种样式（样式1），再继续进行以下几步修饰图表的操作。

第3.1步：修改图表的标题内容和样式，并修改纵轴上文本标签的样式及图例中文本的样式。

第3.2步：单击簇状条形图右上角的【图表元素】按钮 ⊞，在打开的【图表元素】面板中勾选【数据标签】，为它的两组条形添加数据标签，并在该面板中取消勾选【网格线】和【坐标轴】中的【主要横坐标轴】，从而取消网格线和横轴上的数值标签。

第3.3步：分别选中两组数据标签，修改其文本样式。

第3.4步：双击图表中任一种颜色的条形，在【设置数据系列格式】窗格中选择【系列选项】选项卡，将该选项卡面板上的【分类间距】设置为90%。

第3.5步：用鼠标拖曳图表四周的边框，从而调整图表的尺寸。

通过以上步骤，最终就绘制出如图 3-14 所示的簇状条形图。此外，在 Excel 中通过对【设置数据系列格式】窗格中【填充线条（&L）】选项卡上【填充】面板中的选项进行设置，也可以像 AI 那样用一些有趣的图标来填充图表中的条形，从而形成更个性化的图表效果。

3.4 Power BI

Power BI（网址：powerbi.microsoft.com/zh-cn/）是微软推出的业务分析工具，可绘制和展现丰富的交互式可视化内容，并轻松实现团队协作、观点分享[104]。它有 Power BI Desktop、Power BI Mobile、Power BI Embedded、Power BI Pro 等多种产品形式。这些产品形式在所运行终端、服务内容、主打特色等方面有差异。例如，Power BI Desktop 用于 PC 端，Power BI Mobile 则运行于移动端，使用户可随时访问数据[104]。本书仅通过一个实例简单说明 Power BI 的其中一个产品形式 Power BI Desktop 进行可视化实践的最基本方法，所用版本发布于 2016 年 7 月。该例仍根据表 3-4 的数据来绘制簇状条形图。不过，Power BI 的功能远比之强大，且其随着版本更新不断进行着功能的升级，而对其更多的功能（如针对数据的高级分析功能等）我们不再逐一介绍。

【例 3-4】

目标：根据表 3-4 的数据，用 Power BI Desktop 绘制簇状条形图（样式可与例 3-3 不同）。

图 3-15　Power BI Desktop 的【可视化】面板

过程：打开 Power BI Desktop 应用程序窗口，可以看到它的【可视化】面板，如图 3-15 所示。面板中罗列了该软件支持绘制的所有图表类型的按钮，还包含【字段】和【格式】两个选项卡，单击【字段】选项卡的标签 ▉ 和【格式】选项卡的标签 ✎，可在这两个选项卡间进行切换。同时，Power BI 的官网还提供了强大、可扩展的图表库，进一步丰富了图表的类型与样式。用户可下载这些扩展的可视化内容，然后通过 Power BI Desktop【可视化】面板上的【从文件导入】按钮 ••• 将其导入该软件。此外，该软件也支持通过编写 R 脚本来进行可视化，单击【可视化】面板中的【R 脚本 Visual】按钮 ，即可使用此功能[①]。

使用 Power BI Desktop 绘制簇状条形图的过程分为以下三步。

第1步：输入或导入数据。Power BI Desktop 支持输入数据，也支持从 Excel、数据库等导入数据。本例从 Excel 导入数据，做法如下。

第 1.1 步：在 Power BI Desktop 应用程序窗口单击【开始】选项卡【外部数据】组中的【获取数据】下拉按钮，从打开的下拉菜单中单击【Excel】命令，在弹出的【打开】对话框中选择本地存放的数据文件，再单击【打开】按钮，弹出【导航器】对话框。

第 1.2 步：在【导航器】对话框的右侧区域勾选数据所在的 Excel 工作表"Sheet1"，对话框的左侧区域将显示数据内容的预览效果。

第 1.3 步：单击【导航器】对话框的【加载】按钮，完成数据导入。此时，在应用程序窗口的【字段】面板中会显示数据的所有字段（字段名），如图 3-16 所示。

第 2 步：创建图表。本例的具体步骤如下。

第 2.1 步：单击【可视化】面板中的【簇状条形图】按钮 ，选择绘制簇状条形图。

第 2.2 步：将【字段】面板中的"景区等级"字段（名称）拖到【可视化】面板中【字段】选项卡的【轴】区域，将【字段】面板中的"城六区"字段和"其他区"字段拖到【可视化】面板中【字段】选项卡的【值】区域，如图 3-17 所示。"轴"和"值"的含义与 Tableau 的"维度""度量"类似。此时，【报表】选项卡中的绘

图 3-16　Power BI Desktop 的
【字段】面板

图区出现本例初步绘制的簇状条形图。单击簇状条形图右上角的【更多选项】按钮 ，在打开的面板中选择"排序依据：景区等级"，使纵轴上景区等级的排列自上而下依次为从"5A 级景区"到"1A 级景区"。

---

① 随着版本的升级，Power BI 所支持绘制的图表类型也更为丰富，之后的版本还支持使用 Python 来进行可视化等。

图 3-17　在 Power BI Desktop【可视化】面板的【字段】选项卡中设置【轴】和【值】

第 3 步：修饰图表。单击【可视化】面板中【格式】选项卡的标签 ✐，切换到【格式】选项卡。单击选项卡中所需修改的选项标签（如【图例】标签），展开对应的面板，并对其中各项参数做相应设置，即可修改图表的相应样式，包括修改标题的内容与样式、图例样式、条形颜色等。

本例的操作如下。

① 单击【图例】标签，展开【图例】面板，将【位置】设置为"底部居中"，【颜色】设置为黑色，【文本大小】设置为 11 磅，从而调整图例的对齐方式及图例中文本的颜色和字号。

② 单击【Y 轴】标签，展开【Y 轴】面板，将【颜色】设置为黑色，从而修改 Y 轴上文本标签的颜色。

③ 单击【X 轴】标签旁边的【开】，使之变为【关】，从而取消 X 轴上的标签和图表中垂直网格线的显示。

④ 单击【数据标签】标签旁边的【关】，使之变为【开】，从而使图表中显示数据标签。然后，单击【数据标签】标签，展开其面板，将【颜色】设置为黑色，【文本大小】设置为 11 磅，从而调整数据标签的文本颜色和字号。

⑤ 单击【标题】标签，展开【标题】面板，将【文本】设置为"北京城六区及其他区拥有的各等级景区数量比较"，【字体颜色】设置为黑色，【对齐方式】设置为居中对齐，【文本大小】设置为 14 磅，从而修改标题的内容、文本颜色、对齐方式和字号。

经过上述图表修饰后，拖动图表右下角以适当增大图表的宽、高，最终得到如图 3-18 所示的带有交互性的簇状条形图，当鼠标指针悬停在每个条形上时，将显示该条形代表的内容及其具体值。

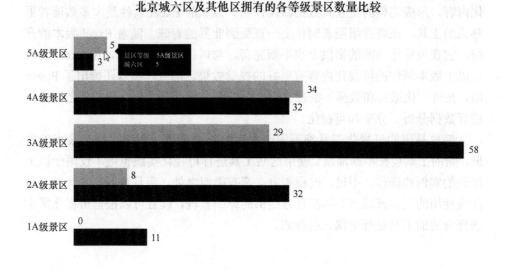

图 3-18　本例使用 Power BI Desktop 绘制的簇状条形图

同 Tableau 类似，Power BI Desktop 也支持可视化内容的整合，形成由多个可视化内容组成的页面，或者由一个或多个页面组成的作品。

用 Power BI Desktop 完成绘制后，选择【文件】→【发布】→【发布到 Power BI】命令，并进行账号登录，即可将制作的可视化内容发布到自己的账号下。然后，就可以与其他工作伙伴共享数据和可视化内容。此外，也能将可视化内容嵌入制作者自己的其他网页作品中。

3.5　小结

本章主要通过讲解一些实例的实现过程，介绍数据新闻中几款简单易用的可视化工具及它们的可视化实践。其中，AI 主要用于制作静态的可视化内容及进行内容的美化，特别适用于制作信息图。它还提供了图表功能，支持绘制多种统计图表。而且，通过设置填充效果等，使用 AI 制作的图表可以变得更有趣或与主题内容更贴合。Tableau Desktop 是一款十分注重受众视觉体验和交互体验的可视化工具。使用它不仅可以制作单个交互式图表，还可以整合可视化内容，形成完整的交互式数据新闻作品。微软的 Excel 软件是大多数读者更熟悉的工具，在商业级图表制作上一直受到业界的青睐。随着 Excel 版本的升级，它在可视化功能的提供上也不断完善，与以往的版本相比，用 Excel 2013 及以上版本制作的可视化内容有更好的视觉效果。而且，微软还推出了 Power BI，在可视化服务和数据、报表分析方面表现出色，很适合企业成员之间协作进行数据分析、分享和可视化。

简单易用的可视化工具绝不限于本章列举的范围。随着可视化技术的发展，新的工具还在不断涌现。使用这些工具进行可视化实践也绝不仅限于以上提到的实例和操作。不过，过程和方法都有类似之处，而且许多工具（尤其是在线使用的工具或站点）都有官方提供的详细教程，读者可以根据可视化需求选择合适的工具进行更深入的探索。

第 4 章

可视化框架与编程语言
及其可视化实践

本章介绍数据新闻中常用或有代表性的可视化框架与编程语言，并通过讲解若干实例的实现过程，重点介绍其中一些可视化框架的实践原理、过程和方法。如 1.6 节所述，可视化框架一般基于某种编程语言被开发和设计出来，可以按照底层所依托的编程语言来分类，如基于 C++ 的框架、基于 Java 的框架、基于 Python 的框架、基于 JavaScript 的框架和基于 ActionScript 的框架等，其中，基于 JavaScript 的框架在数据新闻的可视化实践中更常用。编程语言及许多可视化框架都是基于代码来生成可视化内容的，需要经过一定的开发来完成个性化的可视化效果呈现，不过所要求的编程基础高低不一。可视化框架对制作者编程基础的要求相对低一些，以基于 JavaScript 的框架为例，它们通常提供了诸多可视化图形元素及其他简化开发工作的 API，甚至提供了非常丰富的可视化范例，制作者可以在此基础上通过修改、编写、集成脚本，来进行满足其需求的可视化内容制作和效果呈现。不过，1.6 节也提到，可视化框架与编程语言在应用实践中有交叉，不是完全分开的两类工具。本书接下来会重点举例介绍两种基于 JavaScript 的框架的可视化实践，分别是 D3.js 和 ECharts，也会简单提及其他若干基于 JavaScript 的框架，如蚂蚁金服的 AntV 系列（G2、G6、F2、L7）等。本章最后还会简单介绍基于其他编程语言的可视化框架及可视化编程语言，但限于篇幅，不作为重点。接下来，在介绍基于 JavaScript

的可视化框架之前，先简单介绍一些必要的基础知识。

4.1 必要的基础知识

4.1.1 HTML

HTML 的全称是"Hypertext Makeup Language"（超文本标记语言），是一种用来编写网页的语言。目前，HTML 已经发展到了第 5 个版本，即 HTML5，且 HTML5 技术已成为时下非常热门的话题。同 XML 一样，HTML 也是由一个个元素构成的，而每个元素又由 HTML 标签和内容构成。其中，每个元素的 HTML 标签都成对出现，前者称为"开始标签"，为"<标签名>"的形式，后者称为"结束标签"，为"</标签名>"的形式，且一对开始标签与结束标签中的标签名相同。一对开始标签与结束标签及它们之间的所有内容就构成了一个元素，而开始标签与结束标签之间的部分就称为该元素的内容。例如，标记一个段落的开始标签为<p>，结束标签为</p>，这对标签及它们之间的内容称为一个<p>元素（也可写为"p 元素"），<p>和</p>之间的部分就是<p>元素的内容。元素的内容可以是空的，也可以是纯文本，还可以嵌套其他一个或多个元素。如果元素的内容是空的，有时还会将开始标签和结束标签写在一起，即"<标签名/>"的形式，在 HTML5 中，可进一步简化，省略"/"，写为"<标签名>"。如果一个元素内嵌套了其他元素，则前者是后者的父元素（或父标签）。

一个 HTML 文档构成了网页中的一个页面，它遵守基本的结构规范，一般至少包含三个元素，分别是<html>、<head>和<body>[①]。通常，一个新建的 HTML 文档的代码如下所示，从中可以看到<html>、<head>和<body>三个元素的嵌套关系。

```
<!DOCTYPE html>
<html>
    <head>
```

① 也有一些 HTML 文档可以没有<head>元素，不过，对于初学者来说，最好在一个 HTML 文档中完整写上<html>、<head>和<body>三个元素。

```
        <meta charset="utf-8">
        <title> </title>
    </head>
    <body>
    </body>
</html>
```

注意，后文凡是说到新建 HTML 文档，就是新建一个具有如上代码的 HTML 文档。关于上述代码结构，我们已经在 2.3.3 节做过若干简单说明。第 1 行是声明语句，用于告诉浏览器该网页的 HTML 版本，"<!DOCTYPE html>" 是 HTML5 的声明。<head>元素和<body>元素嵌套在<html>元素内部。<head>元素内部则嵌套用于描述网页各种属性信息的 HTML 元素，如提供该网页文档元数据的<meta>元素、设置网页标题的<title>元素、装载 CSS 样式代码的<style>元素或链接 CSS 文档的<link>元素等。上面新建的 HTML 文档中，<head>元素内部嵌套了两个元素——<meta>和<title>。<meta>元素通过 charset 属性规定了该文档的字符编码方式为 UTF-8。属性的概念后文会进行介绍。<title>元素用来定义网页标题。在<title>元素内部输入文本，就为网页设置了一个标题。在浏览器中打开该网页时，标题会显示在标签页上。<meta>元素和<title>元素在书写时没有先后之分，例如，在 2.3.3 节的例 2-2 中，我们将<title>元素写在<meta>元素之前，也是可以的。<body>元素内部嵌套用于描述页面内容的 HTML 元素。

在数据新闻中，HTML 的主要应用有：第一，媒体会通过网页（尤其是交互式网页）来呈现部分数据新闻报道。这时，就需要使用 HTML、CSS、JavaScript 等来搭建承载可视化内容的网页框架，将内容整合呈现。第二，在使用一些可视化框架（如 D3.js）时也会涉及 HTML 的基础知识，因为它们往往要在 HTML 文件中完成可视化内容的绘制。数据新闻实践中比较常用的 HTML 标签如表 4-1 所示，其中，标记了 "HTML5" 字样的是 HTML5 中才有的标签[①]。

---

① 本书后面在使用 HTML 时，并未刻意区分 HTML5 及其以前的版本，因为我们的重点是通过一些实例来展示相关框架、工具的可视化实践过程及方法，而非专门讨论 HTML，深究 HTML 版本之间的区别，只会增加这些实例的理解难度。

表 4-1　常用的 HTML 标签

标　签	说　明
\<title\>	用来定义网页标题
\<div\>	用来对网页进行布局的元素，可以把每个\<div\>元素看作一个无高度、边框和填充颜色的矩形框，结合 CSS 样式表的运用可对矩形框进行大小、位置等的设置，从而实现网页布局。DIV+CSS 是制作网页（尤其是搭建网页框架）的常用做法
\<header\>（HTML5）	用来定义网页的头部区域。在数据新闻制作中，可用来定义整个报道的栏头。在 HTML5 之前通常用\<div id="header"\>这样的形式来定义栏头。id 在 2.3.3 节做过简单介绍，可理解为在区分 HTML 中各元素而被用来给元素指定唯一名称的属性
\<nav\>（HTML5）	用来定义网页中的导航区域。如果制作交互式数据新闻作品，该标签就可用来定义报道的导航菜单。在 HTML5 之前通常用\<div id="nav"\>这样的形式来定义该区域
\<article\>（HTML5）	用来定义网页中相对独立的内容，如网页文章等
\<aside\>（HTML5）	用来定义网页中的侧边栏等区域。在 HTML5 之前通常用\<div id="aside"\>这样的形式来定义这类区域
\<footer\>（HTML5）	用来定义网页的页脚部分。在数据新闻中，可用来定义整个报道的页脚，以显示数据来源、新闻制作单位、版权声明等内容。在 HTML5 之前通常用\<div id="footer"\>这样的形式来定义页脚
\<h1\>、\<h2\>、……、\<h6\>	用来定义网页中不同级别的标题，\<h1\>是一级标题，以此类推
\<p\>	用来定义网页中的文字段落。在数据新闻中，可视化内容周围的解释文案就可以放置在该标签内
\<a\>	用来定义网页中的超链接
\<img\>	用来向网页中添加图片，需通过 src 属性指定图片的路径，即使用\<img src="图片相对路径"/\>的形式。一般还要添加 alt 属性，用以定义替换文本，当图片无法显示时，会显示这些替换文本
\<table\>、\<tr\>、\<th\>、\<td\>	与定义表格有关的标签
\<ol\>、\<li\>	与定义有序列表有关的标签
\<ul\>、\<li\>	与定义无序列表有关的标签。在制作网页导航菜单时，\<ol\>和\<li\>，或\<ul\>和\<li\>也可能被用到
\<audio\>（HTML5）	用来向网页中添加音频

（续表）

标　签	说　明
<video>（HTML5）	用来向网页中添加视频
<canvas>（HTML5）	用来在网页中绘图的元素。通过该元素，就能使用脚本（主要是 JavaScript）在网页中绘图
<svg>（HTML5）	用来定义 SVG 图形绘制区域（也可理解为创建 SVG 图形的区域）的标签，用于绘制 SVG 图形的其他 SVG 标签都嵌套在该标签内（关于 SVG，本书 4.1.3 节还会专门介绍）

注：在 HTML5 之前，使用<div id="指定名称">这样的形式来定义网页中某部分区域的地方，也经常用<div class="指定名称">的形式来定义，关于 class 属性及这两种定义方式的区别，后文再做说明。

　　HTML 元素的开始标签内还可以定义属性。定义单个属性时，格式为：<标签名 属性名="属性值"></标签名>。其中，要注意两点：第一，属性名和属性值之间由等号相连，且属性值应放在一对英文双引号或单引号内；第二，属性名与标签名之间需空一格。HTML 元素还可以有多个属性。如果要定义多个属性，则格式为：<标签名 属性名 1="属性值 1" 属性名 2="属性值 2"…… 属性名 n="属性值 n"></标签名>。概括地说，即在 HTML 元素的开始标签内，每个属性都按定义单个属性时的格式来书写，但相邻的两个属性之间要空一格，而第一个属性的属性名与标签名之间也要空一格。例如，下面的代码为<img>元素定义了 src 属性、alt 属性和 width 属性，从而在网页中显示一张名为"picture"的 JPG 图片（src 属性的值是这张图片的相对路径，即相对于当前 HTML 文档而言图片存放的位置，该例中，HTML 文档与图片存放在同一个文件夹内），图片宽 200 像素（由 width 属性指定），当图片无法显示时，显示替换文本（即 alt 属性的值）。由于<img>元素的内容是空的，故将其开始标签和结束标签写在了一起。

```
<img src="picture.jpg" alt="这是一张图片" width="200"/>
```

　　关于 HTML 的更多语法，本书不做专门介绍，后续实例中需要用到 HTML 时，再结合实例的实现过程介绍和运用更多语法。想深入学习 HTML 的读者可参考专门讨论 HTML 的书籍，或通过一些在线教程（如 W3School 网站提供的 HTML 和 HTML5 教程[105、106]）来学习。

4.1.2 CSS

CSS 的全称是"Cascading Style Sheet"（层叠样式表），用来描述网页外观。与 HTML 对比来理解，即 HTML 用来描述网页中的内容，而 CSS 用来指定样式。通常，CSS 代码被直接放置在 HTML 文档的<head>元素内部（嵌入式样式表）；或被存储为一个单独的 CSS 文档，然后在 HTML 文档的<head>元素内部链接该 CSS 文档，从而建立起两个文档之间的联系（外部样式表）。关于将 CSS 添加到 HTML 文档的方式，本节后面还会详细介绍。总之，这种内容与样式分开的模式大大提高了开发和后续更新网页的工作效率。目前，CSS 的最新标准是 CSS3。不过，为便于读者（尤其是初学者）理解，以下对 CSS 的介绍和使用仍以 CSS3 以前的标准为主。

1. CSS 的基本语法

典型的样式表由一条或多条 CSS 规则构成，一条 CSS 规则的结构如下。

```
选择器 {
    属性名：属性值；
    属性名：属性值；
    ...
}
```

其中有两个构成要点：选择器，以及花括号内的属性名值对。

（1）选择器

选择器用于指定要设定样式的 HTML 元素。以下介绍四种常用且本书后面章节在举例时会用到的选择器类型，分别是标签选择器、后代选择器、类选择器和 ID 选择器。具体何时采用哪种选择器，由制作者正在设置样式的 HTML 元素在 HTML 文档中的具体定义情况及设置样式的具体需求来决定。简单来说，当某个 HTML 元素在 HTML 文档中只有一个（从而不会有歧义），或者要为 HTML 文档中所有该 HTML 元素设置同样的一种或多种样式时，可使用标签选择器，写法就是直接书写这个 HTML 元素名（不包含尖括号）。当同样的 HTML 元素在 HTML 文档中被嵌套在不同父元素内，且只对某个父元素内的这个 HTML 元素设置某一种或多种样式时，就可以使用后代选择器，它属于派生选择器的一种，写法是先写这个 HTML 元素的父元素名，然后空一格再写这个 HTML 元素名。其中，父元素与子元素既可以是一层嵌套关系，也可以是多层嵌套关系。当要为多个 HTML 元素设置同样的一种或多种样式，而又无法用标签选择器或后代选择器等来指定这些元素时，就可以在这些元素的开始标签中用 class 属性为它们赋予相同的类名，然后使用类选择器来指定这些元素。类选择器的写法是先写一个英文句点，再写该类名；若多种不同 HTML 元素（如既有<div>元素，又有<a>元素）被设置了同一类名，但只希望对具有该类名的其中一种 HTML 元素（如<div>元素）定义某些样式时，则应先写要设置样式的这种 HTML 元素名，再写英文句点，然后写该类名。当要为某一个 HTML 元素设置一种或多种样式，而又无法通过标签选择器或后代选择器等来指定该元素时，也可以通过赋予其类名并使用类选择器的方式来指定该元素。除此之外，还可以在该元素的开始标签中通过 id 属性赋予它一个 id 名（id属性在 2.3.3 节做过简单介绍，id 属性的值即 id 名，在 HTML 文档中具有唯一性），然后使用 ID 选择器来指定该元素。ID 选择器的写法是先写一个英文输入法状态下的"#"，然后再写该 HTML 元素的 id 名。有了类选择器和 ID 选择器，后代选择器的形式就更丰富了，也可以是父元素名与关于子元素的类选择器（或 ID 选择器）的组合，关于父元素的类选择器（或 ID 选择器）和子元素名的组合，或者关于父元素的类选择器（或 ID 选择器）与关于子元素的类选择器（或 ID 选择器）的组合。还要强调的一点是，以上提到的 class 属性同id 属性类似，用于为 HTML 元素指定一个名字（类名）。不过，如前所述，它允许多个元素使用同一类名，从而借助类选择器就能批量地为这些元素设置同一样式，而 id 属性的值（id 名）在同一 HTML 文档中必须唯一。

（2）花括号内的属性名值对

花括号内用属性名值对指定要设置的样式属性及它的值。可以有一个或多个属性名值对，都以"属性名:属性值;"的形式出现，其中，名和值之间是英文冒号，两两属性名值对之间用英文分号分隔。所有属性名值对可写成一行，也可分在不同行书写。

下面的 HTML 文档包含的 CSS 代码展示了上述四类选择器及属性名值对的写法。

```
<!DOCTYPE html>
```

```html
<html>
    <head>
        <meta charset="utf-8">
        <title>CSS 选择器</title>
        <style type="text/css">
        /* 标签选择器，为<h1>元素设置样式 */
        h1 {
            font-size:30px;      /* 字号为 30 像素 */
        }

        /* ID选择器，为 id 名是"block200"的<div>元素设置样式 */
        #block200 {
            width:200px;                  /* 宽度为 200 像素 */
            border:#000 solid 1px;        /* 边框是粗度为 1 像素的黑
                                             色实线边框，三个属性值分
                                             别表示边框的颜色、线型
                                             和粗度，对三个属性值书
                                             写的先后顺序没有要求，
                                             两两值之间要空一格 */
        }

        /* 类选择器，为类名是"block480"的两个<div>元素设置样式 */
        .block480 {
            width:480px;                  /* 宽度为 480 像素 */
            height:80px;                  /* 高度为 80 像素 */
            border:#000 solid 2px;        /* 边框是粗度为 2 像素的黑
                                             色实线边框 */
        }

        /* 后代选择器，为 id 名是"block200"的<div>元素内嵌套的<p>
           元素设置样式 */
        #block200 p {
            font-family:"宋体";           /* 字体为宋体 */
            font-size:24px;               /* 字号为 24 像素 */
```

```
                    font-weight:bold;           /* 文字加粗显示 */
            }
        </style>
    </head>
    <body>
        <h1>我是标题</h1>
        <div id="block200">
            <p>我是 24 像素宋体的加粗文字。</p>
        </div>
        <div class="block480">
            <p>我虽然也在 p 元素中，但我不会被设置为 24 像素的宋体加粗文字。
</p>
        </div>
        <div class="block480">
            <p>我和上面的矩形有相同的样式，通过对 div 元素设置相同的 class
属性值（类名）并在 CSS 中借助类选择器来实现。</p>
        </div>
    </body>
</html>
```

上述 HTML 文档<head>元素内的<style>元素内部就是所有设置样式的
CSS 代码，是采用嵌入式样式表的方式添加到 HTML 文档中的（关于这种方
式，后面会做介绍）。其中，每条 CSS 规则都与<body>元素内的一个或两个
HTML 元素对应。第一条 CSS 规则用的是标签选择器，对应于<h1>元素。<h1>
标签是定义一级标题的标签。这里用 CSS 将<h1>元素的内容"我是标题"的
字号设置为 30 像素。第二条 CSS 规则用的是 ID 选择器，对应于 id 名为
"block200"的<div>元素，将该元素所定义的分区设置为宽 200 像素、带有黑
色实线边框（粗度为 1 像素）的矩形[①]。如前所述，可将一个<div>元素看作一
个无高度、边框和填充颜色的矩形框，通过 CSS 样式表可对其大小（即宽、
高）、边框、填充背景等样式进行设置。第三条 CSS 规则用的是类选择器，对

[①] 值得注意的是，本书在提到某个 HTML 元素的宽、高时，都指其所设置的 width 属性（宽）或 height 属性
（高）的值，并非指其实际的宽、高。以<div>元素为例，指定了 width 和 height 属性并添加了边框粗度、
内边距（padding 属性）等样式的<div>元素，其实际宽度（高度）应在其 width 属性值（height 属性值）
的基础上加上左右（上下）边框的粗度及左右（上下）内边距。

应于类名为"block480"的两个<div>元素,将它们所定义的分区设置为宽 480
像素、高 80 像素、带有黑色实线边框(粗度为 2 像素)的矩形。第四条 CSS
规则用的是后代选择器,对应于 id 名为"block200"的<div>元素内部嵌套的
<p>元素,将该<p>元素(即段落)的样式设置为"宋体、字号 24 像素、加粗"。
正因为我们用后代选择器指定了父元素,所以虽然类名为"block480"的两个
<div>元素内部也嵌套了<p>元素,但这两个<p>元素的样式不会按"宋体、字
号 24 像素、加粗"来设置。此外,"/*...*/"是 CSS 中进行注释的方式,省略
号位置是具体的注释内容。注释的作用是方便开发者及其他人阅读和理解代
码、维护代码,浏览器不对其中的内容做解析。上述 HTML 文档经浏览器解
析后呈现图 4-1 所示的显示效果(图中第二个矩形的下边框与第三个矩形的上
边框连在了一起,实际上,这两个矩形的下边框粗度相等)。

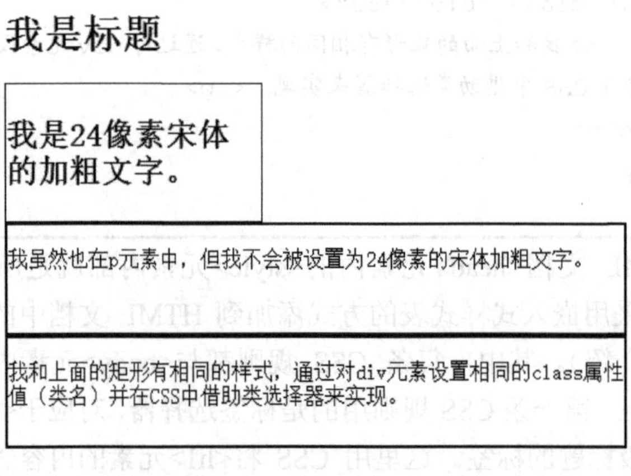

图 4-1　四类 CSS 选择器的示例代码在浏览器中的显示效果

最后,补充一点,一个元素可以被赋予多个类名,但在 HTML 中要将多
个类名作为同一个 class 属性的值来写(即写在同一对引号内),中间用一个空
格隔开。如此一来,就可以通过不同的类选择器来为该元素设置样式,例如:

```
<!DOCTYPE html>

<html>

    <head>
        <meta charset="utf-8">
```

```
<title>CSS 选择器</title>
<style type="text/css">
    /* 类选择器，为类名是"block480"的<div>元素设置样式 */
    .block480 {
        font-family:"宋体";         /* 字体为宋体 */
        width:480px;               /* 宽度为 480 像素 */
        height:80px;               /* 高度为 80 像素 */
        border:#000 solid 2px;     /* 边框是粗度为 2 像素的黑色实
                                      线边框 */
    }

    /* 类选择器，为类名是"block300"的<div>元素设置样式 */
    .block300 {
        font-family:"宋体";         /* 字体为宋体 */
        width:300px;               /* 宽度为 300 像素 */
        background:#0FF;           /* 设置背景颜色 */
    }

    /* 类选择器，为同时拥有类名"block480"和"block300"的<div>
       元素设置样式 */
    .block480.block300 {
        font-size:24px;           /* 字号为 24 像素 */
    }
</style>
</head>
<body>
    <div class="block480 block300">
        <p>宽度为 300 像素</p>
    </div>
    <div class="block480">
        <p>宽度为 480 像素</p>
    </div>
    <div class="block300">
        <p>宽度为 300 像素，没有边框</p>
```

```
        </div>
    </body>
</html>
```

在上面的 HTML 代码中，第一个<div>元素有两个类名，分别是"block480"和"block300"；第二个<div>元素只有一个类名，是"block480"；第三个<div>元素也只有一个类名，是"block300"。在 CSS 代码中，第一条 CSS 规则为类名是"block480"的元素设置样式。由于前两个<div>元素都有类名"block480"，因而它们都会按照该条 CSS 规则显示为宽 480 像素、高 80 像素、带有黑色实线边框（粗度为 2 像素）的矩形，其中的文本字体为宋体。第二条 CSS 规则为类名是"block300"的元素设置样式。第一个<div>元素和第三个<div>元素都有类名"block300"，第一个<div>元素会在第一条 CSS 规则的基础上再按照第二条 CSS 规则进行样式设置，最终显示为宽 300 像素、高 80 像素、带有黑色实线边框（粗度为 2 像素）、以浅蓝为背景色的矩形，其中的文本字体为宋体。其中，前一条规则（即类名"block480"所对应的 CSS 规则）也为第一个<div>元素设置了宽度，而后面的规则若对某个属性进行了重复设置，就会覆盖前面的设置，因此，第一个<div>元素的宽度变成 300 像素，而其他未设置过的属性会在前面规则作用的基础上继续追加。第三个<div>元素则会按照第二条 CSS 规则显示为宽 300 像素、以浅蓝为背景色的矩形，其中的文本字体为宋体。第三条 CSS 规则将两个类选择器写在一起，中间没有空格，它表示选择同时具有两个类名"block480"和"block300"的元素[1]，因此，只有第一个<div>元素会按照该条规则继续进行样式的设置，从而该<div>元素中文本的字号变成了 24 像素。最终，第一个<div>元素通过三条 CSS 规则显示为宽 300 像素、高 80 像素、带有黑色实线边框（粗度为 2 像素）、以浅蓝为背景色的矩形，其中的文本字体为宋体、字号为 24 像素；第二个<div>元素通过第一条 CSS 规则显示为宽 480 像素、高 80 像素、带有黑色实线边框（粗度为 2 像素）的矩形，其中的文本字体为宋体；第三个<div>元素通过第二条 CSS 规则显示为宽 300 像素、以浅蓝为背景色的矩形，其中的文本字体为宋体（该矩形原本没有高度，它是被其内部的文本"撑起来"的，故其高度由这些

---

[1] 要注意将该写法与为多个元素设置相同样式时将多个选择器放在一起的写法区别开来，后者在本书 6.3.2 节有举例说明，详见与图 6-5 相对应的 CSS 代码。

文本来决定）。此外，对于一个元素，也可以既赋予它一个类名，又赋予它一个 id 名，写法是"<元素名 class="类名" id="id 名">"，class 属性和 id 属性的顺序可以对调，两个属性名值对之间空一格。如此定义元素的类名和 id 名以后，书写 CSS 规则时，针对类名通过类选择器，针对 id 名通过 ID 选择器指定元素并设置样式即可。在第 6 章的实例实现过程中，就会使用对于一个元素赋予多个类名，以及同时赋予类名和 id 名的做法。

2. 将 CSS 添加到 HTML 文档的方式

主要有三种将 CSS 添加到 HTML 文档的方式，据此也就形成了三种样式表：内联样式表、嵌入式样式表和外部样式表，主要区别在于将 CSS 代码放置的位置不同。其中，嵌入式样式表和外部样式表更常用，具体添加方法如下。

（1）嵌入式样式表

在 HTML 文档的<head>元素内部通过<style>标签来添加 CSS 代码。例如：

```
<head>
    <style type="text/css">
        p {
            font-family: "宋体";
            color: red;
        }
    </style>
</head>
```

上述代码将设置<p>元素样式的 CSS 代码放置在<style>的开始标签与结束标签之间。如果还有设置其他 HTML 元素样式的 CSS 代码，也放置在它们之间。在 HTML5 中，也可省略<style>标签的 type 属性设置，即把"<style type="text/css">"写成"<style>"。

（2）外部样式表

将 CSS 代码存储为一个外部的 CSS 文档（即.css 文件），然后在 HTML 文档的<head>元素内部通过<link>标签来链接外部 CSS 文档，从而建立 HTML 文档与 CSS 文档之间的联系。例如，上述嵌入式样式表如用外部样式表来实现，方法如下。

首先，将关于\<p\>元素样式设置的 CSS 代码写在一个 CSS 文档 style.css 中[①]，代码为：

```
@charset "utf-8";
/* CSS Document */
p {
    font-family: "宋体";
    color: red;
}
```

上述 CSS 文档的第 1 行指定该文档的字符编码方式为 UTF-8。

然后，在 HTML 文档的\<head\>元素内部添加\<link\>标签，代码为：

```
<head>
    <link rel="stylesheet" type="text/css" href="style.css">
</head>
```

其中，\<link\>标签的 rel 属性和 type 属性的值是固定的写法。href 属性的值是 CSS 文档 style.css 存放的位置，一般要写相对路径，即相对于当前的 HTML 文档，CSS 文档 style.css 存放的位置。在该例中，HTML 文档与 CSS 文档存放在同一个文件夹内。

（3）内联样式表

至于内联样式表，则通过 style 属性直接把有关样式的设置写在 HTML 文档中某个 HTML 元素的开始标签内。上面关于\<p\>元素样式设置的实例用内联样式表实现，代码为：

```
<p style='font-family:"宋体"; color: red;'>将 CSS 添加到 HTML 文档
的方式举例</p>
```

上述代码就为\<p\>元素添加了 style 属性，该属性的值是对这个\<p\>元素进行样式设置的所有属性名值对。属性名值对的写法遵循上文所述的 CSS 语法，即以"属性名:属性值;"形式出现（最后一个属性名值对也可以省略分号）。而且，style 属性的值要放在一对英文引号内。在上面的代码中，style 属性的值

---

① CSS 文档如何命名可由开发者自己决定。

只能放在一对英文单引号内，这是因为属性值本身已经包含了双引号。除这种情况外，style 属性的值一般还是放在一对英文双引号内，例如：

```
<p style="font-size: 20px; color: red;">将 CSS 添加到 HTML 文档的方式举例</p>
```

内联样式表在网页设计中越来越少见，毕竟这种内容与样式不分离的形式会给网页开发和后续更新带来一些麻烦。不过，在本章介绍 SVG 和 D3.js 时，大家会看到这种方式在 SVG 中还比较常用，在 D3.js 中有时也会用到，所以，读者也要对其有所了解。

关于 CSS，本书先做以上简单介绍。在后面介绍具体实例时，如果涉及其他更多 CSS 的语法，则再有针对性地加以说明。想深入学习 CSS 的读者可查阅专门讨论 CSS 的书籍或相关教程（如 W3School 网站提供的 CSS 和 CSS3 在线教程[107、108]）。

4.1.3　SVG

在 2.3.3 节已对 SVG 做过简单介绍和举例（例 2-2），它的全称为"Scalable Vector Graphics"（可缩放矢量图形），是一种基于 XML 语法的二维矢量图格式[82]。下面，简单介绍 SVG 的基本语法。先看一段代码，它是关于一个 SVG 图形的描述，换言之，由下述代码就可绘制/创建一个 SVG 图形。

```
<?xml version="1.0" standalone="no"?>
<!DOCTYPE svg PUBLIC "-//W3C//DTD SVG 1.1//EN" "http://www.w3.org/Graphics/SVG/1.1/DTD/svg11.dtd">
<svg width="200" height="200" version="1.1" xmlns="http://www.w3.org/2000/svg">
    <rect x="10" y="10" width="80" height="80" style="fill:lightgreen; stroke:green; stroke-width:3"/>
</svg>
```

首先，由于 SVG 是基于 XML 的语法，因此代码的第 1 行包含了必要的 XML 声明，具体含义不再解释。其次，代码第 2、3 行引用了一个 SVG DTD（Document Type Definition，文档类型定义），它包含了支持绘制的所有 SVG

元素。最后，从代码第 4 行开始，正式绘制/创建 SVG 图形/图像。SVG 图形的绘制/创建都要以<svg>标签开头，相当于定义了一块绘图区域（或称创建 SVG 图形的区域）。在上述代码中，第 4、5 行和第 8 行就使用了<svg>标签，其中，width 属性和 height 属性分别用于指定 SVG 绘图区域的宽和高，本例指定它的宽、高均为 200 像素；version 属性和 xmlns 属性则分别定义了所使用的 SVG 版本和命名空间。第 6、7 行，<rect>标签表示绘制一个矩形。x 属性和 y 属性指定了矩形左上角顶点的坐标。值得注意的是，坐标系统的原点是在绘图区域的左上角，从原点开始，纵轴和横轴分别向下、向右延伸。width 属性和 height 属性分别设置矩形的宽和高。当 width 和 height 属性的值相等时，就定义了一个正方形，如同本例一样。style 属性用于设置矩形的显示样式，写法就是 CSS 内联样式表的写法。fill 属性指定图形的填充颜色，本例填充颜色为浅绿色；stroke 属性指定图形的边框颜色；stroke-width 属性指定图形的边框粗度，本例指定矩形的边框为 3 像素粗的绿色边框。

　　将以上代码保存为后缀名是.svg 的文件，就完成了一个 SVG 图形的绘制/创建。如果需要将 SVG 嵌入 HTML 文档，目前 HTML5 已支持通过直接添加<svg>元素的方式来实现，即把整个<svg>元素直接添加到 HTML 文档的<body>元素内部。注意，所需添加的仅为<svg>元素，不包括其前面的 XML 声明和 SVG DTD 引用。例如，将本例绘制的 SVG 嵌入 HTML 文档，完整代码如下。

```
<!DOCTYPE html>
<html>
    <head>
        <meta charset="utf-8">
        <title>SVG</title>
    </head>
    <body>
        <svg width="200" height="200" version="1.1" xmlns="http://www.w3.org/2000/svg">
            <rect x="10" y="10" width="80" height="80" style="fill:lightgreen; stroke:green; stroke-width:3"/>
        </svg>
```

```
        </body>
    </html>
```

通过浏览器打开上述 HTML 文档，会看到如图 4-2 所示的图形显示效果。

图 4-2 所绘制的 SVG 图形嵌入 HTML 文档后在浏览器中的显示效果

还有其他一些在 HTML 文档中嵌入 SVG 图形的方式，例如，可以将 SVG 作为图片插入网页，此时需要使用<img>标签或将 SVG 图片作为某指定元素的背景图在 CSS 中用 background 属性（用于设置背景的属性）进行设置。<img>标签的用法在 4.1.1 节做了简单介绍，用 background 属性为某元素设置背景图的写法则是"background: url(图片存放的相对路径) no-repeat;"（no-repeat 是当背景图小于该元素所涉及的区域时，使背景图不进行重复显示的设置，其他可选项还有 repeat、repeat-x、repeat-y，分别使图片进行全区域重复、横向重复和纵向重复）；还可以通过<embed>、<object>或<iframe>标签嵌入，具体做法可参见 W3School 网站的相关资料[109]。

除绘制矩形外，还可以使用 SVG 内置的若干图形标签绘制圆形、椭圆、多边形等图形，使用文本标签<text>添加文本等（2.3.3 节例 2-2 就使用了绘制直线和添加文本的标签），这些标签都要写在<svg>元素内部，例如：

```
<svg width="400" height="400" version="1.1" xmlns="http:
//www.w3.org/2000/svg">
    <circle cx="100" cy="50" r="40" style="fill:lightgreen;"/>
    <ellipse cx="200" cy="80" rx="40" ry="20" style="fill:
lightgreen;"/>
    <polygon points="50,25 75,10 105,35 130,105 85,120 35,60"
style="fill:lightgreen;"/>
    <line x1="20" y1="40" x2="100" y2="120" style="stroke:green;
stroke-width:3"/>
```

```
    <text x="170" y="40" style="fill:green;">SVG Draw</text>
</svg>
```

此处和后文所举的 SVG 实例都面向通过直接添加<svg>元素将 SVG 嵌入 HTML 文档的应用，故未添加 XML 声明和 SVG DTD 引用。在上述代码中，第 1、2 行和最后一行定义了一个 400 像素×400 像素的 SVG 绘图区域。第 3 行用<circle>标签定义了一个圆形，cx 属性和 cy 属性分别用来设置圆心的横、纵坐标，r 属性用来定义圆的半径，style 属性用来设置圆形的样式，其中，fill 属性用来指定填充颜色。当 style 属性中用于设置样式的属性名值对只有一个，或者有多个而针对最后一个属性名值对时，属性值后面的分号都可以省略，如可以省略 fill 属性值后面的分号。第 4、5 行用<ellipse>标签定义了一个椭圆，cx 属性和 cy 属性分别用来定义椭圆中心的横、纵坐标，rx 属性和 ry 属性分别用来定义椭圆长半轴和短半轴的长度。第 6、7 行用<polygon>标签定义了一个不规则的六边形，points 属性用来指定各顶点坐标，每个顶点的坐标都由横坐标和纵坐标组成，横、纵坐标之间用英文逗号分隔，而各对坐标之间用一个空格隔开。<polygon>标签可用于定义任何闭合的多边形。第 8、9 行用<line>标签定义了一条直线，x1 和 y1 属性、x2 和 y2 属性分别用来定义直线端点的坐标，x1 和 x2 是横坐标，y1 和 y2 是纵坐标，style 属性用来设置线条的样式，上面的代码分别用 stroke 属性和 stroke-width 属性设置了线条的颜色和粗度。如果要定义由多条直线构成的折线，用<polyline>标签，同<polygon>标签一样，它也用 points 属性指定折线中各转折点的坐标。倒数第 2 行使用<text>标签定义了一个文本对象，x 属性和 y 属性分别用来定义文本开始位置的横坐标和纵坐标，<text>和</text>之间是文本内容。

更复杂的形状可以用<path>标签来绘制，它通过 d 属性来指定绘制路径。绘制多边形和折线也可以用<path>标签，例如用<path>标签绘制如图 4-3 所示的多边形，代码如下。

```
<svg width="400" height="400" version="1.1" xmlns="http:
//www.w3.org/2000/svg">
    <path d="M100 0 L75 120 L120 150 L175 80 Z" style="fill: red;"/>
</svg>
```

图 4-3　用<path>标签绘制的多边形

　　上面这段代码的第 3 行，M 表示 moveto，它的后面是第一个顶点的坐标。L 表示 lineto，即以 L 前的坐标对应的点为起点绘制一条直线，连接 L 后的坐标对应的点。三个 L 的后面分别是第二、三、四个顶点的坐标，最后以 Z 结尾，Z 表示 closepath（闭合路径）。根据上述代码，本例先从坐标（100, 0）处绘制一条直线到坐标（75, 120）处，再从坐标（75, 120）处绘制直线到坐标（120, 150）处，然后从坐标（120, 150）处绘制直线到坐标（175, 80）处，最后从坐标（175, 80）处绘制直线到开始坐标（100, 0）处，最终就形成了如图 4-3 所示的多边形。

　　此外，把 SVG 嵌入 HTML 文档后，也可以用 CSS 通过嵌入式样式表或外部样式表的方式来为 SVG 图形设置样式。方法是首先在 SVG 图形相应的一个或多个标签中添加 id 属性或 class 属性，从而给标签赋予 id 名或类名；然后，在 CSS 中通过 ID 选择器或类选择器指定标签，并为其设置样式。若 SVG 图形中某类标签只有一个（从而不会产生歧义），或要为所有这类标签设置同一样式，也可以直接通过标签选择器来指定要设置样式的标签。4.2.1 节例 4-1 中对样式表有具体应用，读者可以阅读该例做进一步了解。

　　关于 SVG 的基本语法，本书仅做以上简单介绍，为 4.2.1 节介绍可视化框架 D3.js 打下基础。目前，有许多 SVG 编辑器允许开发者通过直接绘图的方式来绘制 SVG 图形并获得相应源代码，而不必自己编写。例如，Method Draw（网址：editor.method.ac）就是一款简单易用的 SVG 在线编辑器。它提供了铅笔工具（Pencil Tool）、线条工具（Line Tool）、方形/矩形工具（Square/Rect Tool）、椭圆/圆形工具（Ellipse/Circle Tool）、形状工具（Shape Tool）、路径工具（Path Tool）、文本工具（Text Tool）等，用户在浏览器中打开其官网，就可以通过上述工具像使用 Photoshop 等图像编辑软件那样轻松绘图，然后选择【View】→【Source】命令，从弹出的对话框中获得与所绘制图形对应的 SVG 源代码。除此之外，本书 3.1 节介绍过的 Adobe Illustrator 也支持将绘制的图形存储为 SVG 图形并获得对应的源代码。如果读者只是要绘制和使用 SVG 图形而非在可视化框架 D3.js 等中使用 SVG，则也可以使用上述绘图工具来达成目标。

当然，正如前文所述，在应用实践中，可视化框架和其所依托的编程语言不是完全分开的，使用基于 JavaScript 的可视化框架，也需要了解和使用编程语言 JavaScript。对于在使用基于 JavaScript 的框架 D3.js 和 ECharts 的过程中经常涉及的 JavaScript 基础，本书已经在 2.3.3 节做了介绍，更多有关 JavaScript 的语法，本书不再详细讨论，在后面介绍具体实例时，如果涉及 JavaScript 的其他更多基础知识，会再有针对性地加以说明。

4.2 基于 JavaScript 的可视化框架

接下来，本书就开始重点介绍基于 JavaScript 的可视化框架，主要以 D3.js 和 ECharts 为例，说明使用这类框架进行可视化实践的基本原理、过程与方法。

4.2.1 D3.js

1. 什么是 D3.js

D3（网址：d3js.org）的全称是"Data-Driven Documents"（数据驱动文档）[110]。它源自斯坦福大学可视化团队开发的一个名为"Protovis"的 JavaScript 库，该库用于根据数据生成 SVG 图形，主要开发者是 Jeff Heer、Mike Bostock 和 Vadim Ogievetsky[111、112]。2011 年，在 Protovis 的经验基础上，Mike Bostock 与 Jeff Heer、Vadim Ogievetsky 一起开发了 D3.js[110、112]。D3.js 是一个开源的 JavaScript 库，通过数据驱动的方式对 DOM 进行操作[81]。那么，什么是 DOM 呢？

关于 DOM，我们在 2.3.3 节对 JSON 数据的使用进行举例（例 2-2）时已经做过简单介绍，其全称是"Document Object Model"（文档对象模型），是由万维网联盟定义的、供 HTML 和 XML 文档使用的应用程序编程接口，定义了文档的逻辑结构及访问、操作文档各部分的标准方法[78]。以 HTML DOM 为例，它是关于如何获取、修改、添加、删除 HTML 元素的一套标准[79]，并使用树状结构和父（Parent）、子（Child）、兄弟（Sibling）等概念来表示 HTML 文档的层级关系[113]。整个 HTML 文档是一个文档节点，<html>元素是根节点，也是<body>元素的父节点，<body>元素是其他元素（如<p>元素）的父节点，而<p>元素又是它内部的纯文本内容（文本节点）的父节点，甚至每个属性、注释都是一个节点，分别是属性节点、注释节点[113]。XML DOM 的原理类似。

　　在例 2-2 中，我们就通过编写 JavaScript 脚本对 DOM 进行操作，从而根据所指定用户的粉丝数绘制了一条直线，直线长度由粉丝数来控制。更具体地说，我们基于所获得的数据用 JavaScript 为 SVG 的某些元素动态地设置了所指定属性的值，以及为某些元素动态地设置了文本内容，从而达到例 2-2 的可视化目标。可视化框架 D3.js 也是通过操作 DOM 来进行可视化实践的。它让开发者通过数据驱动的方式对 DOM 进行操作[81]，即允许绑定数据到 DOM，再将数据驱动的转换应用于文档[81]，利用 SVG、HTML5 和 CSS 等，在 Web 浏览器中生成动态可交互的数据可视化内容[112]。简而言之，就是使用脚本、程序通过数据驱动的方式动态访问、更新（修改、添加、删除等）文档内容（元素、元素内容、属性等）、结构和样式[114]，从而绘制出可视化内容。

　　用 D3.js 可做出的可视化内容十分丰富，而它也在数据新闻的可视化实践中得到了广泛应用，这一点从历年全球数据新闻奖的作品中就有所体现。例如，英国广播公司获得 2015 年全球数据新闻奖“年度最佳新闻应用（大型新闻编辑室）奖”（News Data App of the Year (Large Newsroom)）的作品 *Which sport are you made for? Take our 60 second test*（《你适合哪种运动？接受我们 60 秒的测试》）①在可视化过程中主要使用的就是 D3.js。法国 Ask Media 获得 2013 年该活动“数据叙事（小型编辑室）奖”（Data Storytelling, Small Media）的作品 *The art market for dummies*（《傻瓜的艺术品市场》）②、英国 Kiln 为世界资源研究所（World Resources Institute, WRI）制作的获得 2015 年该活动“最佳新作品（小型新闻编辑室）奖”（Best Entry from a Small Newsroom）的作品 *The*

---

① 参见 *Which sport are you made for? Take our 60 second test*，2014-07-17，http://www.bbc.com/news/uk-28062001。
② 参见 *The Art Market for Dummies*，http://jeanabbiateci.fr/art-v8。

past, present and future of CO₂（《二氧化碳的过去、现在和未来》）[①]等，在可视化实践中也都用到了 D3.js。

使用 D3.js，除了需要理解 DOM 的基本概念外，通常还要掌握 HTML、CSS、JavaScript 等 Web 页面设计基础，以及与 SVG 图形绘制或 Canvas 绘图相关的语法。这些内容大多在前面都做了简单介绍，本书后面在对 D3.js 的用法举例时，还会涉及其中的很多内容。不过，由于"D3.js+SVG"的模式比"D3.js+Canvas"的模式更常用，因此，本书在对 D3.js 的应用举例中，主要进行 SVG 图形绘制，而对于 Canvas 绘图不会详细介绍，故对于与 Canvas 绘图相关的基础知识也不再详述。

2．D3.js 的下载与准备

前面提到，D3.js 是一个 JavaScript 库，而且，使用 D3.js 通常是在 HTML 文件中绘制可视化内容，从而在浏览器中加以呈现，因此，在本地进行 D3.js 的可视化实践时，需要先下载它的 JavaScript 文件（以下称"下载 D3.js"），将其与一个 HTML 文档关联，然后才能在该文档中通过编写 D3.js 代码来绘制可视化内容。具体来说，D3.js 的下载与准备过程分为以下三步。

第 1 步：下载 D3.js。从 D3.js 的官网 https://d3js.org/即可下载其压缩包。

第 2 步：与 HTML 文件关联。分为以下三个子步骤。

第 2.1 步：将下载的压缩包解压，解压后的文件夹一般包含 d3.js、d3.min.js、许可证（LICENSE）、Readme 等文件。d3.js 与 d3.min.js 分别是 D3.js 的标准版和简化版，选择其中之一来使用即可。本书在举例时使用的是标准版 d3.js。

第 2.2 步：新建一个 HTML 文档，命名为"index"[②]，并将该文档与文档 d3.js 存放在同一个文件夹中[③]。4.1.1 节介绍了一个新建的 HTML 文档通常具有的代码结构。本例新建文档后，在该文档<title>元素内部输入文本"D3 Example"，为该网页设置一个标题，将来会显示在浏览器的标签页上。

第 2.3 步：在 HTML 文档 index.html 的<head>元素内部添加引用文档 d3.js 的声明，建立起 index.html 与 d3.js 之间的联系。最终，文档 index.html 中的代

[①] 参见 *The past, present and future of CO₂*，http://wri.live.kiln.digital/。
[②] HTML 文档如何命名由开发者决定，网站首页一般以"index"或"default"来命名。
[③] 事实上，HTML 文档 index.html 和文档 d3.js 不一定要放在同一个文件夹，只需要保证它们都在站点文件夹内即可。本书是为了便于说明引用文件 d3.js 时所使用的相对路径，才做了如上规定。

码如下。

```
<!DOCTYPE html>
<html>
    <head>
        <meta charset="utf-8">
        <title>D3 Example</title>
        <script src="d3.js"></script>
    </head>
    <body>
        <script>
            // 此处用于放置进行可视化的 D3.js 代码
        </script>
    </body>
</html>
```

其中，第 6 行代码就是建立 HTML 文档 index.html 与文档 d3.js 之间联系的关键语句。由于 d3.js 是一个 JavaScript 文件，而本书在 2.3.3 节已经介绍过 JavaScript 有两种被 HTML 文档引用的方式，这里在建立两个文档之间的联系时，采用的是第二种方式——通过在 HTML 文档的<head>元素内部添加 JavaScript 文件的引用声明来建立联系。src 属性的值存放的是文档 d3.js 的路径，这里仍使用相对路径，即相对于文档 index.html 而言，文档 d3.js 存放的位置。第 10 行开始放置进行可视化的 D3.js 代码。D3.js 代码本质上也是 JavaScript 脚本，因此被添加在<script>和</script>之间。这段代码最终放置在<body>元素内部，2.3.3 节已经强调过，D3.js 进行可视化的代码需要放在该元素内部，否则无法获得正常显示的页面效果。实际上，此处添加 D3.js 进行可视化的代码采用了 HTML 文档引用 JavaScript 的第一种方式——直接在 HTML 文档中添加具体的 JavaScript 脚本。当然，在上面的 HTML 代码中，第 10 行目前并未放置实际的 D3.js 代码，"//"后面的内容只是注释（2.3.3 节已经介绍过，"//注释文字"是 JavaScript 及其他若干编程语言进行代码注释的一种方式，还有另一种注释方式是"/*注释文字*/"，前一种方式进行单行注释，后一种方式可进行多行注释），在浏览器中注释不会显示于网页前端。

第 3 步：测试和调试。在 HTML 文档 index.html 中添加一段简单的 D3.js

代码，然后在浏览器中打开该文档。如果这段 D3.js 代码的功能被正确执行，就说明文件 d3.js 与 HTML 文档 index.html 成功关联。例如，将上述 HTML 文档 index.html 的第 10 行替换为如下语句。

```
d3.select("body")
.append("p")
.text("OK, D3.js");
```

对上述语句的语法结构后面会做详细介绍。这里只用它来检验文件 d3.js 是否与 HTML 文档 index.html 成功关联。如果此时在浏览器中打开 index.html，页面中显示 text( ) 双引号内的内容，即 "OK, D3.js" 字样（显示效果可扫描旁边的二维码查看），则说明两个文档已成功关联，这时，就可以在 index.html 中继续编写 D3.js 代码来绘制可视化内容了。

3．D3.js 的应用举例

下面通过一个绘制"堆积条形图"的具体实例来说明使用 D3.js 进行可视化实践的基本原理、过程和方法。什么是堆积条形图？可以将其与第 3 章介绍 Excel 和 Power BI 时举例绘制的簇状条形图进行对比来理解，簇状条形图可用来将不同对象（如各景区等级）的两组（或多组）数据（如城六区和其他区的相应景区数）进行同一对象的几组数据比较或不同对象的某组数据比较，堆积条形图也可以用来比较同一对象的几组数据，而且还能在达成此目的的同时显示不同对象在数据整体上的差异。接下来，介绍本节案例的实践过程。

【例 4-1】

目标：如表 4-2 所示为北京市城六区各区星级饭店的分级（三星级以上、三星级、三星级以下）数量统计，是根据例 2-5 得到的北京星级饭店数据文件（.xls 文件）分析获得的。根据表 4-2 用 D3.js 绘制如图 4-4 所示的堆积条形图。其中，每个条形分为左、中、右三部分，分别对应某个区三星级以上、三星级和三星级以下饭店数量。各部分的长度（以下称"横向宽度"）都由所对应的饭店数量来决定。条形的宽度（以下称"纵向高度"或简称"高度"）为 36 像素，两两条形之间的间距为 25 像素。

表 4-2　北京市城六区各区星级饭店的分级（三星级以上、三星级、三星级以下）数量统计

分　　级	东城区	西城区	朝阳区	海淀区	丰台区	石景山
三星级以上	34	20	51	36	10	1
三星级	20	25	35	34	13	2
三星级以下	18	37	26	20	12	2

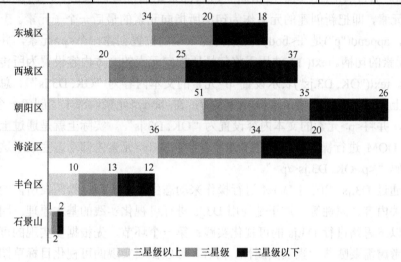

图 4-4　本例用 D3.js 绘制的堆积条形图

过程：在开始绘制之前，先介绍用 D3.js 进行可视化实践的基本原理和思路。为方便阐述，首先解释一下上文中下载和准备 D3.js 时第 3 步所添加的测试代码。该代码的作用是在浏览器页面中显示 "OK, D3.js" 的字样。上述代码也可以写成一行，还可以将结果赋值给变量，例如：

```
var d3text = d3.select("body").append("p").text("OK, D3.js");
```

前面提到，D3.js 通过数据驱动的方式对 DOM 进行操作，以动态访问和更新文档的内容、结构和样式[114]，从而绘制可视化内容，而且 D3.js 提供了 API 来实现这一目标。查阅分享在 Github 上的 D3 API 参考手册（分为 3.x 和 4.0 两个版本）[115, 116]可以了解 D3.js 提供的各 API 及其用法。上面的代码就是通过使用 D3 API 向 HTML 文档添加内容以实现显示 "OK, D3.js" 字样这一目标的。具体来说，以上代码使用了三个方法，每个方法括号中的内容都是它们的

参数。select( )方法选择与所传入的参数匹配的第一个元素。select("body")表示接受参数"body"，选择该参数所指定的<body>元素，并返回<body>元素的句柄（handle）。"句柄"是编程中常见的概念，通常指某个对象的引用（或理解为指向了某个对象），通过对句柄进行操作可完成对它所指向的对象的操作。append( )方法用于在句柄所指向元素内部末尾的位置创建该方法的参数所指定的元素，即把新创建的元素作为句柄所指向元素的最后一个子元素。上述代码中，append("p")是在<body>元素内部末尾的位置创建一个<p>元素，并返回<p>元素的句柄。text( )方法用于将句柄所指向元素的文本内容设置为所传入的参数。text("OK, D3.js")表示设置<p>元素的文本内容为"OK, D3.js"。总的来说，上述这行语句完成了这样一件事情：在<body>元素内部末尾创建一个<p>元素，并将<p>元素的文本内容设置为"OK, D3.js"。实际上就是通过上述代码对 DOM 进行操作从而在 HTML 文档的<body>元素内部动态生成了这样一行代码"<p>OK, D3.js</p>"。

通过 D3.js 代码对 DOM 进行操作来动态生成或更新描绘图表所需的元素及相关内容、属性等，这正是使用 D3.js 进行可视化实践的基本原理。因此，可按以下思路进行 D3.js 的可视化实践：第一个环节，先根据要实现的可视化目标考虑需要哪些元素及其属性、内容，可以在要实现的可视化目标草图上试着标注出绘制各部分所需的元素、属性、内容，以帮助我们理清思路；第二个环节，添加 D3.js 代码来动态生成或更新所需的元素、属性、内容。接下来就按照这一思路来绘制本例目标。而且，我们将绘制 SVG 图形，因此，所需生成或更新的是 SVG 元素及其属性、内容。正如前文所述，绘制 SVG 图形是 D3.js 可视化实践中较常见的做法。

（1）根据可视化目标考虑需要哪些元素及其属性、内容

通过在可视化目标草图上进行标注来完成所需元素、属性、内容的梳理，如图 4-5 所示（以下称"可视化目标与元素标注草图"）。

图 4-5 中仅标注了所需的 SVG 元素，制作者还可以继续标注每个元素所需添加的属性或内容，以及为设置样式需给元素添加的类名（或 id 名）和 CSS 样式属性等。标注的详细程度完全由制作者自己决定。不过，使用可视化目标与元素标注草图的目的是辅助我们梳理开发思路，因此，标注的详细程度只要能使我们达成目标即可。若对开发逻辑非常清楚，也可以不借助可视化目标与

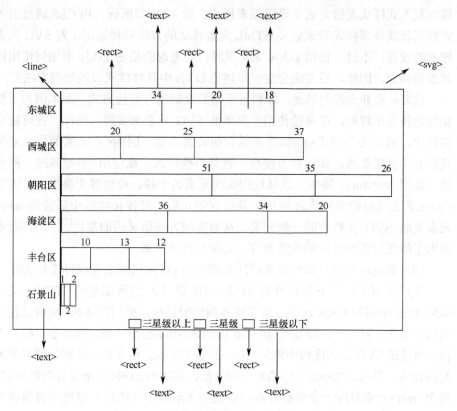

图 4-5　本例的可视化目标与元素标注草图

元素标注草图。总的来说，为了绘制 SVG 图形，首先要用<svg>标签来创建一个绘图区域；然后，用<rect>标签来绘制三组条形，用<line>标签绘制 Y 轴，用<text>标签来添加各条形上方的数据标签和 Y 轴上的文字标签。4.1.3 节介绍过，在 SVG 中，<rect>标签用于绘制矩形，而一个条形就是一个矩形；<line>标签用于绘制直线；<text>标签用于定义文本对象。每个条形都分别对应一个<rect>标签，每个条形上的各数据标签和 Y 轴上每个文字标签都分别对应一个<text>标签，而为了便于清晰表达，图 4-5 中仅列出了几个标签作为示例。接着，绘制图例。图例由矩形块和文本构成，因而也分别使用<rect>标签和<text>标签来绘制。还需要为每个<rect>元素和<text>元素定义 id 名或类名，然后在 CSS 中通过 ID 选择器或类选择器来指定它们以便设置其样式。本例打算使用添加嵌入式样式表的方式来设置图表样式。如 4.1.3 节所述，用 CSS 通过嵌入式样式表或外部样式表来定义 HTML 元素样式的方法同样适用于对 SVG 元素样式的设置。不过，在用 D3.js 来实现时，要考虑的是在 D3.js 中如何使用样式表的问题，因此，后文还会进一步讨论 D3.js 中几种样式表的使用方法。

此外，需补充说明的是，堆积条形图的绘制还有其他方式，而本例为了使实现途径易于理解，尽可能使用了简单的 SVG 元素来实现。同样，在可视化实践中，通常还会使用<g>标签来组合相关的元素，因为<g>元素的属性能被其所有子元素继承，如此就方便统一设置一些样式；在使用<g>标签时一般会结合使用 transform 属性，该属性能实现元素的平移、旋转等变换操作，而在<g>元素上所做的变换也能应用于其所有子元素；可视化实践中还常用<use>元素复制 SVG 文档中的一些元素，从而实现方便而灵活的复用[117~119]，而本例为了降低对实现过程的理解难度，未使用这些元素。

（2）根据可视化目标与元素标注草图编写 D3.js 代码来完成可视化实践

我们在 4.2.1 节下载和准备 D3.js 时的第 2.3 步所创建的 HTML 文档 index.html 中编写 D3.js 代码，来完成本例绘制目标，根据图 4-5，绘制过程分为以下五步。第 1 步，添加<svg>元素以创建 SVG 绘图区域。第 2 步，绘制 Y 轴，通过在 SVG 绘图区域中添加<line>标签来实现。第 3 步，绘制条形和添加数据标签。通过添加<rect>标签来绘制条形，添加<text>标签来设置数据标签。每个<rect>元素对应一个条形，需将数据与条形联结（绑定）以便由数据决定条形的横向宽度。虽然条形通常用"长""宽"进行大小描述，但由于本例中条形都由<rect>元素来绘制，而<rect>元素一般用"宽""高"来进行大小描述，分别对应了 width 属性和 height 属性。为了避免表述中混用"长、宽"和"宽、高"引起歧义，在描述条形大小时我们采用了"横向宽度"和"纵向高度"（或简称"高度"）的叫法，条形的横向宽度即指其长度，纵向高度/高度即指其宽度。每个<text>元素对应一个数据标签，还要通过设置相关属性来调节各条形和数据标签的位置，并通过 CSS 设置条形和数据标签的样式。而且，我们按三组数据分别绘制条形和设置其数据标签，即先根据三星级以上的饭店数量绘制一组条形并设置其数据标签，再根据三星级的饭店数量绘制第二组条形及设置其数据标签，最后根据三星级以下的饭店数量绘制第三组条形及设置其数据标签。第 4 步，为 Y 轴添加文字标签，包括用<text>标签添加文字标签（一个文字标签对应一个<text>标签），通过设置相关属性来调节其位置，并通过 CSS 来设置其样式。第 5 步：添加图例并设置其样式。分别针对"三星级以上""三星级""三星级以下"三组数据，用<rect>标签绘制矩形块，通过设置相关属性来调节其位置，并通过 CSS 来设置其样式；再用<text>标签添加图例中的文字，调节其位置，并设置其样式。下面依次介绍各步的实践过程。

　　第 1 步：添加<svg>元素以创建 SVG 绘图区域。前面介绍显示"OK, D3.js"字样的代码时，就已经介绍了用 D3.js 添加元素的方法，即使用 select( )方法和 append( )方法。本例在 HTML 文档 index.html 的<body>元素内部的<script>和 </script>之间添加如下 D3.js 代码，完成<svg>元素（即 SVG 绘图区域）的创建。

```
var svgwidth = 650;
var svgheight = 400;
var svgdrawarea = d3.select("body")
                .append("svg")
                .attr("width", svgwidth)
                .attr("height", svgheight);
```

　　上述代码中，第 1、2 行分别声明一个变量来设置 SVG 绘图区域的宽和高，宽为 650 像素，高为 400 像素。也可省略这两句，而将数值分别直接写在第 5、6 行"svgwidth"和"svgheight"所在的位置。不过，这样做不利于后续对 SVG 绘图区域大小进行调整，所以最好还是声明变量来记录。第 3 行，选择<body>元素。第 4 行，在<body>元素内部末尾位置添加<svg>元素。第 5、6 行分别通过 attr( )方法为<svg>元素添加 width 属性和 height 属性，并将两个属性的值分别设置为前面声明的变量 svgwidth 和 svgheight 的值。attr( )方法用来为所指定的元素设置特定的属性，它有两个参数，前一个参数是属性名，后一个参数是属性值。创建上述 SVG 绘图区域后，返回它的句柄。第 3 行声明了变量 svgdrawarea，将句柄赋值给该变量。句柄的概念前面介绍过，在本例中，它能帮助我们在随后的操作中方便地找到所创建的 SVG 绘图区域。根据 D3.js 对 DOM 进行操作以动态生成、更新元素及其属性、内容的原理，实际上，上述代码在 HTML 文档的<body>元素内部生成了以下代码。

```
<svg width="650" height="400">
```

```
</svg>
```

本例后面每一步的 D3.js 代码,其作用都像这一步一样,会生成相应的 SVG 源代码。不过,从第 2 步起,对每一步生成的 SVG 源代码不再具体介绍。

第 2 步:绘制 Y 轴。用<line>标签绘制 Y 轴的竖线,通过添加如下 D3.js 代码来实现。

```
var ytext = ["东城区","西城区","朝阳区","海淀区","丰台区","石景山"];
var rectheight = 36;
var rectmargin = 25;
var leftmargin = 70;
var topmargin = 20;
var districtnum = d3.set(ytext).size();
var yline = svgdrawarea.append("line");
yline.attr("x1", leftmargin-1)
.attr("y1", topmargin-15)
.attr("x2", leftmargin-1)
.attr("y2", topmargin+districtnum*rectheight+(districtnum-1)*
rectmargin+15)
.attr("id", "ylinestyle");
```

上述代码的前 6 行进行一些变量、数组的声明或定义,并为其赋值。其中,第 1 行将各区区名定义为一个数组 ytext;第 2~6 行依次声明五个变量分别用于记录条形的高(用 rectheight 记录)、两两条形之间的间距(用 rectmargin 记录)、条形最左端与 SVG 绘图区域左侧边界的距离(用 leftmargin 记录)、最上方的条形与 SVG 绘图区域顶部的边距(用 topmargin 记录),以及数组 ytext 中数据的个数(用 districtnum 记录)。其中,第 6 行使用了 set( )方法和 size( )方法,set( )方法创建一个新的集合,将指定数组中的数据添加到集合中;size( )方法返回集合中值的个数。通过这两个方法就计算了数组 ytext 中数据的个数。进行该操作是为了方便后面计算和设置 Y 轴竖线终点的纵坐标(即倒数第 2、3 行代码)。

在绘制 Y 轴之前,需要进行以上变量、数组的声明/定义和赋值,是因为 Y 轴竖线起点和终点的坐标是由一组条形占据的纵向总高度、与 SVG 绘图区域顶部和左侧边界的距离等因素来决定的,而对 Y 轴的绘制主要是对其起点和终点坐标的设置。该目标最终通过后 7 行代码来实现。其中,倒数第 7 行代码用 append( )方法向<svg>元素内部添加了<line>标签。倒数第 6 行和倒数第 5 行代码通过为<line>标签添加属性的方式分别设置了 Y 轴起点的横坐标和纵坐标;倒数第 4 行和倒数第 2、3 行代码分别设置了 Y 轴终点的横坐标和纵坐标。其中,Y 轴起点的横坐标设置为 leftmargin-1(即距离条形起点左侧 1 像素的位置),起点的纵坐标设置为 topmargin-15(即距离最上方的条形向上 15 像素的位置),这是为了让竖线超出最上方条形一部分,从而看起来更美观;Y 轴终点的横坐标与起点横坐标设置一致,终点纵坐标则被设置为所有条形的高与所有条形间距之和再加上最上方条形与 SVG 绘图区域顶部的边距及额外的 15 像素,计算公式中使用了变量 districtnum 的值(即第 6 行代码计算得到的数组 ytext 中数据的个数),最后加上 15 像素也是基于美观的考虑,让竖线超出底部条形一部分。最后一行代码为<line>元素添加 id 属性,从而添加 id 名"ylinestyle"。添加这一行代码的意义在于:我们要通过嵌入式样式表在 HTML 文档 index.html 的<head>元素内部添加 CSS 代码,从而设置 Y 轴样式,不过,由于<line>元素是驱动生成的,因此要先用 D3.js 代码为该元素添加 id 名,这样才能方便地在 CSS 中通过 ID 选择器来指定要设置样式的元素,再进行样式设置。注意,这里除了可以为<line>元素添加 id 名外,也可以为该元素添加类名,从而在 CSS 中通过类选择器来指定该元素,为其设置样式。除了添加以上 D3.js 代码外,本例还在 HTML 文档 index.html 的<head>元素内添加<style>元素,并在该元素内部添加以下 CSS 代码,以完成 Y 轴样式的设置,包括对其颜色和粗度的设置。

```
#ylinestyle {
    stroke: #000000;
    stroke-width: 1px;
}
```

第 3 步:绘制条形和添加数据标签。我们按"三星级以上""三星级""三星级以下"三组数据分别绘制条形并添加数据标签,因此,这一步可分为以下两个子步骤。

第 3.1 步:绘制关于各区三星级以上饭店数量的条形,并添加数据标签。

根据图 4-5，通过添加<rect>标签来绘制条形。添加<rect>标签的方法与前面添加<svg>标签的方法一样，不过，难度在于，用 D3.js 时是根据表 4-2 中第 2 行数据的数量动态添加<rect>标签的，而且，添加了<rect>标签以后，还需要将表 4-2 中第 2 行的数据与<rect>标签（即条形）联结（绑定），这样才能根据该表的数据决定条形的横向宽度。因此，第 3.1 步具体分为以下三个子步骤来进行。

第 3.1.1 步：绘制条形并将数据与条形联结（绑定）。在本例中，将表 4-2 中的第 2 行数据定义为一个数组 hotelabove3star = [34, 20, 51, 36, 10, 1]。当然，D3.js 也内置了读取 JSON 数据、加载 CSV 数据文件等的方法，而我们以数组这种简单的方式来举例。结合上文的分析，需要通过 D3.js 代码实现"根据数组 hotelabove3star 中数据的个数在 HTML 文档的<svg>元素内部创建等量的<rect>元素"这一操作，再将数组 hotelabove3star 的数据依次与相应位置的<rect>元素联结（绑定）；最后，设置条形的宽、高及位置。其中，条形的横向宽度要根据各条形所联结（绑定）的数据来设置，各条形纵向的位置由它上面所有条形的高度及两两条形之间的间距之和决定，条形的高度和两两条形之间的间距是固定值，在第 2 步已经通过声明变量 rectheight、rectmargin 记录了这两个值。第 3.1.1 步的具体实现过程如下。

① 定义数组，代码如下。

```
var hotelabove3star = [34, 20, 51, 36, 10, 1];
```

② 根据数组 hotelabove3star 中数据的个数绘制等量的条形（即创建等量的<rect>元素），并将数组中的数据依次与相应位置的条形（<rect>元素）联结（绑定）。在完成这一步时，熟悉 JavaSctipt 的读者可能会很自然地想到通过继续添加如下代码来实现。

```
var j=0;
while(hotelabove3star[j]) {
    svgdrawarea.append("rect");
    j++;
}
var rectangleabove3star = svgdrawarea.selectAll("rect")
```

```
                    .data(hotelabove3star);
```

上述代码的前 5 行主要使用 JavaScript 的 while 语句，根据数组 hotelabove3star 中数据的个数在<svg>元素的内部创建了等量的<rect>元素。其中，创建<rect>元素的方法与前面创建<svg>元素的方法相同，代码中的 svgdrawarea 是第 1 步定义的变量，指向所创建的 SVG 绘图区域。同 for 语句一样，while 语句也是循环语句，圆括号内是循环条件，花括号内是循环体，当满足循环条件时，会执行循环体中的语句，继而再判断循环条件是否满足。此步骤循环进行，直到循环条件不满足为止。

第 6~7 行代码进行数据与<rect>元素的联结（绑定）。具体来说，第 6 行，selectAll( )方法选择所传入的参数指定的所有元素。selectAll("rect")就表示选择所有<rect>元素。第 7 行，data( )方法将数组中的数据与选择的元素联结（绑定）[120]，data(hotelabove3star)就表示将数组 hotelabove3star 中的数据与当前选择的元素（即<rect>元素）联结（绑定）。因此，第 6~7 行代码完成的完整操作是选择<svg>元素内部的所有<rect>元素，将数组 hotelabove3star 中的数据依次与相应位置的<rect>元素联结（绑定），并将联结（绑定）完成后的内容赋值给变量 rectangleabove3star。当一个数据与一个元素联结（绑定）后，这个数据就被存储在该元素的__data__属性中[120]。换言之，数组 hotelabove3star 中的数据分别被存储到它们所联结（绑定）的<rect>元素的__data__属性中。

不过，在 D3.js 中要完成数据与元素的联结（绑定），有一种更常见的做法，是使用 enter( )方法。在上面的做法中，由于 HTML 文档 index.html 内一开始没有<rect>元素，所以，我们就先使用了 JavaScript 的循环语句 while 创建了足量的<rect>元素。如果用 enter( )方法，就不用专门提前去创建<rect>元素，这时，实现目标的代码为：

```
var rectangleabove3star = svgdrawarea.selectAll("rect")
        .data(hotelabove3star)
        .enter()
        .append("rect");
```

上述代码的第 1~2 行仍然选择所有<rect>元素，并将数组 hotelabove3star 中的数据依次与相应位置的<rect>元素联结（绑定）。但是，这里出现了一个问题：在本例中，HTML 文档 index.html 内一开始并没有<rect>元素，而我们也没有事先创建<rect>元素，此时第 3 行的 enter( )方法将发挥作用，它针对数组中每个没有 DOM 元素与之联结（绑定）的数据，都创建一个占位符节点，并返回 enter 选择器，即返回所有这些占位符节点[120]，最后再用 append( )方法针对每个占位符创建所需元素[121]。本例即用 append("rect")创建足量的<rect>元素，进而完成数据与<rect>元素的联结（绑定）。

以上两种做法，第二种的逻辑更简单，更具通用性，其实现逻辑更适用于实时数据的可视化、交互式可视化等场景[121]。因此，更推荐此种做法。在本例的实现上最终采用了该做法。

③ 设置各条形的宽、高及位置。条形的高可通过向<rect>元素添加 height 属性来设置，它是一个固定值（在第 2 步已声明变量 rectheight 来记录该值）。条形的横向宽度可通过向<rect>元素添加 width 属性来设置，该属性的值是由各条形（<rect>元素）所联结（绑定）的数组 hotelabove3star 中的数据来决定的。各条形的位置通过设置它们左上角顶点的横、纵坐标来定位。各条形的左上角顶点是其起点，通过该顶点及条形的宽、高值就可以定位并绘制一个条形。而且，根据图 4-5，条形起点的横坐标是固定值（即条形与 SVG 绘图区域左侧边界的距离，在第 2 步已声明变量 leftmargin 来记录该值），条形起点的纵坐标则由该条形上方所有条形的高、所有条形间距，以及第一个条形与 SVG 绘图区域顶部的距离之和来决定，其中，除了条形的高外，两两条形的间距及第一个条形与 SVG 绘图区域顶部的距离也都是固定值，我们在第 2 步已分别声明变量 rectmargin、topmargin 来记录。综上所述，为实现这一步，在上一步代码的下面添加如下 D3.js 代码。

```
1    rectangleabove3star.attr("x", leftmargin)
2    .attr("y", function(d,i) {
3        var ycoordinates = topmargin+i*rectheight+i*rectmargin;
4        return ycoordinates;
5    })
6    .attr("width", function(d) {
7        var rectwidth = 5*d;
8        return rectwidth;
9    })
```

```
10    .attr("height", rectheight)
11    .attr("class", "rectangleabove3starstyle");
```

代码的第 1 行通过 attr( )方法设置每个条形起点的横坐标。前面提到，attr( )方法用来为所指定的元素设置特定的属性。本例为<rect>元素（即条形）添加了 x 属性，将它的值设置为条形与 SVG 绘图区域左侧边界的距离 leftmargin。

第 2～5 行通过 attr( )方法设置每个条形起点的纵坐标，即为<rect>元素添加 y 属性，并将它的值设置为函数 function( )的返回值。函数一般接受输入的参数（即其圆括号中的内容），经过一定的计算逻辑，最终通过 return 返回计算结果。计算逻辑由制作者根据具体的需求在函数体中自行定义，函数体是函数花括号中的内容。本例为设置条形起点纵坐标而添加的函数 function( )有两个参数 d 和 i。参数 d 是当前的数据（即与当前元素联结或绑定的数据），参数 i 是当前数据的索引[120]，即当前数据在数组中的位置序号，从 0 开始计数。就本例而言，在轮询数组 hotelabove3star 的过程中，i 依次从 0 变化到 5。第 3、4 行是 function( )的函数体，第 3 行定义了该函数的计算逻辑，即计算每个条形起点纵坐标的值，该值等于此条形上面所有条形的高度（i*rectheight）与所有间距（i*rectmargin）之和再加上最上方的条形与 SVG 绘图区域顶部的边距 topmargin，然后，将计算结果赋予变量 ycoordinates。第 4 行返回该变量的值。

第 6～9 行通过 attr( )方法设置每个条形的横向宽度。前面提到，条形的横向宽度由各条形所联结（绑定）的数组 hotelabove3star 中的数据决定，且通过添加 width 属性来设置。本例第 6～9 行代码就将 width 属性的值设置为另一个 function( )函数所传入的参数 d 的 5 倍，参数 d 即当前<rect>元素（所处理的条形）联结（绑定）的数组中的数据。之所以将条形的横向宽度定义为所联结（绑定）数据的 5 倍，是为了防止数据太小，条形不明显或不美观。在实际绘制中，倍数可灵活调整。

第 10 行使用 attr( )方法设置每个条形的高，即<rect>元素的高，如前所述，通过添加 height 属性来实现。本例将 height 属性的值设置为前面定义的变量 rectheight 的值，即 36 像素。

第 11 行通过 attr( )方法为<rect>元素添加类名"rectangleabove3starstyle"，方便后续用 CSS 设置条形的样式。

至此，图 4-4 中关于各区三星级以上饭店数量的条形都被绘制出来，由数组 hotelabove3star 中的数据决定了它们的横向宽度，并按照绘制目标设置了它们的高度和间距。

第 3.1.2 步：设置条形的样式。上一步已为该组关于各区三星级以上饭店数量的条形添加了类名"rectangleabove3starstyle"，下面使用 CSS 来设置该组条形的填充颜色，即在 HTML 文档 index.html 的<head>元素内部的<style>元素内部继续添加以下 CSS 代码。

```
/* 为类名为"rectangleabove3starstyle"的<rect>元素（条形）设置填充颜
色。*/
.rectangleabove3starstyle {
    fill: #BF1F1C;
}
```

颜色的属性值有多种定义方式，这里由十六进制符号来定义（在某些情况下，十六进制颜色值的六位也可以简写成三位，如 4.1.2 节介绍 CSS 选择器时的举例。至于什么情况下可以简写，本书不再详细介绍）；除此之外，4.1.3 节还介绍过用颜色的英文单词（如 lightgreen）来定义。至于其他更多的定义方式，本书不再一一介绍。

第 3.1.3 步：添加数据标签。根据图 4-5，通过添加<text>元素来添加数据标签，且使数据标签在每个条形上方显示。添加数据标签的 D3.js 代码如下。

```
1   var datatagabove3star = svgdrawarea.selectAll("text")
2                   .data(hotelabove3star)
3                   .enter()
4                   .append("text");
5   datatagabove3star.text(function(d) {
6       return d;
7   })
8   .attr("x", function(d,i) {
9       if(ytext[i] == "石景山") {
10          var dxcoordinates = leftmargin+5*d-6;
11      }
12      else {
13          var dxcoordinates = leftmargin+5*d-14;
```

```
14        }
15        return dxcoordinates;
16    })
17    .attr("y", function(d,i) {
18        var dycoordinates = topmargin+i*rectheight+i*rectmargin-3;
19        return dycoordinates;
20    })
21    .attr("class", "datatagstyle");
```

代码的前 4 行根据数组 hotelabove3star 中数据的个数插入等量的<text>元素，并完成数组中的数据与<text>元素的联结（绑定），原理与前面添加<rect>元素的原理一样。第 5～7 行用 text( )方法将每个<text>元素的文本内容设置为它所联结（绑定）的数组 hotelabove3star 中的数据。从第 8 行开始，均使用 attr( )方法设置<text>元素（即数据标签）的属性：第 8～16 行和第 17～20 行分别通过为元素添加 x 属性和 y 属性来设置数据标签出现位置的横坐标和纵坐标。第 9～14 行是决定横坐标的语句，它是一个 if-else 判断语句，在 2.2.3 节的例 2-1 中已经介绍过 if-else 语句，其执行逻辑是先判断 if 后面圆括号中的条件是否满足，若满足，则执行 if 的花括号内的代码，否则，执行 else 的花括号内的代码。本例 if 后面圆括号中的 ytext 是在第 2 步定义的一个数组，用于记录各区区名。本例中使用 if-else 语句是为了在为石景山区对应的条形添加数据标签时，使其横坐标与其他区数据标签的横坐标不同，这是因为石景山区相应的数据量很小，从而其对应的条形横向宽度很短，因此需要如图 4-4 所示来调整数据标签显示的位置。如果满足 if 后面圆括号的条件（即当前处理的是石景山区的数据），则由第 10 行决定横坐标的计算逻辑，否则，由第 13 行决定横坐标的计算逻辑。以第 13 行为例，它表示一个条形的数据标签的横坐标为条形与 SVG 绘图区域左侧边界的距离加上该条形的横向宽度（5*d）再减去 14 像素，"再减去 14 像素"是为了让数据标签调整到如图 4-4 所示的合适位置。第 15 行返回数据标签横坐标的计算结果 dxcoordinates。第 18 行是数据标签纵坐标的计算逻辑，"topmargin+i*rectheight+i*rectmargin"就计算了每个条形起点的纵坐标，再减去 3 像素就将数据标签调整到如图 4-4 所示的合适位置。第 19 行返回数据标签纵坐标的计算结果 dycoordinates。第 21 行为<text>元素添加了类名"datatagstyle"，这样就可以在 CSS 中通过类选择器指定该类元素（即数据标签），从而为其设置样式，即在 HTML 文档 index.html 的\<head\>元素内的\<style\>元素内部继续添加如下 CSS 代码，对数据标签的字体、字号和颜色进行设置。

```
.datatagstyle {
    font-family: Times New Roman;
    font-size: 14px;
    fill: #000000;
}
```

至此，关于各区三星级以上饭店数量的条形及其数据标签就绘制完成了。接下来，可以按照相同的做法依次绘制关于三星级饭店数量、三星级以下饭店数量的条形并添加相应的数据标签，这就是本例第 3.2 步。

第 3.2 步：绘制关于各区三星级、三星级以下饭店数量的条形并添加数据标签。

首先，将表 4-2 中的第 3 行数据（即各区三星级饭店数量）和第 4 行数据（即各区三星级以下饭店数量）分别定义为一个数组 hotel3star 和 hotelbelow3star，代码如下。

```
var hotel3star = [20, 25, 35, 34, 13, 2];
var hotelbelow3star = [18, 37, 26, 20, 12, 2];
```

然后，分别根据所定义的两个数组中的数据绘制关于各区三星级、三星级以下饭店数量的条形并添加数据标签。由于其做法与第 3.1 步类似，因此，下面直接给出实现该绘制目标的 D3.js 代码，再做相应解释。

```
1   /* 根据数组 hotel3star 中数据的个数添加<rect>元素，进行数据与<rect>
2   元素的联结（绑定），并通过设置<rect>元素起点横、纵坐标及宽、高来绘制关于
3   各区三星级饭店数量的条形 */
4   var rectangle3star = svgdrawarea.selectAll("rect1")
5               .data(hotel3star)
6               .enter()
7               .append("rect");
8   rectangle3star.attr("x", function(d,i) {
9       var xcoordinates = leftmargin+5*hotelabove3star[i];
```

```
10        return xcoordinates;
11    })
12    .attr("y", function(d,i) {
13        var ycoordinates = topmargin+i*rectheight+i*rectmargin;
14        return ycoordinates;
15    })
16    .attr("width", function(d) {
17        var rectwidth = 5*d;
18        return rectwidth;
19    })
20    .attr("height", rectheight)
21    .attr("class", "rectangle3starstyle");
22
23    // 为关于各区三星级饭店数量的条形添加数据标签
24    var datatag3star = svgdrawarea.selectAll("text1")
25                   .data(hotel3star)
26                   .enter()
27                   .append("text");
28    datatag3star.text(function(d) {
29        return d;
30    })
31    .attr("x", function(d,i) {
32        if(ytext[i] == "石景山") {
33            var dxcoordinates = leftmargin+5*hotelabove3star[i]+
34    5*d-6;
35        }
36        else {
37            var dxcoordinates = leftmargin+5*hotelabove3star[i]+
38    5*d-14;
39        }
40        return dxcoordinates;
41    })
42    .attr("y", function(d,i) {
43        if(ytext[i] == "石景山") {
```

```
44        var dycoordinates = topmargin+(i+1)*rectheight+i*
45   rectmargin+12;
46        }
47     else {
48        var dycoordinates = topmargin+i*rectheight+i*
49   rectmargin-3;
50        }
51     return dycoordinates;
52   })
53   .attr("class", "datatagstyle");
54
55   /* 根据数组 hotelbelow3star 中数据的个数添加<rect>元素，进行数据与
56   <rect>元素的联结（绑定），并通过设置<rect>元素起点横、纵坐标及宽、高来
57   绘制关于各区三星级以下饭店数量的条形 */
58   var rectanglebelow3star = svgdrawarea.selectAll("rect1")
59                       .data(hotelbelow3star)
60                       .enter()
61                       .append("rect");
62   rectanglebelow3star.attr("x", function(d,i) {
63      var xcoordinates = leftmargin+5*hotelabove3star[i]+5*
64   hotel3star[i];
65      return xcoordinates;
66   })
67   .attr("y", function(d,i) {
68      var ycoordinates = topmargin+i*rectheight+i*rectmargin;
69      return ycoordinates;
70   })
71   .attr("width", function(d) {
72      var rectwidth = 5*d;
73      return rectwidth;
74   })
75   .attr("height", rectheight)
76   .attr("class", "rectanglebelow3starstyle");
77
```

```
78    // 为关于各区三星级以下饭店数量的条形添加数据标签
79    var datatagbelow3star = svgdrawarea.selectAll("text1")
80                    .data(hotelbelow3star)
81                    .enter()
82                    .append("text");
83    datatagbelow3star.text(function(d) {
84        return d;
85    })
86    .attr("x", function(d,i) {
87        if(ytext[i] == "石景山") {
88            var dxcoordinates = leftmargin+5*hotelabove3star[i]+5*
89    hotel3star[i]+5*d-6;
90        }
91        else {
92            var dxcoordinates = leftmargin+5*hotelabove3star[i]+5*
93    hotel3star[i]+5*d-14;
94        }
95        return dxcoordinates;
96    })
97    .attr("y", function(d,i) {
98        var dycoordinates = topmargin+i*rectheight+i*rectmargin-3;
99        return dycoordinates;
100   })
101   .attr("class", "datatagstyle");
```

以上代码需要强调以下五点。

第一，由于上一步已经添加了<rect>元素和<text>元素，因此，在绘制关于各区三星级饭店数量的条形及添加与之相应的数据标签时，将用 selectAll( ) 方法传入的参数相应修改为"rect1"和"text1"（见代码第 4 行和第 24 行）。否则，若这里再选择所有<rect>元素和<text>元素，将对应到上一步的这些元素上，从而覆盖其中已有的内容。对此，最简单的方法就是将第 4 行和第 24 行代码中要选择的元素稍做修改，如本例改为选择<rect1>元素和<text1>元素，此时<svg>元素内没有这两个元素，就会按照后续代码添加新的<rect>元素和<text>元素来与相应数据联结（绑定）。在绘制关于各区三星级以下饭店数量的条形及添加与之相应的数据标签时，也进行同样的处理（见代码第 58 行和第 79 行）。

第二，各区三星级饭店数量所对应条形的起点横坐标都由该区三星级以上饭店数量所对应条形的起点横坐标及此条形的横向宽度来决定，因此，其横坐标的计算逻辑是"leftmargin+5*hotelabove3star[i]"（见代码第 9 行）。其中，变量 leftmargin 的值是该区三星级以上饭店数量所对应条形的起点横坐标值，hotelabove3star[i]是访问数组 hotelabove3star 中第 i 个值，即该区三星级以上饭店数量，它的 5 倍就是该区三星级以上饭店数量所对应条形的横向宽度。同理，各区三星级饭店数量所对应条形的数据标签的横坐标由该条形自身横向宽度、该区三星级以上饭店数量所对应条形的起点横坐标及此条形的横向宽度共同决定。不过，由于石景山区的相应条形横向宽度较短，所以，需要使用一个 if-else 语句做出判断（见代码第 32~39 行），当为石景山区的相应条形设置数据标签时，需稍微调整数据标签的横坐标值。

第三，各区三星级以下饭店数量所对应条形的起点横坐标由该区三星级以上饭店数量所对应条形的起点横坐标和此条形的横向宽度及该区三星级饭店数量所对应条形的横向宽度共同决定，计算逻辑是"leftmargin+5*hotelabove3star[i]+5*hotel3star[i]"（见代码第 63、64 行）。其中，变量 leftmargin 的值和 5*hotelabove3star[i]分别是该区三星级以上饭店数量所对应条形的起点横坐标值及此条形的横向宽度，5*hotel3star[i]则是该区三星级饭店数量所对应条形的横向宽度。可同理理解各区三星级以下饭店数量所对应条形的数据标签横坐标的计算逻辑（见代码第 87~94 行），其中同样使用了 if-else 语句，以便为石景山区相应条形的数据标签设置更合适的横坐标值。

第四，在设置各区三星级饭店数量所对应条形的数据标签的纵坐标时，我们也使用了一个 if-else 语句（见代码第 43~50 行）。这是因为石景山区所对应的三个条形的横向宽度都比较短，数据标签如果放置在同一行会挤到一起，因此使用 if-else 语句进行判断，当为石景山区三星级饭店数量所对应的条形设置数据标签时，将其设置在条形的下方（通过调整纵坐标的计算逻辑来实现，见代码第 44、45 行）。

第五，在上述代码中，分别为两组条形对应的<rect>元素和两组数据标签对应的<text>元素设置了类名。由于三星级、三星级以下饭店数量所对应条形的数据标签与三星级以上饭店数量所对应条形的数据标签样式相同，因此，后两组数据标签对应的<text>元素的类名被设置成第 3.1.3 步中的数据标签所对应的<text>元素的类名"datatagstyle"，如此一来，后两组数据标签就能按照第 3.1.3 步中设置的数据标签样式来显示。此外，为后两组条形对应的<rect>元素设置类名后，我们在 CSS 中通过类选择器指定两组条形，为其设置填充颜色，CSS 代码为：

```
.rectangle3starstyle {
    fill: #F9CD28;
}

.rectanglebelow3starstyle {
    fill: #347A94;
}
```

第 4 步：为 Y 轴添加文字标签。该步要在 Y 轴左侧对应每行条形的位置添加相应区名，这样才能让受众了解每行条形代表的区，从而理解堆积条形图的含义。根据图4-5，添加方式仍使用<text>标签，代码如下。

```
1    var yaxistag = svgdrawarea.selectAll("text1")
2              .data(ytext)
3              .enter()
4              .append("text");
5    yaxistag.text(function(d) {
6        return d;
7    })
8    .attr("x", leftmargin-50)
9    .attr("y", function(d,i) {
10       var tycoordinates = topmargin+i*rectheight+i*rectmargin+
11   rectheight/2+4;
12       return tycoordinates;
13   })
14   .attr("class", "yaxistagstyle");
```

在 Y 轴添加文字标签的这段代码，其原理与上一步添加数据标签是一样的，只有三点需要说明：第一，第 1 行代码选择所有<text1>元素，这样做仍然是因为前几步已经添加了<text>元素，为了根据后续代码添加新的<text>元素来与数组 ytext（第 2 行代码传入的参数）中的内容联结（绑定）而不覆盖已有的内容（数据标签），需要选择<svg>元素内从未出现过的元素名称作为参数传入。其中，ytext 是第 2 步定义的记录各区区名的数组。第二，第 8 行代码设置了文字标签的横坐标，横坐标的值是一个固定值，本例将该值设置为三星级以上饭店数量对应的条形与 SVG 绘图区域左侧边界的距离减去 50 像素。第 9～13 行代码设置了文字标签的纵坐标，其中，第 10、11 行代码计算了文字标签纵坐标的值，各文字标签的纵坐标是根据其所对应区的饭店数量的条形进行相对定位的。第三，最后一行使用 attr( )方法为文字标签添加了类名 "yaxistagstyle"，这样一来，就可以在 CSS 中通过类选择器指定这些文字标签，为其设置样式，即在 HTML 文档 index.html 的<head>元素内的<style>元素内部继续添加如下 CSS 代码，对文字标签的字体、字号和颜色进行设置。

```
.yaxistagstyle {
    font-family: "宋体";
    font-size: 14px;
    fill: #000000;
}
```

第 5 步：添加图例并设置其样式。我们分别针对 "三星级以上" "三星级" "三星级以下" 三组数据，进行图例的添加，包括用<rect>标签绘制矩形块，调节其位置，设置其样式，以及用<text>标签添加图例中的文字，调节其位置，并设置其样式，D3.js 代码如下。

```
/* 声明两个变量legendwidth和legendheight分别用于定义图例中矩形块宽度
和高度的具体值 */
    var legendwidth = 20;
    var legendheight = 14;
    /* 添加一个<rect>元素用于绘制图例中与"三星级以上"对应的矩形块，通过
attr( )方法设置矩形块起点的横坐标、纵坐标、宽度、高度，并为其添加 id 名
"legendabove3star"，以便在 CSS 中通过 ID 选择器指定该元素，为其设置样式 */
    var legendabove3star = svgdrawarea.append("rect")
```

```
                        .attr("x",svgwidth/2-140)
                        .attr("y",svgheight-17)
                        .attr("width",legendwidth)
                        .attr("height",legendheight)
                        .attr("id","legendabove3star");
```

　　/* 添加一个<text>元素，通过 attr( )方法设置其文本内容起点的横、纵坐标，并通过 text( )方法将其文本内容设置为"三星级以上"。同时，为该元素添加类名"legendtext"，以便在 CSS 中通过类选择器指定该元素，为其设置样式 */

```
    var legendtextabove3star = svgdrawarea.append("text")
                        .attr("x",svgwidth/2-115)
                        .attr("y",svgheight-5)
                        .text("三星级以上")
                        .attr("class","legendtext");
```

　　/* 添加一个<rect>元素用于绘制图例中与"三星级"对应的矩形块，通过 attr( )方法设置矩形块起点的横坐标、纵坐标、宽度、高度，并为其添加 id 名"legend3star"，以便在 CSS 中通过 ID 选择器指定该元素，为其设置样式 */

```
    var legend3star = svgdrawarea.append("rect")
                        .attr("x",svgwidth/2-30)
                        .attr("y",svgheight-17)
                        .attr("width",legendwidth)
                        .attr("height",legendheight)
                        .attr("id","legend3star");
```

　　/* 添加一个<text>元素，通过 attr( )方法设置其文本内容起点的横、纵坐标，并通过 text( )方法将其文本内容设置为"三星级"。同时，为该元素添加类名"legendtext"。由于所有图例文字的样式一致，故此处<text>元素的类名与"三星级以上"的图例文字所对应<text>元素的类名相同 */

```
    var legendtext3star = svgdrawarea.append("text")
                        .attr("x",svgwidth/2-5)
                        .attr("y",svgheight-5)
                        .text("三星级")
                        .attr("class","legendtext");
```

/* 添加一个<rect>元素用于绘制图例中与"三星级以下"对应的矩形块，通过 attr( )方法设置矩形块起点的横坐标、纵坐标、宽度、高度，并为其添加 id 名 "legendbelow3star"，以便在 CSS 中通过 ID 选择器指定该元素，为其设置样式 */

```
var legendbelow3star = svgdrawarea.append("rect")
                .attr("x",svgwidth/2+53)
                .attr("y",svgheight-17)
                .attr("width",legendwidth)
                .attr("height",legendheight)
                .attr("id","legendbelow3star");
```

/* 添加一个<text>元素，通过 attr( )方法设置其文本内容起点的横、纵坐标，并通过 text( )方法将其文本内容设置为"三星级以下"。同样为该元素添加类名 "legendtext" */

```
var legendtextbelow3star = svgdrawarea.append("text")
                .attr("x",svgwidth/2+78)
                .attr("y",svgheight-5)
                .text("三星级以下")
                .attr("class","legendtext");
```

上面的代码为三个矩形块对应的<rect>元素及图例中文字内容对应的<text>元素都添加了 id 名或类名，为了使图例中三个矩形块的填充颜色分别与三组条形的填充颜色对应，同时，为了让图例中文字的大小与矩形块的大小相适应等，需要在 CSS 中通过 ID 选择器或类选择器来指定相应元素，为其设置样式，CSS 代码如下。

```
#legendabove3star {
    fill: #BF1F1C;
}

#legend3star {
    fill: #F9CD28;
}
```

```
#legendbelow3star {
    fill: #347A94;
}

.legendtext {
    font-family: "宋体";
    font-size: 14px;
    fill: #000000;
}
```

不过，由于图例中三个矩形块的填充颜色分别与三组条形的填充颜色对应，因此，在该步所添加的 D3.js 代码中，用于绘制图例中三个矩形块而添加的三个<rect>元素，在使用 attr( )方法为它们添加 id 名的做法也可以用添加类名来代替，而三个矩形块的类名应分别与三组条形的类名设置相同，即分别设置为"rectangleabove3starstyle""rectangle3starstyle""rectanglebelow3starstyle"。由于这三个类名在前面的步骤中都已经添加了相应的设置填充颜色的 CSS 规则，因此，上面的 CSS 代码可以仅保留对类名是"legendtext"的元素的样式设置。

将以上各步的 D3.js 代码都依次添加到 HTML 文档 index.html 的<body>元素内部的<script>和</script>之间，并将以上各步的 CSS 代码都添加到 index.html 的<head>元素内的<style>元素内部（即添加嵌入式样式表），就可以实现如图 4-4 所示的效果。不过，本例通过嵌入式样式表添加的 CSS 代码也可以单独存储为一个 CSS 文档 d3.css，再通过添加外部样式表的方式链接到 HTML 文档 index.html。本例最终采用此做法，所形成的完整代码（包括 HTML 文档和 CSS 文档）可扫描 6.2.1 节最后的二维码查看，即其中的 B.1.6 和 B.2.2 部分，第 6 章为整合内容的需要，将该 HTML 文档的名称改为"d3chart"。

最后，总结并补充说明一点，在 D3.js 中用 CSS 来为元素设置样式有三种方法，分别是"attr( )+嵌入式样式表""attr( )+外部样式表""基于 style( )的内联样式表"。前两种方法在本例绘制堆积条形图时已分别加以使用。"attr( )+嵌入式样式表"的方法是先用 attr( )方法为元素添加类名（或 id 名），然后在 CSS 中以添加嵌入式样式表的方式通过类选择器（或 ID 选择器）指定相应元素，为其设置样式。而如果设置样式的 CSS 代码是通过外部样式表来添加的（即 CSS 代码存储为单独的 CSS 文档），则是 "attr( )+外部样式表"的方法。"基于 style( )的内联样式表"设置法则是用 style( )方法为元素添加 style属性，以便通过内联样式表的方式来设置样式。就本例绘制的堆积条形图而言，如果要用该设置法来重新设置图例中 "三星级以下"字样的颜色，则需要在变量 legendtextbelow3star 的赋值语句最后一行的分号之前添加关于 style( )方法的相应代码。style( )方法传入两个参数，前一个指定所要设置的样式的属性名，后一个是属性值。经过修改，变量 legendtextbelow3star 的赋值语句如下，其中，最后一行就是添加的代码，据此，图例中的 "三星级以下"字样被重新设置为红色。

```
var legendtextbelow3star = svgdrawarea.append("text")
                    .attr("x",svgwidth/2+78)
                    .attr("y",svgheight-5)
                    .text("三星级以下")
                    .attr("class","legendtext")
                    .style("fill","#FF0000");
```

不过，对于固定的样式，还是采用 "attr( )+嵌入式（或外部）样式表"的方式来设置更好，而设置一些随数据变化的样式则可以采用 "基于 style( )的内联样式表"设置法。例如，对于本例的堆积条形图，由于关于三星级和三星级以下饭店数量的条形都不是从同一竖直起点开始的，为了更直观地看出哪个区的三星级饭店或三星级以下饭店数量最多，可以让数据标签的字号随着所对应数值的大小而变化，数值越大，数据标签字号越大。在这种情况下，文本的字号属性 font-size 就需要根据三个数组 hotelabove3star、hotel3star 和 hotelbelow3star 中的数据来设置了，此时就可以用 "基于 style( )的内联样式表"设置法，通过在 style( )方法中定义函数来设置。方法是在本例绘制堆积条形图过程的第 3.1.3 步和第 3.2 步代码中，分别去掉最后一行、第 53 行和第 101行 ".attr("class", "datatagstyle");" 这句代码中的分号，并在其后分别添加如下代码。同时，去掉原来的 CSS 代码关于类名为 "datatagstyle"的元素样式设置中与 font-size 属性设置有关的代码 "font-size: 14px;"。

```
.style("font-size",function(d) {
```

```
        var datatagsize = d/2;      /* 除以 2 是为了让数据标签的最大字号不超
过两两条形之间的间距 */
        return datatagsize;
    });
```

　　此外，在讨论 D3.js 中用 CSS 来为元素设置样式的方法时，强调要用 attr( ) 方法为元素添加类名（或 id 名），不过，有时若通过标签选择器就能指定元素，也可以不用 attr( )方法。关于 D3.js，我们仅通过以上的实例做简单介绍，希望借此使读者了解 D3.js 进行可视化实践的基本原理、过程和方法。通过 D3.js 还可以进行丰富的交互式可视化实践，对更深入的内容不再展开。

4.2.2　ECharts

　　ECharts[122]是百度开发的可视化框架。同 D3.js 相比，虽然两者都属于基于 JavaScript 的可视化框架，不过 ECharts 是基于 HTML5 Canvas 的 JavaScript 库。至于什么是 HTML5 Canvas，前面的章节已经做了简单介绍，<canvas>就是 HTML5 用脚本语言（主要是 JavaScript）在网页中绘图的新元素，而前面也提到，虽然 D3.js 也支持 Canvas 绘图，但目前更常用的则是 "D3.js+SVG" 的模式。进一步说，ECharts 底层基于轻量级的 Canvas 类库 ZRender[123]，用它制作的图表也是交互式的。

　　ECharts 已经经历了 2.0、3.0 和 4.0 三个版本①（此处所指的版本 2.0、3.0 和 4.0 只是为了叙述方便所采用的一个笼统的叫法，本书后面都将采用这一叫法，各版本中还有子版本的更新升级，如 3.0 版本最终由 v3.0.0 升级到 v3.8.4，而本书所指 3.0 版本是泛指其所有子版本）。ECharts 2.0 已不再更新，但仍可以使用。该版本创建了坐标系、图例、提示和工具箱等组件，并构建出折线图、柱状图、散点图、K 线图等十余类图表，每类图表下又提供了若干实例，且支持图表的任意混搭，还具有可拖曳重计算、提供数据视图并支持基于用户对数据的修改实时更新可视化内容、可交互切换图表类型等十余种特性[123]。ECharts 3.0 则加入了更丰富的交互功能及可视化效果，提供了更多可视化图表实例，并抽离出 "坐标系" 的概念，支持直角坐标系、极坐标系和地理坐标系，同时，

---

① ECharts 2.0 的官方网址为 https://info.swufe.edu.cn/netinfo/echarts；ECharts 4.0 的官方网址为 https://echarts.apache.org/zh。

深度优化了移动端，包括缩小图表库的体积和优化交互，且在大数据的展现和多维数据支持上也都有更出色的表现[124]。如今，ECharts 3.0 已经完成了向更高版本的过渡，ECharts 4.0 是目前最新的版本，且成了 Apache 软件基金会（Apache Software Foundation，ASF）的一个正在孵化的项目。该版本支持多种格式的数据源，允许直接使用而无须转换数据格式，还通过增量渲染技术和其他细节优化，实现了对数据量级更大的数据集的流畅展现。它在渲染方案上的优化使所做可视化内容的展现适应于更多不同的应用场景。此外，ECharts 4.0 还支持根据图表配置项自动生成描述，实现了可视化内容面向盲人的无障碍访问[125]。

如前所述，ECharts 官网提供了使用该框架制作的大量可视化图表实例（包括相应代码和图表预览效果），对于初学者来说，可基于这些实例学习 ECharts，也可选择其中一个，并在此基础上对其代码做一些配置项（有时还可能涉及变量、函数）的添加、删除或修改，从而生成一个满足自己需求的图表。

ECharts 各版本的使用方法大致相同，ECharts 2.0 所能实现的效果相对更基础。接下来，本节主要以 ECharts 2.0 为例，说明用 ECharts 进行可视化实践的基本原理和过程，包括如何用 ECharts 来绘制图表，以及如何导出和使用所绘制的图表（以下称"ECharts 图表"）。针对同一个实例，也会简单介绍如何用 ECharts 4.0 来绘制，并说明绘制过程中的一些不同之处。本书 5.5.3 节还将继续讨论如何用 ECharts 4.0 进行可视化实践。

1. 使用 ECharts 绘制图表

总的来说，无论使用 ECharts 的哪个版本，都是基于代码来生成可视化内容的。不过，所需做的主要是在 ECharts 的代码中进行配置项的设置。ECharts 代码中的配置项以"配置项名:值"的形式出现。名值对之间用逗号分隔，最后一个配置项的后面无须添加逗号；只有一个配置项时，其后也无须添加逗号。对于比较简单的图表，一般主要设置 option 中的各配置项，这些配置项可以对数据、图表类型、图表标题、图表上各元素的颜色、图例、交互效果等进行设置；对于较复杂的图表，除了设置 option 中的各配置项外，有时可能还要设置其他一些用于定义数据等的变量或实现某些功能效果的函数。

关于绘制某内容或设置某效果、样式时到底应该使用什么配置项，以及如何设置它们的值，可查阅 ECharts 官方提供的文档。以使用 ECharts 2.0 为例，可查阅 ECharts 2.0 官网上的【参考手册】页面[126]，选择【文档】→【参考手册】导航菜单即可跳转到该页面①。在该页面中，通过选择左侧【描述】面板内各选项来查看相应学习资料，尤其是【选项】下的各内容。通常，与数据内容有关的配置项在 series 中，因此，【选项】下的【series（通用）】需重点查看。该项内容下又按照图表类型罗列了许多子链接，最好根据要绘制的图表类型有选择性地查阅，例如，要绘制饼图，可单击【series（通用）】下的【series（饼图）】，其中有对该类图表若干配置项的解释。此外，itemStyle 也比较常用，它与设置图形的样式有关，因此，可单击【选项】下的【itemStyle】，查看对它的解释及其中的更多配置项。ECharts 4.0 提供了更丰富的参考文档，包括"术语速查手册""配置项手册"②"GL 配置"等。"术语速查手册"[127]用可视化的方式对常用组件做了说明，并提供了按照图表系列类型、坐标系类型、组件文档类型进行配置项速查的功能。"配置项手册"[128]提供了对各配置项的检索查阅功能。在该页面左侧的搜索框中输入某个配置项名称并按 Enter 键（回车键）进行搜索，就可以在该页面右侧查看到与检索词有关的所有配置项说明。在"配置项手册"页面还可以单击相应标签切换到提供其他参考资料的页面，以其中之一的"GL 配置"[129]为例，它提供的是对地理信息可视化、三维空间可视化的若干配置项进行检索查阅的功能。

　　若要查看 ECharts 官网提供的实例，可通过单击官网页面上的【实例】菜单，跳转到实例汇总页面③。选择并单击打开一个图表实例的编辑页面，页面右侧预览区展示该实例的预览效果，左侧编辑区展示对应的代码。代码可在线编辑，每次编辑代码后，单击预览区的【刷新】按钮（ECharts 2.0 的操作）或编辑区的【运行】按钮（ECharts 4.0 的操作）④，就能在预览区看到更新后的图表效果。如前所述，对于初学者来说，结合实例来学习 ECharts 是最好的办法，制作者可以针对自己的可视化需求，从 ECharts 官网提供的实例中选择一

---

① ECharts 2.0 官网的【参考手册】页面网址为 https://info.swufe.edu.cn/netinfo/echarts/doc/doc.html。
② ECharts 2.0 官网的【文档】菜单下也有【配置项查找工具】，但链接已失效，不过，由于各版本的大部分配置项相同，故使用 ECharts 2.0 时也可以尝试通过 ECharts 4.0 官网的"配置项手册"来查阅对各配置项的解释。
③ ECharts 2.0 官网的实例汇总页面网址为 https://info.swufe.edu.cn/netinfo/echarts/doc/example.html；ECharts 4.0 官网的实例汇总页面网址为 https://echarts.apache.org/examples/zh/index.html。
④ 在 ECharts 4.0 中，当编辑区有更新时，一般会在预览区得到自动更新的预览效果；若未自动更新，即可按上述操作手动进行更新。

个最接近目标的实例，打开它的编辑页面，根据可视化目标，对页面所显示的代码中一些配置项进行编辑（修改或删除），或添加一些新的配置项，有时还可能要增删、修改一些变量或函数，从而得到与其可视化目标一致的图表及相应代码。接下来，我们就针对初学者，通过一个具体的实例分别介绍如何用 ECharts 2.0 和 ECharts 4.0 完成上述可视化实践过程。

在 4.2.1 节介绍了用 D3.js 绘制堆积条形图的实例（见例 4-1）。接下来，我们使用"北京市城六区及其他区拥有的各等级景区数量"的数据（见表 3-4），介绍如何用 ECharts 绘制堆积柱状图。堆积柱状图同堆积条形图的功能和特点类似，都能用于描述和比较多个对象的多组数据，且都能在进行同一对象的几组数据比较的同时显示不同对象整体上的差异。

【例 4-2】

目标：根据"北京市城六区及其他区拥有的各等级景区数量"的数据（见表 3-4），分别用 ECharts 2.0 和 ECharts 4.0 绘制堆积柱状图，效果如图 4-6 所示[①]。图表具有交互性，当鼠标指针悬停在每个柱形所在区域时，会显示关于此柱形的详细数据标签和注释。

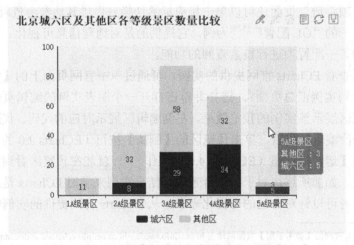

图 4-6 本例用 Echarts 绘制的堆积柱状图

---

① 图 4-6 是使用 ECharts 2.0 绘制的图表在编辑页面的图表预览区呈现的效果，因两版本平台自身差异性，与图 4-6 相比，ECharts 4.0 绘制的图表在背景、工具栏等的预览呈现上略有差异，但总体上相近。后文还会对此再做进一步说明。

　　过程：根据上文所述的绘制思路，我们要在 ECharts 官网提供的实例中选择最接近本例目标（见图 4-6）的一个，根据自己的可视化需求对其代码做一些配置项（还可能涉及变量、函数）的添加、删除或修改，以达成绘制目标。使用 ECharts 2.0、ECharts 4.0 都遵循此思路，具体过程都可划分为"初步绘制图表""深入修改图表样式"两个阶段。下面先介绍 ECharts 2.0 的可视化实践过程，再简单介绍使用 ECharts 4.0 的相应绘制过程。

　　1）使用 ECharts 2.0 绘制本例目标

　　（1）初步绘制图表

　　初步绘制图表的过程分为以下三步。

　　第 1 步：选择图表实例，即打开 ECharts 2.0 官网，从其提供的图表实例中选择与自己的绘制目标最接近的一个。就本例而言，我们先通过浏览器打开 ECharts 2.0 官网 https://info.swufe.edu.cn/netinfo/echarts，单击【实例】菜单，跳转到实例汇总页面。然后，依次浏览页面中各图表实例，发现 ECharts 2.0 中有两个图表实例——"堆积柱状图"[①]和"温度计式图表"[②]与我们的绘制目标比较接近，其中，从外观上来看，"温度计式图表"实例与我们的绘制目标更接近一些（"堆积柱状图"实例涉及的数据多于两组，且柱形以堆积和簇状混合的模式呈现，而"温度计式图表"实例同表 3-4 一样，仅涉及两组数据），因此，在用 ECharts 2.0 绘制本例目标时选择了"温度计式图表"实例，而后面在使用 ECharts 4.0 绘制本例目标时，我们会选择从一个形态与 ECharts 2.0 的"堆积柱状图"实例类似的实例开始。单击【温度计式图表】，跳转到该图表实例的编辑页面，如图 4-7 所示。如前所述，编辑页面的左侧是代码编辑区（在 ECharts 2.0 中即为【OPTION】面板），显示该图表实例对应的代码，可在线编辑；右侧是图表预览区。实际上，该"温度计式图表"实例只是从外观上与堆积柱状图相似，而从意义上来看并非表达了传统堆积柱状图的实用含义，关于这一点在后文还会说明，但这并不影响后续的绘制过程。

　　第 2 步：输入数据，做法是在所选图表实例的编辑页面，从【OPTION】面板显示的代码中找到与数据相关的配置项并进行修改。对于初学者来说，要从大堆代码中迅速找到相应配置项并非易事，但如前所述，可以通过 Echarts 2.0

① ECharts 2.0 官网的堆积柱状图实例参见 https://info.swufe.edu.cn/netinfo/echarts/doc/example/bar2.html。
② ECharts 2.0 官网的温度计式图表实例参见 https://info.swufe.edu.cn/netinfo/echarts/doc/example/bar10.html。

官网的【参考手册】页面或 Echarts 4.0 官网的【术语速查手册】、【配置项手册】
等页面帮助我们寻找需要修改的配置项。而且，与数据内容有关的配置项在
series 中，可作为查找重点。此外，还可以结合图表实例编辑页面右侧预览区
呈现的图表预览效果对应来找，即观察原有的图表实例预览效果，试着查找它
所显示的内容（如数据标签中的具体值）在左侧代码中对应的位置，并修改其
中的一些值，再单击【刷新】按钮刷新右侧的图表预览效果，观察发生的变化，
以判断所找的是不是需要的配置项，直到找到相应配置项为止。不仅输入或修
改数据可以这样做，有时，修改图表样式也可以采用此做法。

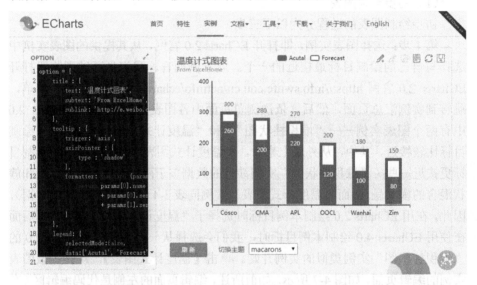

图 4-7　ECharts 2.0 的【温度计式图表】编辑页面

　　就本例而言，先观察原有图表实例预览效果及左侧的【OPTION】面板，
发现图表中显示的数据都出现在代码中 series 内的两个 data 中，通过在【参考
手册】、【配置项手册】页面进一步查阅，发现 series 中的 data 的确与数据有关，
而且，series 中的 name 与字段名有关。因此，修改 series 中两个 data 和 name
的值，根据表 3-4 中的数据，先将 series 的第一对花括号内的 data 的值修改为
"城六区"字段的数据"[0, 8, 29, 34, 5]"，同时，将这对花括号内 name 的值
修改为"城六区"；然后，将 series 中与第一对花括号同一级的另一对花括号
内 data 的值修改为"其他区"字段的数据"[11, 32, 58, 32, 3]"，同时，将这

对花括号内 name 的值修改为"其他区"。至于是将"其他区"放在前面还是将"城六区"放在前面，可结合图表实例的预览效果和绘制目标来决定，由于本例打算让其他区的柱形在上，城六区的柱形在下，故按照上述做法来修改数据。此外，我们还将两对花括号内的 stack 的值修改为"Barea"。stack 是用来控制堆积状态的，即 stack 值相同的几组数据所对应的柱形会被堆叠放置。本例也可以不修改原来的 stack 值或将其修改为其他任意值，只要使两对花括号内的 stack 的值相同即可。本例修改后的代码如下，仅展示包含了此步所修改代码在内的部分代码片段，且其中未在此步修改的代码用省略号代替，后面各步在展示代码时基本都如此处理。

```
series : [
    {
        name:'城六区',
        …
        stack: 'Barea',
        …
        data:[0, 8, 29, 34, 5]
    },
    {
        name:'其他区',
        …
        stack: 'Barea',
        …
        data:[11, 32, 58, 32, 3]
    }
]
```

第 3 步：修改图表标题、图例、横轴文字标签、鼠标指针悬停时的数据标签与注释。做法是继续在所选图表实例的编辑页面，从【OPTION】面板显示的代码中找到相应配置项进行修改，或对配置项做必要的增删。至于如何寻找相应配置项，可参考第 2 步介绍的方法。具体来说，本例需要在【温度计式图表】编辑页面的【OPTION】面板中对代码做如下四步修改。

第 3.1 步：修改图表标题。本例从代码中找到配置项 title，将其中用于设置主标题的配置项 text 的值改为"北京城六区及其他区各等级景区数量比较",删除用于设置图表副标题的配置项 subtext 和用来为副标题设置链接的配置项 sublink,同时删除 text 的值后的逗号(如前所述,只有一个配置项时或针对最后一个配置项,后面都无须添加逗号)。修改后的代码如下。

```
title : {
    text: '北京城六区及其他区各等级景区数量比较'
},
```

第 3.2 步:修改图例。本例从代码中找到与设置图例相关的配置项 legend,将其中 data 的值改为"['城六区', '其他区']",修改后的代码如下。

```
legend: {
    …
    data:['城六区', '其他区']
},
```

第 3.3 步:修改横轴文字标签。本例从代码中找到控制图表横轴的 xAxis,将其中 data 的值修改为"['1A 级景区','2A 级景区','3A 级景区','4A 级景区','5A 级景区']",修改后的代码如下。

```
xAxis : [
    {
        …
        data : ['1A 级景区','2A 级景区','3A 级景区','4A 级景区','5A 级
景区']
    }
],
```

第 3.4 步:修改鼠标指针悬停时的数据标签与注释。原始实例中,当鼠标指针悬停在某个柱形上时,显示三行信息:该柱形对应的横轴文字标签、柱形上半部分对应的字段名与数值,柱形整体对应的字段名与数值(即柱形上、下两部分对应的数值之和)。其中,本例经过第 2 步,第 3 行信息所显示的"柱形整体对应的字段名"已经被修改为柱形下半部分对应的字段名"城六区",具体由哪个配置项决定了它的改变,后文再做解释,而第 3 行信息所显示的数

值仍是柱形上、下两部分对应的数值之和。从原始实例鼠标指针悬停时呈现的上述信息可见，ECharts 2.0 官网提供的"温度计式图表"实例并未强调对上、下两部分柱形所代表的两组数据的比较，而强调的是上面的柱形所代表的部分与整体的数值关系。具体来说，原始实例上面的柱形代表的是对象的预测值，柱形整体代表实际值，其反映的是预测值的大小占实际值的百分比，故而其鼠标指针悬停时的数据标签也就主要呈现柱形上半部分和整体所代表的信息。本例需要对其进行修改，使得数据标签的第 3 行显示柱形下半部分对应的信息，其他两行信息不变。修改鼠标指针悬停时的显示信息（数据标签与注释）在 tooltip 中进行。从代码中找到 tooltip，其中用于格式化文本的配置项 formatter 的值是一个 function( )函数，它的返回值就是鼠标指针悬停时所要显示的信息。在原来的代码中，其返回值的第 3 行返回的是 series 的第 1 对花括号内 name 的值和柱形上、下两部分对应的数值之和。如前所述，由于第 2 步已经将上述 name 的值改为了柱形下半部分对应的字段名"城六区"（而原始实例中此处 name 的值对应于与柱形整体相应的字段名），因此，才会出现这一步开头描述中所说的本例在鼠标指针悬停时所显示的第 3 行信息中字段名已经变成了"城六区"，故此步只需将 function( )函数返回值的第 3 行代码中的"柱形上、下两部分对应的数值之和"改为"柱形下半部分对应的数值"即可，修改后的代码如下。

```
tooltip : {
    …
    formatter: function (params){
        return params[0].name + '<br/>'
        + params[0].seriesName + ' : ' + params[0].value + '<br/>'
        + params[1].seriesName + ' : ' + params[1].value; /* 改
为返回下半部分对应的数值 */
    }
},
```

至此，就得到了根据本例所用数据绘制的堆积柱状图，然后，进入第二阶段——深入修改图表样式。

（2）深入修改图表样式

得到根据本例所用数据初步绘制的图表以后，还可以继续对【OPTION】面板所显示的代码做修改，通过添加、删除和修改一些配置项，修改图表样式，如修改标题样式、图例位置和图例中文本的样式、坐标轴上文本标签的样式、柱形间距、柱形的填充颜色和边框、柱形上数据标签的显示内容和样式，以及鼠标指针悬停时所显示信息的样式等。至于如何确定所需使用的配置项，同样可参考第一阶段第 2 步介绍的方法。本例为实现图 4-6 的可视化效果，在完成第一阶段所有步骤的基础上，继续在【温度计式图表】编辑页面的【OPTION】面板中对代码做如下六步修改。

第 1 步：修改主标题文本的字体、粗细、字号和颜色。前面提到，title 中的 text 用于设置主标题的内容，而修改其文本的字体、粗细、字号和颜色的做法是：找到 title 所在位置，在其内部 text 配置项的后面添加逗号，再在它的下面添加与设置文本样式有关的 textStyle，并在其中添加控制字体的配置项 fontFamily、控制粗细的配置项 fontWeight、控制字号的配置项 fontSize 及控制颜色的配置项 color，修改后的代码如下，其中第 3～8 行是添加的代码。

```
title : {
    text: '北京城六区及其他区各等级景区数量比较',
    textStyle: {
        fontFamily: '宋体',
        fontWeight: 'bold',
        fontSize: 20,
        color: '#000000'
    }
},
```

第 2 步：修改图例位置及图例中文本的样式。本例要将图例设置在图表下方居中的位置，并调整图例中文本的字体和字号。前面提到，图例由 legend 控制，因此，可以在 legend 中添加用于定位的代码及与设置文本样式有关的 textStyle，修改后的代码如下。

```
legend: {
    selectedMode:false,
```

```
    x:'center',
    y:'bottom',
    data:['城六区', '其他区'],
    textStyle: {
        fontFamily: '宋体',
        fontSize: 14
    }
},
```

上述代码的第 3、4 行是所添加的用于定位的代码，分别指定了图例横向和纵向的位置，两者一起就将图例定位在了所需位置。第 6～9 行是所添加的用于设置图例中文本字体、字号的代码（第 5 行的最后还要添加逗号），关于文本样式设置的若干配置项已在第 1 步做了解释，此处不再赘述。

第 3 步：修改坐标轴上文本标签的样式。本例要调整的是文本标签的字体和字号，与坐标轴上文本标签的设置有关的配置项都在 axisLabel 中，故要分别在控制图表横轴的 xAxis 和控制图表纵轴的 yAxis 中添加 axisLabel，并在其中添加设置文本样式的配置项。而设置文本样式的方法与前两步相同，也是添加 textStyle 及与字体、字号有关的配置项，修改后的代码如下（所添加的代码通过注释进行说明）。

```
xAxis : [
    {
        …
    data : ['1A 级景区','2A 级景区','3A 级景区','4A 级景区','5A 级
景区'],
        /* 在上一行的最后添加逗号，然后，添加如下 6 行关于坐标轴上文本标签
字体、字号的设置代码 */
        axisLabel : {
            textStyle: {
                fontFamily: '宋体',
                fontSize: 14
            }
        }
    }
```

```
    ],
    yAxis : [
        {
            …
            boundaryGap: [0, 0.1],
            /* 在上一行的最后添加逗号，然后，添加如下 6 行关于坐标轴上文本标签
字体、字号的设置代码 */
            axisLabel : {
                textStyle: {
                    fontFamily: '宋体',
                    fontSize: 14
                }
            }
        }
    ],
```

第 4 步：修改柱形的间距、填充颜色、边框颜色与边框粗度。就本例而言，先从 series 中找到控制柱形间距的配置项 barCategoryGap，将其值修改为"30%"。然后，从 series 中寻找 itemStyle。前面提到，itemStyle 是与设置图形样式有关的配置项。我们从 series 中找到两个 itemStyle，分别对应"城六区"和"其他区"的柱形，其中的配置项 color、barBorderColor 和 barBorderWidth 分别用于设置柱形的填充颜色、边框颜色和边框粗度。本例依次修改与"城六区""其他区"的柱形对应的上述三个配置项的值。修改后的代码如下。

```
    series : [
        {
            …
            barCategoryGap: '30%',
            itemStyle: {
                normal: {
                    color: '#BF1F1C',
                    barBorderColor: '#BF1F1C',
                    barBorderWidth: 0,  /* 表示不加边框。因此，
barBorderColor 的值也可以不修改，或者也可以将 barBorderColor 和
```

```
barBorderWidth 两个配置项都删除 */
            …
          }
        },
        …
      },
      {
        …
        itemStyle: {
          normal: {
            color: '#FFD184',
            barBorderColor: '#FFD184',
            barBorderWidth: 0,  /* 表示不加边框。因此，
barBorderColor 的值也可以不修改，或者也可以将 barBorderColor 和
barBorderWidth 两个配置项都删除 */
            …
          }
        },
        …
      }
    ]
```

第 5 步：修改柱形上数据标签的显示内容和样式（主要修改数据标签的位置、字体、字号和颜色）。继续在 series 中关于图形样式设置的配置项 itemStyle 中寻找，找到两个 itemStyle 中与标签设置有关的配置项 label，第一个 label 与"城六区"（即柱形下半部分）有关，第二个 label 与"其他区"（即柱形上半部分）有关。本例对两个 label 中的代码做如下三步修改，以完成柱形上数据标签的相应设置。

第 5.1 步：修改数据标签的显示内容。原始图表实例的数据标签显示的是柱形上、下两部分对应的数值之和及下半部分对应的数值，本例需要修改为显示上半部分对应的数值、下半部分对应的数值，方法是对第二个 label（与柱形上半部分有关）中的代码进行修改。在该 label 中，原始图表实例的配置项 formatter（该配置项用来格式化文本）的值是一个 function( )函数的返回值，返

回的是对柱形上、下两部分数值进行求和的结果，这里只需将 formatter 及其值删除即可。

第 5.2 步：修改数据标签的位置。数据标签的位置由 label 中的配置项 position 来设置。本例分别将两个 label 中 position 的值修改为"inside"，使数据标签分别在柱形上、下两部分的中心显示。

第 5.3 步：修改数据标签的字体、字号和颜色。数据标签也是文本，其设置字体、字号、颜色等样式的方法与前面设置主标题文本、图例中文本样式的方法相同，也是通过设置 textStyle 及与字体、字号、颜色有关的配置项来实现的。本例先找到第一个 label（与柱形下半部分有关），在其中的 position 配置项后面添加逗号，并添加 textStyle 及 fontFamily、fontSize、color 来设置与柱形下半部分对应的数据标签的字体、字号和颜色；然后找到第二个 label（与柱形上半部分有关），其中已经有 textStyle，而 textStyle 中已经设置了 color，故将其中 color 的值修改为所需的颜色值，并添加 fontFamily 和 fontSize 来设置与柱形上半部分对应的数据标签的字体和字号。

经过以上三个子步骤，修改后的代码如下。

```
series : [
    {
    …
    itemStyle: {
        normal: {
        …
            label : {
                /* 修改下面 position 的值，即数据标签的位置，使标签在
柱形下半部分的中心显示。同时，在此行代码末尾添加逗号 */
                show: true, position: 'inside',
                /* 添加 textStyle 及 fontFamily、fontSize、color
来设置数据标签的字体、字号和颜色 */
                textStyle: {
                    fontFamily: '宋体',
                    fontSize: 14,
                    color: '#FFD184'
                }
```

```
                    }
                }
            },
            …
        },
        {
            …
            itemStyle: {
                normal: {
                    …
                    label : {
                        show: true,
                        /* 修改下面 position 的值, 即数据标签的位置, 使标签在
柱形上半部分的中心显示, 并删除 position 下面的 formatter 配置项 */
                        position: 'inside',
                        textStyle: {
                            fontFamily: '宋体', /* 添加 fontFamily
                                            以设置字体 */
                            fontSize: 14,      // 添加 fontSize 以设置字号
                            color: '#BF1F1C'   // 修改数据标签的颜色
                        }
                    }
                }
            },
            …
        }
    ]
```

　　通过上述步骤，就能让数据标签在指定位置以指定样式显示了。不过，本例数据标签中的"0"值标签也会显示出来。为了使图表更美观，我们让"0"值标签不显示，方法是在 label 中添加用于格式化文本的配置项 formatter，将它的值定义为一个 function( )函数，使得只有当柱形（指柱形上半部分或柱形下半部分，而非整体）对应的数值大于 0 时，数据标签才显示。由于本例只有柱形下半部分有"0"值，故在第一个 label（与柱形下半部分有关）中添加实

现上述目标的代码，修改后的代码如下。

```
series : [
    {
        …
        itemStyle: {
            normal: {
                …
                label : {
                    …
                    textStyle: {
                        …
                    },   /* 在 textStyle 的值的最后添加逗号，再在其下方添
加配置项 formatter */
                    formatter: function (params) {
                        for (var i = 0, k = option.xAxis[0].data.
length; i < k; i++) {
                            if (option.xAxis[0].data[i] == params.
name && option.series[0].data[i] >0) {
                                return option.series[0].data[i];
                            }
                        }
                    }   /* 函数完成的功能是仅当柱形对应的数值大于 0 时才显
示数据标签 */
                }
            }
        },
        …
    },
    {
        …
    }
]
```

第 6 步：修改鼠标指针悬停时所显示信息的样式。为了使图表上所显示的

文本字体和字号更统一，本例还要修改鼠标悬停时所显示文本的字体和字号。控制鼠标指针悬停时信息状态的配置项在 tooltip 中，而设置文本字体、字号等样式的方法与前面的步骤相同，因此，要将代码做如下修改。

```
tooltip : {
    …
    formatter: function (params){
        …
    },  /* 在 formatter 的值的最后添加逗号，再在下面添加 textStyle 及
fontFamily、fontSize 以设置悬停时信息文本的字体、字号 */
    textStyle: {
        fontFamily: '宋体',
        fontSize: 14
    }
},
```

在【温度计式图表】编辑页面按照以上所有步骤完成代码修改后，单击【刷新】按钮，就能得到如图 4-6 所示的图表效果[①]，通过此绘制过程形成的完整代码可扫描旁边的二维码查看。

2）使用 ECharts 4.0 绘制本例目标

如前所述，使用 ECharts 4.0 进行可视化实践与使用 ECharts 2.0 遵循同样的思路，分为"初步绘制图表""深入修改图表样式"两个阶段。

（1）初步绘制图表

该阶段也分三步来完成。

第 1 步：选择图表实例，即打开 ECharts 4.0 官网 https://echarts.apache.org/zh，单击【实例】菜单，跳转到实例汇总页面，从其提供的图表实例中选择与自己的绘制目标最接近的"堆叠柱状图"实例[②]。单击【堆叠柱状图】，跳转到该图表实例的编辑页面。编辑页面左侧是代码编辑区，显示该图表实例对应的代码；右侧是图表预览区。

---

① 预览区显示的图表背景上有底纹，该底纹是由编辑页面所提供的主题决定的，而图表本身的背景是透明的，若将图表嵌入其他网页，图表背景将显示为该网页背景。

② ECharts 4.0 官网的堆叠柱状图实例参见 https://echarts.apache.org/examples/zh/editor.html?c=bar-stack。

第 2 步：编辑数据。如前所述，图表中所显示的数据都出现在代码中 series 内的 data 中，不过，该实例原本有 9 组数据，而本例只有两组数据，因此要删除代码中多余的 7 组数据。删除多余的数据时要注意，原图表实例中只有部分柱形呈现堆积状态，因此，最好从呈现堆积状态的柱形对应的数据中选择两组数据进行保留（也可以通过 stack 的值来辨别，如前所述，stack 是用来控制堆积状态的，stack 值相同的几组数据所对应的柱形会被堆叠放置）。最终，我们保留了第 2、3 组数据，其余删除。对 series 中保留下来的两对花括号内的 data 和 name 的值做相应修改，根据表 3-4 中的数据，将第一对花括号内 name 的值修改为"城六区"，data 的值修改为"[0, 8, 29, 34, 5]"；将第二对花括号内 name 的值修改为"其他区"，data 的值修改为"[11, 32, 58, 32, 3]"。此外，还将两对花括号内的 stack 的值修改为"Barea"。修改后的代码如下。

```
series: [
    {
        name: '城六区',
        …
        stack: 'Barea',   /* 此处也可以不修改或修改为其他任意值，只要使
两个 stack 的值相同即可 */
        data: [0, 8, 29, 34, 5]
    },
    {
        name: '其他区',
        …
        stack: 'Barea',   /* 此处也可以不修改或修改为其他任意值，只要使
两个 stack 的值相同即可 */
        data: [11, 32, 58, 32, 3]
    }
]
```

第 3 步：修改图表标题、图例、横轴文字标签、鼠标指针悬停时的数据标签与注释。做法是继续对代码做如下四步修改。

第 3.1 步：修改图表标题。由于原图表实例没有标题，因此要在代码中添加如下用于设置标题的代码，可添加在原代码的第 2 行 tooltip 的代码之上。

```
title : {
    text: '北京城六区及其他区各等级景区数量比较'
},
```

第 3.2 步：修改图例。从代码中找到与图例设置相关的 legend，将其中 data 的值改为 "['城六区', '其他区']"。从此步起，与 ECharts 2.0 所做修改类似的步骤不再展示修改后的代码。

第 3.3 步：修改横轴文字标签。从代码中找到控制图表横轴的 xAxis，将其中 data 的值修改为 "['1A 级景区','2A 级景区','3A 级景区','4A 级景区','5A 级景区']"。

第 3.4 步：修改鼠标指针悬停时的数据标签与注释。原始实例经过以上步骤的修改后，当鼠标指针悬停在某个柱形上时，从上到下依次显示该柱形对应的横轴文字标签、柱形下半部分对应的字段名和数值、柱形上半部分对应的字段名和数值，且两个字段名的前面都会出现与其对应的柱形部分同色的小圆点。本例要将显示顺序进行调整，使之先显示上半部分对应的信息，再显示下半部分对应的信息，并去掉字段名前的小圆点。修改方法是从代码中找到 tooltip，在 tooltip 内代码的最后添加逗号，然后在其下面添加用于格式化文本的配置项 formatter，将它的值设置为一个 function( )函数，函数的具体定义见以下代码。

```
tooltip : {
    …　// 在原来代码的末尾添加逗号，接着在下方添加配置项 formatter
    formatter: function (params){
        /* 返回值的第 1 行为柱形对应的横轴文字标签，第 2 行为柱形上半部分对
应的字段名和数值，第 3 行为柱形下半部分对应的字段名和数值 */
        return params[0].name + '<br/>'
        + params[1].seriesName + ' : ' + params[1].value + '<br/>'
        + params[0].seriesName + ' : ' + params[0].value;
    }
},
```

（2）深入修改图表样式

继续在【堆叠柱状图】编辑页面对代码做如下七步修改，以根据本例目标

修改图表样式。

第1步：为图表添加工具栏。ECharts 4.0 的"堆叠柱状图"实例未显示工具栏，因此，根据本例绘制目标（见图4-6），我们需要为图表添加工具栏。与工具栏设置相关的是 toolbox，本例在 legend 配置项的下面添加了 toolbox 并根据绘制目标做了相应设置，所添加的代码如下，其中设置了 show、feature、dataView、restore、saveAsImage 等，它们的具体作用见代码中的注释。不过，因两个 ECharts 版本自身差异，所显示的工具栏外观不同，且在 ECharts 4.0 中没有"辅助线开关"工具，换言之，ECharts 4.0 图表中最终呈现的工具栏效果与图4-6会有一定差异。

```
toolbox: {
    show : true,    /* 控制工具栏是否显示，值为 true 时显示，为 false 时
不显示 */
    feature : {
        /* dataView 用于添加数据视图工具，show 用于控制该工具是否显示，
readOnly 用于指定其是否不可编辑。restore 用于添加还原配置项工具，在图表中起刷
新图表的作用。saveAsImage 用于添加保存图表为图片并下载该图片的工具。restore
和 saveAsImage 中 show 的作用同前。而且，所有 show 的默认值都为 true，因此以下
代码中关于 show 的设置也都可以省略。 */
        dataView : {show: true, readOnly: false},
        restore : {show: true},
        saveAsImage : {show: true}
    }
},
```

第2步：修改主标题文本的字体、粗细、字号和颜色，使之与图4-6中标题的样式相符。做法是找到 title，在其内部 text 配置项的后面添加逗号，再在其下面添加与设置文本样式有关的 textStyle，并在其中添加 fontFamily、fontWeight、fontSize、color 四个配置项，分别用于设置文本的字体、粗细、字号和颜色，修改后的代码如下，从第2行逗号起到第9行是添加的代码。

```
title : {
    text: '北京城六区及其他区各等级景区数量比较',    /* 在该行的后面添加
```

```
逗号 */
    textStyle: {
        fontFamily: '宋体',
        fontWeight: 'bold',
        fontSize: 20,
        color: '#000000'
    }
},
```

　　第 3 步：修改图例位置及图例中文本的样式。首先，修改图例的位置。原始实例中，图例位于图表上方居中的位置，本例要将其设置到图表下方居中的位置，做法仍然是在 legend 中添加用于定位图例的代码。不过，ECharts 4.0 定位图例的代码与 ECharts 2.0 有所不同，就本例而言，ECharts 4.0 用于定位图例的代码是"bottom: -5"，bottom 的值指定了图例与绘图区（或称"容器""画布"）底部的距离，一般应设置成大于或等于 0 的值，但由于在绘制该堆积柱状图时，即使将 bottom 的值设置为 0，横轴上的文字标签与图例仍距离太近，故将该值设置为一个负数。然后，修改图例中文本的样式，主要修改其字体和字号，方法与第 2 步修改主标题文本的样式相同，不再详细说明。完成第 3 步修改后，legend 的代码如下。

```
legend: {
    bottom: -5,    // 添加用于定位图例的代码
    data:['城六区', '其他区'],
    /* 在配置项 data 的后面添加逗号，再在下方添加 textStyle 及
fontFamily、fontSize 来设置图例中文本的字体和字号 */
    textStyle: {
        fontFamily: '宋体',
        fontSize: 14
    }
},
```

　　第 4 步：修改坐标轴上文本标签的样式，主要调整文本标签的字体和字号。与 ECharts 2.0 相同的是，ECharts 4.0 中与坐标轴上文本标签的设置有关的配置项也都在 axisLabel 中，故要分别在控制图表横轴的 xAxis 和控制图表纵轴的

yAxis 中添加 axisLabel，并在其中添加设置文本样式的配置项。不过，与 ECharts 2.0 不同的是，ECharts 4.0 在 axisLabel 中就可以直接添加设置文本各样式的配置项（就本例而言，即直接添加设置字体的 fontFamily 和设置字号的 fontSize），而不需要再添加 textStyle，修改后的代码如下。

```
xAxis: [
    {
        …
        data:['1A级景区','2A级景区','3A级景区','4A级景区','5A级景
区'],
        /* 在配置项 data 的后面添加逗号，再在下方添加 axisLabel 及
fontFamily、fontSize 以设置横轴上文本标签的字体和字号 */
        axisLabel: {
            fontFamily: '宋体',
            fontSize: 14
        }
    }
],
yAxis: [
    {
        type: 'value',
        /* 在配置项 type 的后面添加逗号，再在下方添加 axisLabel 及
fontFamily、fontSize 以设置纵轴上文本标签的字体和字号 */
        axisLabel: {
            fontFamily: '宋体',
            fontSize: 14
        }
    }
],
```

第 5 步：修改柱形的间距、填充颜色、边框颜色与边框粗度。先向 series 内的第一对花括号中添加用于控制柱形间距的配置项 barCategoryGap，将其值设置为"30%"。然后，在两对花括号内添加关于图形样式设置的 itemStyle，并在其中添加 color、barBorderColor 和 barBorderWidth，分别用来设置柱形的

填充颜色、边框颜色和边框粗度。实际上，根据图 4-6，此步只需添加用于设置柱形填充颜色的配置项 color 即可，而我们为了今后修改图表时方便调整柱形样式，也添加了用于设置柱形边框颜色和边框粗度的配置项 barBorderColor 和 barBorderWidth，而将 barBorderWidth 的值设置为 0，从而使柱形不显示边框。将来需要添加边框时，可以直接调整该值。修改后的代码如下（本例将以上配置项都分别添加在两对花括号中配置项 data 的上方）。

```
    series: [
        {
            …
            barCategoryGap: '30%',
            itemStyle: {
                color: '#BF1F1C',
                barBorderColor: '#BF1F1C',    /* 若仅为完成本例目标,也可以
不添加该配置项 */
                barBorderWidth: 0             /* 若仅为完成本例目标,也可以
不添加该配置项 */
            },
            data: [0, 8, 29, 34, 5]          /* 在该配置项上方添加该步设
置"城六区"柱形样式的配置项 */
        },
        {
            …
            itemStyle: {
                color: '#FFD184',
                barBorderColor: '#FFD184',    /* 若仅为完成本例目标,也可以
不添加该配置项 */
                barBorderWidth: 0             /* 若仅为完成本例目标,也可以
不添加该配置项 */
            },
            data: [11, 32, 58, 32, 3]        /* 在该配置项上方添加该步设
置"其他区"柱形样式的配置项 */
        }
    ]
```

第 6 步：设置柱形上数据标签的显示内容和样式（主要设置数据标签的位置、字体、字号和颜色）。在 ECharts 4.0 的原始实例中，柱形上未显示数据标签，因此，根据本例绘制目标，需完成以下两步设置。

第 6.1 步：显示数据标签，并设置其位置。在上一步添加的两个 itemStyle 的下方分别添加一个 label，并在 label 中添加用于控制标签显示状态的配置项 show 和设置位置的配置项 position。

第 6.2 步：修改数据标签的字体、字号和颜色。接着在第 6.1 步添加的第一个 label（与柱形下半部分有关）和第二个 label（与柱形上半部分有关）中的配置项 position 后面添加逗号，并在其下方添加 fontFamily、fontSize 和 color 以设置数据标签的字体、字号和颜色。

经过以上两个子步骤，修改后的代码如下。

```
series: [
    {
        …
        …    // 在配置项 itemStyle 的下方添加 label
        label : {
            show: true,    // 添加用于控制标签显示状态的配置项 show
            position: 'inside',    /* 添加设置位置的配置项 position,
并在其下方添加 fontFamily、fontSize 和 color 以设置数据标签的字体、字号和颜色 */
            fontFamily: '宋体',
            fontSize: 14,
            color: '#FFD184'
        },
        …
    },
    {
        …
        …    // 在配置项 itemStyle 的下方添加 label
        label : {
            show: true,    // 添加用于控制标签显示状态的配置项 show
            position: 'inside',    /* 添加设置位置的配置项 position,
并在其下方添加 fontFamily、fontSize 和 color 以设置数据标签的字体、字号和颜色 */
```

```
        fontFamily: '宋体',
        fontSize: 14,
        color: '#BF1F1C'
    },
    …
    }
]
```

通过上述步骤，就能让数据标签在指定位置以指定样式显示了。

从第 4 步到第 6 步可见，ECharts 4.0 更推崇配置项结构的扁平化，在其绘制过程的第 4 步设置坐标轴上文本标签的字体、字号等样式时，fontFamily、fontSize 等不用再嵌套于 textStyle 中；在第 5 步设置柱形的填充颜色等样式时，配置项不用再嵌套于 normal 中；在第 6 步中，label 配置项也从 itemStyle 中独立出来，而且 label 也可以直接通过 fontFamily、fontSize、color 等来设置文本各样式，而不需要再使用 textStyle。不过，ECharts 4.0 对 ECharts 2.0 的大部分代码是兼容的，即便这三步采用 ECharts 2.0 的配置项结构来实现，也能得到正常显示的图表效果。

接下来，为了让本例中的"0"值标签不在图表中显示，从而使图表更美观，可以与使用 ECharts 2.0 时的做法一样，在第一个 label（与柱形下半部分有关）中新添加的配置项 color 的最后添加一个逗号，并在其下方添加用于格式化文本的配置项 formatter，将其值定义为一个 function( )函数，使得只有当柱形（指柱形上半部分或柱形下半部分，而非整体）对应的数值大于 0 时，数据标签才显示。关于实现该目标的代码，我们不再单独展示，读者可从实现本例绘制目标的完整代码（扫描旁边的二维码可查看）中查看与该部分相关的代码。

第 7 步：修改鼠标指针悬停时所显示信息的样式。做法与 ECharts 2.0 相同，即在 tooltip 中添加关于文本样式设置的代码，修改后的代码如下。

```
tooltip: {
    …
    formatter: function (params){
        …
```

```
    },   /* 在 formatter 的值的最后添加逗号，再在下面添加 textStyle 及
fontFamily、fontSize 来设置鼠标指针悬停时信息文本的字体、字号 */
    textStyle: {
        fontFamily: '宋体',
        fontSize: 14
    }
},
```

在 ECharts 4.0 的【堆叠柱状图】编辑页面按照以上所有步骤修改代码后就能绘制所需的堆积柱状图，本例绘制完成后，在代码编辑区所形成的完整代码和在图表预览区所呈现的具体效果可扫描上述二维码查看。如前所述，因两个版本平台自身的差异，ECharts 4.0 图表预览区显示的图表效果在背景和工具栏等的呈现上与图 4-6 会略有不同，而且，实际上图表本身的背景都是透明的，所显示的是平台所提供主题中的背景。

总的来说，在用 ECharts 进行可视化实践时，主要就是增删、修改用于绘制图表、设置效果的各个配置项的代码，有时还会涉及变量、函数的增删、修改，最终通过它们的组合形成可视化图表。制作者可以在 ECharts 提供的实例基础上进行满足自己需求的可视化实践，如果对 ECharts 足够熟悉，也可以从头开始添加、设置或定义所需配置项、变量、函数等。灵活运用和组合 ECharts 提供的配置项，能生成非常丰富的可视化内容。在 5.5.3 节，我们还会用 ECharts 4.0 完成更复杂的可视化实践案例。

2. 导出和使用 ECharts 图表的方法

在 ECharts 官网图表实例编辑页面的代码编辑区完成代码的在线编辑以后，需要将所绘制的 ECharts 图表导出和使用，方式有两种：一种是导出静态图表。以 ECharts 2.0 为例，如前所述，ECharts 2.0 的图表实例编辑页面所显示的图表预览效果中一般都呈现了工具栏，且其中通常都有【保存为图片】按钮，通过该按钮就可以保存静态图表。若无此按钮，可通过向代码中添加 toolbox 及向 toolbox 中添加 saveAsImage 来增加该按钮。ECharts 4.0 也可通过上述操作导出静态图表。另一种导出和使用 ECharts 图表的方式是在网页中使用具有交互性的图表。这是使用 ECharts 图表的更常见方式。ECharts 的两个版本中，将交互式图表嵌入网页的方法都是将所绘制图表对应的代码嵌入 HTML

网页代码，实现方法大致相同，不过，ECharts 4.0 的嵌入方法更简单。对于具体做法，ECharts 两个版本的官网都提供了快速上手的教程[130、131]。而且，ECharts 4.0 还在每个图表实例编辑页面的图表预览区设置了【Download】按钮，在编辑页面通过编辑代码得到所需的图表效果后，单击该按钮，就可以将其直接下载到已经嵌入了所绘制的 ECharts 图表的 HTML 文档。如此一来，制作者又多了一种将使用 ECharts 4.0 绘制的交互图表嵌入自己网页的做法，即可以先在图表实例编辑页面通过【Download】按钮下载包含了 ECharts 图表的网页文件，再借助<iframe>一类的 HTML 标签，将该网页文件中的图表嵌入并显示于自己的其他网页。

下面结合例 4-2 的图表，对在网页中嵌入 ECharts 2.0 图表的过程做一个简单描述，而关于在网页中嵌入 ECharts 4.0 绘制的可视化内容，由于其做法与 ECharts 2.0 有相似之处且更为简单，故不再赘述，至于<iframe>标签的使用方法，本书第 6 章将会介绍。

【例 4-3】

目标：将例 4-2 中绘制的 ECharts 2.0 图表加载到一个 HTML 页面中。

过程：本例按照 ECharts 2.0 官网所提供教程中介绍的步骤[130]来进行实际操作。

第 1 步：打开需要加载 ECharts 图表的 HTML 文档，在<body>元素的内部为 ECharts 准备一个具备宽度和高度的 DOM（作为加载和显示图表的区域），通过一个<div>元素来定义，代码如下。

```
<div id="stackedbar" style="width:600px; height:400px"></div>
```

其中，用 style 属性指定<div>元素的样式：宽度（width）为 600px（像素）、高度（height）为 400px，用 id 属性指定<div>元素的 id 名为"stackedbar"。此外，还有两点需要说明：第一，如 4.1 节所述，一个<div>元素可以被看作一个无高度、边框和填充颜色的矩形框，通过 CSS 样式表可对其宽、高、边框、填充背景等样式进行设置。这里使用了 CSS 内联样式表的方式来指定<div>元素的样式（宽和高），实际上也可以用嵌入式样式表或外部样式表的方式来设置。第二，<div>元素的宽度也可以不指定，但高度必须指定。若不指定宽度，图表宽度将由设备屏幕宽度和浏览器窗口宽度共同决定。

第 2 步：在<body>元素的内部，在上一步的代码之后添加<script>标签引入文件 echarts.js，需要添加的代码如下。

```
<script src="http://echarts.baidu.com/build/dist/echarts.js">
</script>
```

其中，src 属性用于指定 echarts.js 文件所在的位置，可以直接从 ECharts 官网加载该文件，这正是本例采用的做法；也可以先将它的文件压缩包下载到本地，再从本地加载该文件（这时要写相对路径）。下载 ECharts 2.0 文件压缩包的方法是在其官网选择【下载】→【echarts-2.2.7(from Baidu)】（或【echarts-2.2.7(from Github)】）命令。实际上，上述这行代码就是向 HTML 文档引入一个 JavaScript 文件，根据 2.3.3 节对 HTML 引用 JavaScript 方式的介绍，上述代码也可以放置在<head>元素的内部。

第 3 步：在<body>元素的内部再新建一个<script>标签，然后在<script>和</script>之间配置 ECharts 和所需图表的路径，需添加的代码如下。

```
<script>
  require.config({
    paths: {
      echarts: 'http://echarts.baidu.com/build/dist'
    }
  });
</script>
```

其中，如果第 2 步选择了将 ECharts 文件压缩包下载到本地并从本地加载，则第 4 行代码中的路径就需要填写相应文件夹所在的本地路径，且要用相对路径；如果直接从 ECharts 官网加载文件，则使用上述代码中的路径。

第 4 步：在第 3 步新建的<script>元素内部加载 ECharts 和所需图表类型，并在回调函数中初始化图表，配置图表实例各配置项，以生成图表，即在第 3 步新建的<script>元素内部继续添加如下代码。

```
require(
  [
    'echarts',
```

```
            'echarts/chart/bar'
        ],
        function (ec) {
            var myChart = ec.init(document.getElementById
('stackedbar'));
            // 此处添加在图表实例编辑页面完成图表绘制后对应的代码
            myChart.setOption(option);
        }
    );
```

其中，第3、4行代码用于加载 ECharts 和所需图表类型，特别是第4行，要根据所绘制的图表所属图表类型添加与之对应的模块，例如，柱状图就加载 bar 模块。通过加载该模块，实际就加载了一个 JavaScript 文件 bar.js。从第6行开始的 function( )函数是回调函数，它的函数体进行的操作是基于执行第1步时准备好的<div>元素，初始化 ECharts 图表，配置图表实例各配置项，从而生成图表并显示在所准备的<div>元素内，因此，该函数中 getElementById( )方法传递的参数要与第1步对<div>元素赋予的 id 名一致。通过 init( )方法就实现了图表的初始化。为了便于读者理解代码的整体结构，function( )的函数体的第3行使用了一个注释，在实际操作中，注释所在位置一般均用来放置制作者所绘制图表对应的代码，即把在图表实例编辑页面的代码编辑区中绘制图表所形成的所有代码复制并粘贴到此处，粘贴了代码以后，还要在 option 前面添加"var"和一个空格。就本例而言，就是在函数体的第3行先添加"var"和一个空格，再粘贴用 ECharts 2.0 完成例4-2的绘制目标后得到的代码。function( )的函数体的最后一行使用 setOption( )方法完成图表实例各配置项的配置，从而生成图表并在指定的<div>元素内显示。

经过以上四步，就在网页中加载和使用了通过 ECharts 2.0 绘制的图表，加载了该 ECharts 2.0 图表的网页代码可扫描旁边的二维码查看。

4.2.3　其他基于 JavaScript 的框架

其他基于 JavaScript 的可视化框架还有 G2、G6、F2、L7、Google Chart、Highcharts、Flot 等。

　　G2（网址：g2.antv.vision/zh/）是蚂蚁金服推出的由 JavaScript 编写的统计图表生成工具，提供了一套简单的图形语法，使用户得以轻松使用 Canvas 或 SVG 构建丰富的交互式统计图表。继 G2 之后，蚂蚁金服还推出了 G6、F2、L7 等可视化框架及若干扩展产品。G6 专注于流程表现和关系分析的图可视化；F2 专注于移动端的可视化；L7 专注于地理信息的可视化[132]。其官网为这些可视化框架提供了丰富的图表示例及详细的使用文档①。这四种可视化框架及一套完整的图表使用和设计规范就构成了名为"AntV"的数据可视化解决方案[132]。

　　Google Chart（网址：developers.google.com/chart）[133]的前身是 Google Chart API。Google Chart API 是 Google 提供的用于绘制图表的交互式 Web 服务接口，现已停止服务，而 Google Chart 就成为其后续服务，其中的 Chart Gallery 提供了丰富的交互图表和数据工具[134]。

　　Highcharts（网址：www.highcharts.com，中文官网是 www.highcharts.com.cn）也是基于 JavaScript 编写的 HTML5 交互式图表库，同样提供了包括面积图、柱状图、条形图、饼图、散点图、气泡图、关系图、热力图等在内的丰富的图表类型及大量图表实例，也提供了在线编辑、测试代码的平台，用户可以在线编辑 Highcharts 代码，并预览图表效果，可以将所绘制图表的代码嵌入自己的网页，也可以下载 PNG、JPEG、PDF、SVG 格式的图表文件。所生成的交互式图表同样也支持基于用户对数据的筛选、修改等交互操作而实时更新和呈现。

　　Flot（网址：www.flotcharts.org）是一个基于 jQuery 的 JavaScript 绘图库，也可生成具有交互性的可视化内容，而且用法简单[135]。jQuery 是一个功能丰富的小型 JavaScript 库，通过提供简单易用的 API 来简化人们编写实施遍历和操作 HTML 文档、事件处理、动画、AJAX 等任务的 JavaScript 脚本的复杂性[136]。前面介绍的 Highcharts 也常与 jQuery 配合使用。

4.3　其他框架与可视化编程语言

　　除了基于 JavaScript 的框架外，还有很多基于其他编程语言的可视化框架

---

① 上述可视化框架的图表示例、使用文档页面都可通过在 AntV 官网 https://antv.vision/zh 点击各产品名称下的入口链接进入。

在可视化实践中也有出色表现，如基于 Java 的开源数据可视化库（框架）Tablesaw（项目源码地址：github.com/jtablesaw/tablesaw），基于 Python 的开源可视化库 Matplotlib（网址：matplotlib.org）、Bokeh（网址：docs.bokeh.org/en/latest/）等，对此不再逐一展开介绍。

最后，再简单介绍两种可视化编程语言：Processing 和 R。同 JavaScript 一样，它们都属于计算机编程语言，但与其他编程语言相比，它们更适用于进行可视化实践。

Processing（网址：processing.org）起源于平面设计师、计算机科学家约翰·梅达（John Maedao）在麻省理工学院媒体实验室（MIT Media Lab）发起的一个为了向可视化设计人员和艺术家介绍编程而创建的项目[137]，因此，它成为一种主要面向计算机程序员和数字艺术家的语言[138、139]。Processing 是用 Java 语言编写的，主创者是麻省理工学院媒体实验室的本·弗莱（Ben Fry）和凯西·瑞斯（Casey Reas），卡耐基梅隆大学（Carnegie Mellon University，CMU）、加利福尼亚大学洛杉矶分校（University of California，Los Angeles，UCLA）和迈阿密大学（University of Miami）等也在其中做出了贡献[137]。在实际的数据新闻应用中，Processing 常被用于制作静态图表、视频等。Processing 的官网还推出了配套于网页应用、基于 JavaScript 的可视化框架 p5.js（网址：p5js.org）。p5.js 是开源的，官网提供了大量的范例和学习资料。在实际的数据新闻实践中，该框架也得到了较多应用。

关于 R 语言，本书第 2 章介绍数据搜集（程序抓取的方式）、数据分析工具时已经对其做过介绍。总的来说，R 可用于搜集数据，也是一个优秀的数据分析工具，同时还是一个出色的可视化工具。它有四种图形系统，分别是基础绘图系统、grid 包提供的图形系统、lattice 包提供的图形系统、ggplot2 包提供的图形系统[140]。而且，如前所述，R 语言在其综合档案网络 CRAN 中提供了数以万计的 R 包（第三方功能包），以实现丰富而强大的统计分析、机器学习、绘图等功能，开发者还能在此基础上继续开发，形成新的工具包并贡献到 CRAN[99]，从而使 R 的功能得以不断扩展。

由于编程语言一般需要读者进行较系统的学习，限于篇幅，本书不再讨论上述编程语言的具体用法。不过，需要再次强调的是，在应用实践中，可视化框架和编程语言并不是完全分开的，在使用一些编程语言（如 R）进行可视化操作时，开发者也可能需要使用一些相应的可视化框架（库、包）来简化开发工作；而使用一些可视化框架时，也需要了解和使用其相应的编程语言。

4.4　小结

本章介绍了数据新闻中几种常用或有代表性的可视化框架和编程语言，以介绍基于 JavaScript 的框架为主，重点介绍了 D3.js 和 ECharts 的可视化实践方法；除此之外，还对 G2、G6、F2、L7、Google Chart、Highcharts、Flot 等基于 JavaScript 的框架进行了概述。本章的最后还简单介绍了基于其他编程语言的可视化框架，以及除 JavaScript 之外的其他两种可视化编程语言 Processing 和 R。总的来说，相比前一章介绍的那些简单易用的可视化工具，基于可视化框架和编程语言来进行可视化操作还是有难度的。基于 JavaScript 框架一般需要读者掌握 HTML、CSS、JavaScript、DOM、SVG、Canvas 等基础知识，运用不同的此类框架时对上述各类知识的需求及其程度也有不同，但至少都要能看懂和修改代码。好处是，它们极大地丰富了可视化内容的类型、展示效果和交互效果。

第5章

特定展现形式的可视化
实践与工具

第 3 章和第 4 章分别介绍了数据新闻中一些简单易用的可视化工具，以及一些常见或有代表性的可视化框架与编程语言，并举例介绍了使用其中若干工具进行可视化实践的基本原理、过程和方法，介绍中多以统计图表的绘制为例。统计图表目前被作为基本的可视化元素而广泛使用[31]，因此，它们的绘制很重要。不过，正如本书 1.4 节所述，除统计图表外，信息图、词云、时间轴、地理信息可视化、网络可视化、高维多元数据的可视化等也都是数据新闻中常见的可视化技术类型，它们的可视化实践同样值得讨论。本章将举例介绍上述特定展现形式的可视化实践方法与工具，此外，还将介绍一些支持进行统计图表组合的可视化实践工具和基于计算模型的交互可视化实践工具。

5.1　组合式统计图表的可视化实践与工具 Plotly

虽然在第 3 章和第 4 章已经讨论了许多统计图表的可视化实例，不过这里重点讨论的是将统计图表组合的可视化实践。所谓统计图表的组合（或称组合式统计图表），不限于一般认为的多种类型统计图表的重叠，这里所指更广一些，将多种统计图表按照一定的布局放置也看作组合图表。前面介绍的许多可视化工具，如 AI、Tableau、Excel、Power BI、D3.js、ECharts 等，都能实现统计图表的组合。

本节再介绍一个同样可以非常方便地实现统计图表组合的工具——Plotly（网址：plotly.com）。

目前，Plotly 的产品主要有三个，分别是 Dash、Consulting & Training 和 Chart Studio，而本书主要介绍 Chart Studio。它是 Plotly 最早推出的产品，是一个带有数据分析功能的可视化工具，基于 Python 语言和 Django 框架被开发出来，前端使用了 JavaScript、D3.js、HTML 和 CSS，支持个人及团队在线进行编辑，还为 Python、R、MATLAB、Perl 等提供了科学绘图库[141]。简而言之，Plotly Chart Studio 是一款用于创建 D3.js 和 WebGL（一种 3D 绘图标准[142]）图表的编辑器，能在不编程的情况下创建个性化的网页图表[143]。所制作的图表可下载图片格式和相应代码，将代码嵌入其他网页可获得交互式的图表呈现效果。本节主要强调它组合图表的功能特点，Plotly Chart Studio 提供了专门用来组合图表的功能，下面就通过一个实例来说明用它进行组合式图表可视化实践的基本过程与方法。

【例 5-1】

目标：根据第 2 章经例 2-5 得到的北京星级饭店数据文件（.xls 文件），对北京东城区和西城区各级饭店数量和它们占北京各级饭店总量的百分比进行统计，如表 5-1 所示。下面需要使用 Plotly Chart Studio（以下简称"Plotly"）绘制如图 5-1 所示的柱状图和散点图，对两个区的数据进行比较。其中，柱状图描述了两个区各级饭店的数量，散点图描述了两个区各级饭店占北京市各级饭店总量的百分比（以下简称"占比"）。两个统计图表通过并列放置的方式组合在一起。

表 5-1　北京东城区和西城区各级饭店数量与占比分析

分　　级	东城区饭店数量	西城区饭店数量	东城区饭店占比	西城区饭店占比
一星级饭店	1	2	5%	10%
二星级饭店	17	35	9%	18%
三星级饭店	20	25	10%	12%
四星级饭店	17	16	13%	12%
五星级饭店	17	4	27%	6%

过程：通过这个实例，要说明两个问题，第一，如何用 Plotly 绘制图表及进行图表组合；第二，如何使用通过 Plotly 绘制的图表。

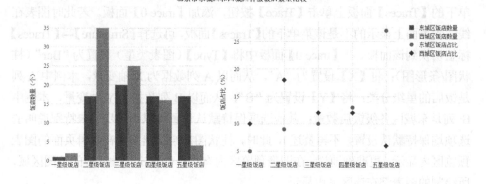

图 5-1　本例用 Plotly 绘制的组合式统计图表

1．如何用 Plotly 绘制图表及进行图表组合

总的来说，过程分为以下四步。

第 1 步：登录并新建图表。在浏览器中打开 Plotly 的登录页面 https://chart-studio.plotly.com/Auth/login，注册并登录后进入个人的【My Files】页。在该页面上单击【Create】→【Chart】或【New】→【Chart】命令，新建一个图表，并跳转到图表在线编辑页面。

第 2 步：输入数据。图表在线编辑页面的【Unnamed grid1】面板是用于输入数据的面板，可将数据手动录入或直接复制并粘贴到该面板的表格中，也可以单击【Import】按钮，在弹出的【Import】对话框中上传数据或添加数据文件的链接等，从而向【Unnamed grid1】面板导入 CSV、Excel 等格式的数据文件，还可以通过在【Import】对话框中的设置连接制作者数据库中的数据。本例将表 5-1 中的数据（除第一行字段名外）直接复制并粘贴到该面板的表格中，此时，面板中所显示的数据从左到右依次编号为 A～E 列。

第 3 步：制作可视化图表。Plotly 支持的图像类型包括简单图形（Simple）、分布图（Distributions）、3D 图表（3D）、地图（Maps）、金融相关图表（Finance）及专用图表（Specialized）六类①。本例分别完成柱状图和散点图的绘制及它们的组合，方法如下。

———————————
① 由于 Plotly 平台会进行不定期的更新升级，其提供的图表类型也可能会有所变化。

第 3.1 步：绘制关于东城区各级饭店数量的柱状图，做法是在【Structure】菜单下的【Traces】面板上单击【Trace】按钮，添加【trace 0】面板。若此时图表在线编辑页面上显示的不是该菜单下的【Traces】面板，可选择【Structure】→【Traces】标签切换到该面板。在【trace 0】面板中将【Type】（图表类型）设置为"Bar"（柱状图/条形图）；将【X】设置为"A"，从而以 A 列数据为 X 轴变量，本例中 A 列是饭店的星级分类；将【Y】设置为"B"，从而以 B 列数据为 Y 轴变量，本例中 B 列是东城区各级饭店数量；其他选项保持默认设置（以下各步中未特别说明的选项均保持默认设置，不再赘述），此时，柱状图被绘制出来并在编辑页面的图表预览区内显示。更准确地说，在图表预览区内有一个以一定尺寸呈现的绘图区域，所绘制的图表都在该区域内显示。

第 3.2 步：绘制关于西城区各级饭店数量的柱状图，做法是再次单击【Trace】按钮，添加【trace 1】面板。在该面板中将【Type】设置为"Bar"；将【X】设置为"A"，【Y】设置为"C"，从而分别以 A 列和 C 列数据为 X 轴和 Y 轴变量，本例中 C 列是西城区各级饭店数量。这时，所需的柱状图就被绘制出来，且两个柱状图被添加到同一坐标轴上，构成簇状柱形图。

第 3.3 步：绘制关于东城区各级饭店占比的散点图，做法是继续单击【Trace】按钮，添加【trace 2】面板。在该面板中将【Type】设置为"Scatter"（散点图）；将【X】设置为"A"，【Y】设置为"D"，从而分别以 A 列和 D 列数据为 X 轴和 Y 轴变量，本例中 D 列是东城区各级饭店的占比。此时，散点图被绘制出来，且与前面的柱状图在同一坐标轴上。

第 3.4 步：根据图 5-1，应将散点图与柱状图分开到两个不同坐标轴上，并将两个坐标轴分开一左一右并列放置。做法是首先新建一个坐标轴，并将散点图分配到该坐标轴上。为此，在【trace 2】面板的【Axes To Use】区域，分别单击【X Axis】和【Y Axis】下拉框右侧的加号按钮，以添加新的坐标轴 X2、Y2。同时，【X Axis】和【Y Axis】下拉框会自动选择新建的坐标轴，即【X Axis】被设置为"X2"，【Y Axis】被设置为"Y2"，从而散点图就被自动分配到新的坐标轴上。不过，此时两个坐标轴重叠在一起。其次，调整第一个坐标轴的显示区域（位置和大小），即单击【Structure】→【Subplots】标签，切换到【Subplots】面板，对该面板上【X1|Y1】面板中【Boundaries】区域所显示的矩形框进行调整，使之仅占据原区域的一半，且位于左侧，如图 5-2 所示。

【Boundaries】区域矩形框的状态就决定了其对应的坐标轴 X1、Y1 在绘图区域中的显示区域。也可以使矩形框所占面积稍小于原区域的一半，从而为将来分开的两个坐标轴之间留出间隙，本例最终采用这种调整方法。如此调整需要将矩形框上方的【Snap To Grid】设置为 "Off"，这样才能任意调整矩形框大小而不受网格的约束。然后，调整第二个坐标轴的显示区域，即在【X2|Y2】面板的【Boundaries】区域内，将【X Overlay】和【Y Overlay】下拉框都设置为 "None"，使第二个坐标轴对应的矩形框状态不受第一个坐标轴的约束，进而再对其【Boundaries】区域所显示的矩形框进行调整。本例按照同样的方法将矩形框所占面积调整为稍小于原区域的一半，且使之位于右侧。这时，绘图区域中两个坐标轴就被分开而一左一右并列放置，从而散点图与柱状图就分开了，柱状图位于左侧的坐标轴上，而散点图位于右侧的坐标轴上。最后，在【X2|Y2】面板上将【X Anchor】区域的【Anchor To】下拉框设置为 "Y2"，【Y Anchor】区域的【Anchor To】下拉框设置为 "X2"，并将两个【Side】分别设置为 "Bottom"和 "Left"，从而为右侧坐标轴设置自己的 X 轴、Y 轴标签，使它们分别位于 X 轴下方和 Y 轴左侧。

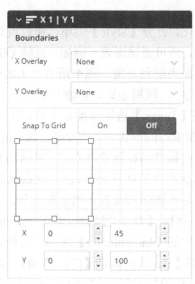

图 5-2 在 Plotly 中设置第一个坐标轴的显示区域

第 3.5 步：选择【Structure】→【Traces】标签，回到【Traces】面板。按

照同样的方法添加关于西城区各级饭店占比的散点图，其相应新增的面板是【trace 3】，其中，【Type】、【X】和【Y】分别设置为"Scatter""A""E"。最初，散点图仍被绘制在柱状图所在的坐标轴（左侧坐标轴）上，因此，在【trace 3】面板上的【Axes To Use】区域，将【X Axis】和【Y Axis】下拉框分别设置为"X2"和"Y2"，从而使散点图被调整到前一个散点图所在的坐标轴（右侧坐标轴）上。

第3.6步：在预览区图表上设置标题的区域【Click to enter Plot title】输入"北京市东城区和西城区各级饭店数量比较"，在左右两个坐标轴的Y轴旁边设置Y轴标题的区域【Click to enter Y axis title】分别输入"饭店数量（个）""饭店占比（%）"，并删除两个X轴下方设置X轴标题的区域【Click to enter X axis title】中预设的内容。

第3.7步：将预览区图表上图例中的各文字"trace 0""trace 1""trace 2""trace 3"分别修改为"东城区饭店数量""西城区饭店数量""东城区饭店占比""西城区饭店占比"，方法是单击选中图例中各文字并进行相应新图例文字的输入。此时，【Traces】面板中【trace 0】～【trace 3】面板上的标题也被相应修改为以上文字。

第4步：图表的美化。打开【Style】菜单，通过设置该菜单下各选项卡标签所对应面板上的选项，即可美化图表。例如，选择【General】，在【General】选项卡面板上可以设置图表配色方案、图中所有文本的样式（如字体、字号、颜色等）、绘图区域的尺寸、四周边距、标题内容及其样式、交互模式及效果等。选择【Traces】，在【Traces】选项卡面板上可以更改柱状图中柱形的填充颜色、宽度，以及散点图中点的形状、大小和颜色等。选择【Axes】，在【Axes】选项卡面板上可以设置坐标轴的标题及其样式、坐标轴上标签文字的显示状态及其样式、网格的显示状态及其样式等。选择【Legend】，在【Legend】选项卡面板上可以选择是否显示图例及设置图例的样式等。本例操作如下。

第4.1步：选择【Style】→【Traces】标签，切换到【Style】菜单下的【Traces】选项卡面板，并选择其中的【Individually】选项卡面板。首先，从中找到【东城区饭店数量】面板，将【Bars】区域的【Color】设置为"Constant、#1F77B4"（该项决定了柱状图中柱形的填充颜色，"Constant"表示使用的是固定的颜色，若此项选择"Variable"，则颜色就由某个变量进行设置，随变量值的变化而变化）。其次，找到【西城区饭店数量】面板，将【Bars】区域的【Color】设置为"Constant、#FF7F0E"。然后，找到【东城区饭店占比】面板，从【Points】区域的【Symbol】下拉框中选择一种符号类型（该项决定了散点图中点的形状，本例选择了默认的符号类型——圆点），并将【Size】设置为"Constant、10"（该项决定了点的大小，本例设置为常量 10），将【Color】设置为"Constant、#2CA02C"（该项决定了点的颜色）。最后，找到【西城区饭店占比】面板，从【Points】区域的【Symbol】下拉框中选择另一种符号类型（本例选择了菱形），并将【Size】设置为"Constant、10"，【Color】设置为"Constant、#D62829"。

第 4.2 步：选择【Style】→【Axes】标签，切换到【Axes】选项卡面板，从中找到【Titles】面板，将【Axis To Style】下拉框设置为"All"，再通过设置【Typeface】和【Font Size】来为两个坐标轴的 X 轴和 Y 轴标题统一设置字体和字号。也可以分别对两个坐标轴的 X 轴、Y 轴标题进行字体、字号等样式的设置。首先，将【Axis To Style】下拉框设置为第一个"X"（本例中【Axis To Style】下拉框内有两个"X"选项，分别对应左、右两个坐标轴的 X 轴），从而将【Titles】面板上的设置项切换为左侧坐标轴的 X 轴标题对应的设置项，再分别对【Typeface】和【Font Size】进行设置，以设置此 X 轴标题的字体和字号。其次，从【Axis To Style】下拉框中选择另一个"X"，从而将【Titles】面板上的设置项切换为右侧坐标轴的 X 轴标题对应的设置项，再对【Typeface】和【Font Size】进行设置，以设置此 X 轴标题的字体和字号。然后，分别从【Axis To Style】下拉框中选择"Y: 饭店数量（个）""Y: 饭店占比（%）"，使【Titles】面板上的设置项分别切换为左侧、右侧坐标轴的 Y 轴标题对应的设置项，再对【Typeface】和【Font Size】进行设置，从而分别调整两个 Y 轴标题的字体和字号。本例将所有的坐标轴标题都设置为同样的字体和字号，因此，无论采用统一设置还是分别设置的做法都可以，当制作者要对不同坐标轴的 X 轴、Y 轴标题设置不同的样式时，就需要采用分别设置的做法。

第 4.3 步：在【Axes】选项卡面板上找到【Tick Labels】面板，按照第 4.2 步的方法，通过设置【Axis To Style】下拉框将【Tick Labels】面板上的设置项依次切换为左侧坐标轴的 X 轴、右侧坐标轴的 X 轴、左侧坐标轴的 Y 轴、右侧坐标轴的 Y 轴上标签文字对应的设置项，再通过对【Typeface】和【Font Size】进行设置来修改标签文字的字体和字号。本例对所有标签文字也采用统一的字体和字号，因此，该步同样可以先将该面板上【Axis To Style】下拉框设置为"All"，从而一并进行【Typeface】和【Font Size】的设置。

第 4.4 步：选择【Style】→【Legend】标签，切换到【Legend】选项卡面板，对【Text】区域的【Typeface】和【Size】进行设置，以修改图例文字的字体和字号。

第 4.5 步：选择【Style】→【General】标签，切换到【General】选项卡面板。首先，在该面板上找到【Title】面板，选中【Rich Text】选项卡文本框内的标题文字并单击【B】按钮，使图表的标题加粗。然后，对【Typeface】和【Font Size】进行设置，以及将【Horizontal Position】设置为 0.5，从而修改图表标题的字体和字号并使之居中显示。

通过以上各步，最终就绘制出如图 5-1 所示的可视化内容。此外，要补充的是，如果图表中所有文本的样式设置都相同，也可以选择【Style】→【General】标签，切换到【General】选项卡面板，在其中的【Defaults】面板上对【Text】区域的各选项进行设置，从而为图表中所有文本设置统一的样式。

除绘制图表外，Plotly 还提供仪表板（Dashboard）功能。单击用户名下拉菜单中的【My Files】菜单，跳转到用户个人【My Files】页，在该页面单击【Create】→【Dashboard】或【New】→【Dashboard】命令，可以新建仪表板并跳转到仪表板页面。在仪表板中支持插入 Plotly 图表（Plot）、文本（Text）和网页（Webpage），所以用 Plotly 也可以制作一则完整的数据新闻作品。

2. 如何使用通过 Plotly 绘制的图表

在 Plotly 的图表在线编辑页面绘制好图表后，单击页面中的【Save】按钮，在弹出的【Save】对话框中进行文件名、图表隐私性等设置，再单击对话框中的【Save】按钮，即可保存所绘制的图表和所使用的数据。然后，返回用户个人【My Files】页，在此可以看到自己绘制的所有图表和所使用的数据。选择需要预览的图表，单击其上的【Viewer】按钮，可跳转到该图表的预览页面。图表预览页面分【Plot】、【Data】、【Python & R】、【Forking History】四个选项卡来呈现与该图表有关的内容。页面中还有一排按钮，分别是【Public】、【Export】、【Open in Editor】、【Full window】，后三个按钮以图标的形式显示。这四个按钮的作用如下。

【Public】按钮：单击此按钮，弹出【Share】对话框。其中有三个选项卡面板，【Link & Privacy】选项卡面板中的选项用于设置图表的浏览权限，设置为"Public"的图表显示了访问图表的链接，可以分享到若干第三方社交媒体；

【Collaborate】选项卡面板中的选项用于邀请其他人阅读甚至修改该图表；
【Embed】选项卡面板中提供了将所绘制的图表嵌入网页的代码，包括"iframe"
和"html"两种形式。不过，【Embed】选项卡面板所提供的代码中不直接显示
绘制图表所对应的代码，图表是以链接到相关文件的方式加载进来的，所链接
的图表文件存放于 Plotly 平台上（若要查看绘制图表所对应的代码，需要在浏
览器中打开所链接的图表文件，再通过查看源代码的方式来查看）。此外，通
过该面板所提供的"html"形式的代码嵌入的图表是静态的。若想将绘制图表
所对应的代码下载到本地而从本地加载图表，可以从【Export】对话框中下载
代码。【Export】按钮及对话框是接下来要介绍的内容。

　　【Export】按钮：单击此按钮，弹出【Export】对话框。此对话框中提供了
四类可供下载的内容。"Image"是此图表可供下载的图片格式，有.png、.jpeg
等项供选择。"Data"是此图表使用的数据，有.csv、.xlsx、.ppt、.json 等项供
选择。"Code"是实现此图表的代码，有 Python、MATLAB、R 等类型供选择。
"HTML"主要提供的也是绘制此图表的代码，不过从该分类下所下载的代码
都是 HTML 和 JavaScript 代码。此外，"HTML"下还提供了图表在 Plotly 平台
上的 URL。单击【Zip Archive】可以压缩包的形式下载绘制图表对应的代码及
其他相关文件，单击【Html】可以单个 HTML 文件的形式下载绘制图表对应
的代码。下载上述两种形式的代码文件后，将图表嵌入网页，可实现从本地加
载图表；单击【Embed URL】则跳转到该图表在 Plotly 平台上的 URL，呈现相
应的图表页面。通过查看该页面的源代码也可以查看绘制该图表所对应的代
码。而且，通过浏览器的地址栏可以复制该 URL，从而也可以实现以链接的
形式将存放于 Plotly 平台上的图表嵌入其他网页（嵌入代码可参考上文所述
【Share】对话框的【Embed】选项卡面板提供的"iframe"形式的代码）。通过
"HTML"下的上述三种形式获得代码或 URL 并将图表嵌入网页后，所呈现的
图表都是交互式的。

　　【Open in Editor】按钮：单击此按钮可返回图表在线编辑页面，对图表进
行编辑、修改。

　　【Full window】按钮：单击此按钮，可在浏览器中最大化显示图表。

　　综上所述，除了支持统计图表的组合外，Plotly 的导出功能也是其优点之
一。它不仅允许制作者下载图片格式的图表，还提供了多种语言的图表生成代
码。而且，通过单击【Public】按钮从【Share】对话框中可以获得将 Plotly 平

台上的图表嵌入网页的代码；单击【Export】按钮从【Export】对话框中获得绘制图表对应的 HTML 等相关文件后，还可以将存放于本地的图表嵌入网页。通过上述几种方式，制作者就可以在自己的网页上添加用 Plotly 绘制的图表。下面，以本例所绘制的图表为例，介绍如何将通过 Plotly 制作的交互图表（以下简称"Plotly 交互图表"）下载到本地并嵌入制作者自己的网页。由于 Plotly 支持下载多种类型的代码文件，而且有的代码文件嵌入网页的方法也有多种，因此实现上述目标的方法很多，在此仅重点介绍其中一种。总的来说，分为以下四步。

第 1 步：假设已经在 Plotly 的图表在线编辑页面将前面绘制的图表和使用的数据进行了保存。在用户个人【My Files】页中选择该图表，单击【Viewer】按钮，进入其预览页面。

第 2 步：单击【Export】按钮，在弹出的【Export】对话框中选择"HTML"分类下的【Zip Archive】，从而下载一个压缩包。

第 3 步：将下载的压缩包解压，压缩包内一般提供了一个名为"index"的 HTML 文件，若干绘制图表并实现交互效果的 JavaScript 文件（后缀名为.js 的文件），以及 PNG 格式的图表图片，图片名称与此图表在 Plotly 平台上的命名相同。就本例而言，我们在 Plotly 平台上保存绘制的图表时将其命名为"plotly"，因此解压压缩包以后，得到四个文件：index.html、figure.js、plotlyjs-bundle.js 和 plotly.png。

第 4 步：将从 Plotly 下载的代码（以下简称"Plotly 代码"）加载到自己的网页文档中。假设自己的网页文档是一个新建的 HTML 文件，名为"myself"。在 4.1.1 节介绍了一个新建的 HTML 文件通常具有的代码结构，此处不再详细展示。本例在该文件代码结构的基础上，向<title>元素内部输入文本"制作者自己的页面"，从而为我们自己的网页设置一个标题。向 myself.html 文件加载 Plotly 代码的方法[①]如下。

第 4.1 步：把第 3 步解压后得到的除 PNG 格式图片外的所有文件复制到

---

① 本例按照后文所述的方法向一个新建的空白网页文档 myself.html 中加载 Plotly 代码，其操作本身的意义不大，因为从 Plotly 下载的 index.html 文件就是一个嵌入了用 Plotly 绘制的交互图表（即加载了 Plotly 代码）的网页文档，换言之，它本身就可以作为加载了该交互图表以后的目标文件 myself.html。因此，通常是在向包含有其他网页元素、内容的制作者自己的页面（而非空白页面）加载 Plotly 代码时，使用后文所述的这一方法，而本例主要是为了便于叙述及使读者易于理解，使用了一个空白的 myself.html 文件来说明这一加载过程。

自己的站点文件夹中（PNG 格式的图表图片在接下来的步骤中不需要使用，故不对其进行复制）。一般情况下，站点文件夹中应按照 HTML 文件、图片文件、JavaScript 文件、CSS 文件等类型分别建立子文件夹来存储不同类型的文件。不过，为方便叙述，本例将所有文件（包括 myself.html 及从 Plotly 压缩包里复制过来的文件）存放到同一个文件夹中而不再按子文件夹细分。明确这一点很重要，因为文件存储的位置决定了原代码中一些有关地址链接的代码是否需要调整，这仍是因为在 HTML 中使用地址链接时一般要用相对路径的缘故。

第 4.2 步：将文件 index.html 中的代码加载到文件 myself.html 中。在加载之前，先观察文件 index.html 中的代码，其代码结构如下。

```
<html>
    <head><meta charset="utf-8"/></head>
    <body>
        <script type="text/javascript"src="plotlyjs-bundle.js">
</script>
        <script type="text/javascript" src="figure.js"></script>
        <div id="716aeb92-0931-43e9-9f65-db076e9f95b6"style="
width: 100%; height: 100%;" class="plotly-graph-div"></div>
        <script type="text/javascript">
            /* 此处是与绘制 Plotly 交互图表有关的 JavaScript 脚本，限于篇
幅，仅用注释代替。实际上，绘制图表的关键代码在 JavaScript 文件 figure.js 中，
index.html 文件主要通过引入 figure.js 并在此结合使用 plot( )方法生成了图表 */
        </script>
    </body>
</html>
```

将文件 index.html 中的代码加载到文件 myself.html 中的最简单方法，是将 index.html 文件的<body>元素内部的全部内容复制到myself.html文件的<body>元素内部（若 myself.html 非空白页面，则可以根据需要复制到<body>元素内部嵌套的某个<div>元素内）。不过，更建议将其中关于外部 JavaScript 文件的引用声明放在<head>元素内部，即将 index.html 文件的<body>元素内部的前两个<script>元素（关于外部 JavaScript 文件的引用声明）复制到 myself.html 文件的<head>元素内部。然后，将 index.html 文件的<body>元素内部剩下的内容

复制到 myself.html 文件的<body>元素内部（同样，若 myself.html 非空白页面，可以根据需要复制到<body>元素内部嵌套的某个<div>元素内）。完成上述操作后，myself.html 文件中的代码如下。

```
<!DOCTYPE html>
<html>
    <head>
        <meta charset="utf-8">
        <title>制作者的页面</title>
        <!--以下三行是从 index.html 文件中复制的代码，若第 4.1 步在将压缩
包内的文件复制到制作者的站点文件夹内时存放文件的路径层级与本例做法不同，下面三
行代码中 src 属性的值则需要根据文件的实际存放路径做相应调整，仍要使用相对路径的
写法。-->
        <script type="text/javascript" src="plotlyjs-bundle.js">
</script>
        <script type="text/javascript" src="figure.js"></script>
    </head>
    <body>
        <!--此处放置从 index.html 文件的<body>元素内部复制的、除了前两个
<script>元素外的所有代码。限于篇幅，仅用注释说明，不再展示完整代码。-->
    </body>
</html>
```

上述代码中，"<!--...-->" 是 HTML 用于注释的格式，"<!--" 和 "-->" 之间放置的是注释内容，注释不会在前端页面中显示出来。此外，本书前面章节已经提到，在 HTML5 中，<script>元素的 type 属性也可以不写。按上述步骤操作后，保存 myself.html 文件并在浏览器中打开，就可以在网页中看到本例绘制的 Plotly 交互图表了。这时，也可将 index.html 文件从制作者的站点文件夹内删除。

如前所述，将 Plotly 交互图表嵌入制作者网页且实现从本地加载的方法还有很多，例如，可以借助<iframe>一类的 HTML 标签直接嵌入和加载 Plotly 提供的压缩包内的 index.html 文件，或直接嵌入和加载从【Export】对话框中下载的 "HTML" 分类下的单个 HTML 文件（单击【Html】可下载），从而呈现

图表。<iframe>标签的用法可参考【Share】对话框的【Embed】选项卡面板提供的"iframe"形式的代码，本书第 6 章还会对该标签做进一步介绍，此处不再展开描述。又如，还可以在单击【Export】按钮弹出【Export】对话框后，下载"Code"分类下的"plotly.js"，再将下载的 JavaScript 文件中的代码以一定的方式添加到制作者的网页代码中，限于篇幅，对此方法也不再详细介绍。

5.2　基于模板的信息图可视化实践与工具

目前，市场上出现了许多以网站形式存在的信息图可视化实践工具，如 Infogram、Venngage、Piktochart、Easelly、Visme 等。它们都提供在线的信息图制作功能、服务，大多都简单易用，且都基于一定的设计模板，可用来制作单个信息图（表）或相对完整的作品，能大大助力新闻从业者。这些信息图可视化实践工具（网站）提供的此类功能服务的使用过程和方法大同小异，因此，我们仅就其中一个——Infogram 的信息图可视化实践过程进行举例，对其他网站及其相关服务只做简单介绍。

5.2.1　Infogram

Infogram（网址：infogram.com）提供了关于信息图及报告、幻灯片等其他若干类型作品制作的免费和付费增值服务。下面通过一个实例来说明其关于信息图的基本可视化实践过程。

【例 5-2】

目标：根据表 5-2 和关于北京市城六区各区星级饭店的分级（三星级以上、三星级、三星级以下）数量统计数据（见表 4-2），用 Infogram 制作信息图。其中，表 5-2 是根据经过第 2 章例 2-5 数据清洗后的北京等级景区数据分析得到的关于北京市城六区各区等级景区的分级（4A 级及以上、4A 级以下）数量统计。

表 5-2　北京市城六区各区等级景区的分级（4A 级及以上、4A 级以下）数量统计

分　　　级	东城区	西城区	朝阳区	海淀区	丰台区	石景山
4A 级及以上景区	7	8	7	9	6	2
4A 级以下景区	5	12	6	7	6	1

过程：本例用 Infogram 制作信息图并分享、导出信息图的过程分为八步。为便于理解以下绘制过程，读者可以先扫描旁边的二维码查看本例最终制作出的信息图预览效果。

第 1 步：登录。用浏览器打开 Infogram 的官网页面，单击【Get started】按钮跳转到注册页面。注册并登录以后，跳转到用户个人空间页面。

第 2 步：选择要创建的项目类型。Infogram 提供了多种可创建的项目类型，创建这些项目类型的按钮在用户个人空间页面的最上方，包括【Infographics】（信息图表）、【Reports】（报告）、【Slides】（幻灯片）、【Dashboards】（仪表板）等。Infogram 还支持上传自己的文件，单击【Import file】即可实现。本例要制作的是信息图，因此，单击【Infographics】按钮，跳转到【Infogram template library】页面并打开【Infographics】面板，面板中显示了可供选择的大量信息图模板的缩略图。用户可以从中选择一个并在它的基础上通过修改、添加图表及调整图表样式等来完成制作，也可以新建一个空白页从头开始制作。本例单击【Blank template】缩略图以新建一个空白页，在弹出的对话框中为新建页设置名称和隐私性（有"Public on the web"和"Private"两项可供选择）并单击【Create】按钮，即可完成空白页的创建并进入信息图编辑页面，页面中间区域显示所建的空白页。

第 3 步：制作第一个图表。本例根据表 5-2 绘制一个柱状图，来比较北京市城六区各区 4A 级及以上、4A 级以下等级景区的数量，制作过程分为以下三个子步骤。

第 3.1 步：添加图表。单击编辑页面左侧【Add chart】按钮 📊，打开【Add chart】面板，从面板中选择所需的图表类型，本例选择【Column】分类下的【Column】（柱状图）选项，单击该选项缩略图，从而插入一个柱状图。

第 3.2 步：修改数据。在刚刚添加的柱状图上双击，打开编辑数据的面板。将面板中表格内的样例数据删除，并将表 5-2 中的数据输入表格内。所输入的数据格式是表 5-2 中数据的转置，即数据分为三列，第 1 列是区名，第 2、3列分别是 4A 级及以上景区的数量、4A 级以下景区的数量。除了直接输入数据外，也可以复制粘贴数据，或单击数据编辑面板上的【Upload file】按钮，从本地导入 XLS、XLSX 或 CSV 格式的数据，还可以单击该按钮旁边的几个按钮，通过其他方式加载数据。

　　第 3.3 步：设置图表外观。单击编辑页面右上角
的【Settings】标签，切换到【Settings】选项卡面板，
如图 5-3 所示。通过该面板上【Chart properties】、
【Color】、【Axis & grid】、【Fonts】等子面板中的各选
项可对图表外观进行设置。就本例而言，首先单击
【Color】标签，打开【Color】面板，取消【Use one color】，
然后分别给代表每个区的柱形设置一种不同的颜色。
接着，单击【Fonts】标签，打开【Fonts】面板，通
过设置【Font】下拉框为图表中的文本设置字体。再
单击该面板上【Change font size】旁的加号图标，调
整图表中文本的字号。如果要为图表中不同部分的文
本（如坐标轴的标题、坐标轴上的标签文字、图例文
字等）设置不同的字号及粗细，则单击【Font】下拉
框下方的【Advanced settings】按钮，进一步展开面
板，通过其中的各选项来实现上述设置目标。最后，
在【Settings】选项卡面板上将【Height (px)】设置为
350，从而调整柱状图的整体高度。

图 5-3　Infogram 信息
图编辑页面的
【Settings】选项卡面板

　　第 4 步：添加和制作新的图表，来比较北京市城
六区各区等级景区的质量，以及北京市城六区各区星
级饭店的数量与质量，为此，需要再添加两个图表。

　　第 4.1 步：添加和制作"比较北京市城六区各区
等级景区质量"的图表。我们用各区 4A 级及以上景
区数占该区景区总数的百分比来衡量质量。首先，借助 Excel 软件完成各区景
区总数和上述百分比的计算。其次，单击 Infogram 信息图编辑页面左侧的【Add
chart】按钮，打开【Add chart】面板，从面板上选择【Pictorial】分类下的
【Pictorial bar】选项，添加一个图画式条形图。然后，按照第 3 步的方法并根
据数据编辑面板中所显示的数据格式范例完成该图表所用数据的输入和图表
外观的设置，外观设置包括在【Settings】选项卡面板中进行如下操作：①单击
【Color】标签，打开【Color】面板，根据上一步所添加的柱状图中柱形的颜色
对应修改图画式条形图中相应部分的颜色。②单击【Chart properties】标签，

241

打开【Chart properties】面板，在【Shape】区域单击【Change】按钮，从打开的【Change icon】面板中更换一种填充图画式条形图的图标。③单击【Fonts】标签，打开【Fonts】面板，通过设置【Font】下拉框为该图表中的文本设置字体，使之与前一步所绘制的柱状图中文本的字体一致。再单击该面板上【Change font size】旁的加号图标，将该图表中文本的字号调整成与所绘制的柱状图中文本相同的字号。④将【Settings】选项卡面板上的【Height (px)】设置为200，从而调整该图表的整体高度。

第4.2步：根据表4-2的数据添加和制作"比较北京市城六区各区星级饭店数量与质量"的图表。对于每个区来说，其星级饭店的质量可通过该区三星级以上、三星级、三星级以下饭店数量间的差距来反映，因此，我们绘制堆积条形图，即再次单击【Add chart】按钮 ，打开【Add chart】面板，选择【Bar】分类下的【Stacked】选项，从而添加一个堆积条形图。然后，仍然按照第3步的方法完成数据输入和图表外观设置，本例主要修改了条形的颜色、调整了图表中文本的字体和字号，使之与前两个图表中文本的样式一致。

除了添加图表外，Infogram还支持添加文本、地图、元素（如时间轴、标注等）、图像和形状等内容，相应的按钮是【Add text】 、【Add map】 、【Add element】 、【Add graphics】 、【Add shape】 等。

第5步：设置各级标题。首先，在编辑页面单击【Add text】按钮 ，打开【Add text】面板，选择【Title】选项，向信息图中添加主标题，将标题内容修改为"北京城六区景区与饭店情况"，并在【Text object】面板中设置【Font】下拉框，为标题设置字体。其次，再次单击【Add text】按钮 ，打开【Add text】面板，选择【Subtitle】选项，向信息图中添加一个二级标题，将标题内容修改为"等级景区"和"各区等级景区数量与质量比较"（分上下两行显示），并在【Text object】面板中设置【Font】下拉框和【Font size】，以便调整二级标题的字体和字号。按照同样的方式再添加一个二级标题，将其内容设置为"星级饭店"和"各区星级饭店数量与质量比较"（分上下两行显示），并相应调整其字体和字号。然后，把主标题调整到页面最上方，两个二级标题分别调整到柱状图和堆积条形图的上方，并适当调整相邻标题之间、标题与图表之间，以及相邻图表之间的距离。最后，单击【Add shape】按钮 ，打开【Add shape】面板，选择【Line】选项，向信息图中添加一条直线。将该直线拖曳到主标题下，调整其长度，并在【Line】面板中将其粗细设置为 5，将其颜色设置为灰色。

第 6 步：调整信息图全局。单击信息图以外的任何区域，然后单击编辑页面右侧的【Settings】标签，会打开关于整个信息图的【Settings】面板。可以修改信息图的主题（Theme），主题会影响信息图的整体配色方案等，也可以对页面宽度和高度，以及页面背景等进行调整。本例将【Height (px)】设置为 1480，从而调整信息图页面的高度。

通过以上各步，最终完成了信息图的绘制。

第 7 步：预览信息图。在编辑页面单击【View in full screen】按钮 ▱，可切换到全屏模式预览信息图。预览完成后，按 Esc 键退出全屏预览。如果对信息图不满意，可按前几步的方法进行修改。

第 8 步：分享、导出信息图。在编辑页面单击【Share】按钮，打开【Publish & Share】面板，其中有【Share】和【Add team members】两个选项卡面板。在【Share】选项卡面板上的【Title】文本框内可修改信息图的名称（默认名称为第 2 步新建信息图项目时所设置的名称），在【Description】文本框内可为信息图添加一段描述。此外，在【Share】选项卡面板上还可以更改信息图的隐私性，即从 "Public on the Web" "Private" 两项中重新进行选择。【Share】选项卡面板上还有一个【Share】子选项卡面板及与之并列放置的其他子选项卡面板，选择【Share】子选项卡，可从【View online】文本框中获得分享该信息图的链接，可将所绘制的信息图分享到若干社交媒体上，也可单击【Email】按钮，通过发邮件的方式分享所绘制的信息图；选择【Embed】子选项卡，可从其中的【Responsive (Async)】等选项卡的文本框内获得向其他网页嵌入该信息图所需的相应代码。此外，成为付费用户后，还可以在信息图编辑页面单击【Download】按钮下载信息图的图片。

由于 Infogram 一类的可视化实践工具的一个特点就在于提供了大量模板（一部分是免费模板，还有很大一部分是用户付费升级后才能使用的模板），因此，在用它们进行信息图的可视化操作时，读者也可以考虑使用其提供的模板，并在此基础上通过修改、添加图表及调整其样式，快速实现自己的可视化目标。

5.2.2　其他信息图可视化实践工具

如前所述，与 Infogram 类似的一些信息图可视化实践工具还有很多，如

Venngage①、Easelly②、Visually③和Visme④等，它们主要以站点的形式提供服务，而且大多都提供许多模板，基于模板，用户就可以轻松地进行信息图的制作。进一步，我们从服务费用、模板、数据输入、图表编辑、交互与多媒体支持、中文支持、发布与分享等几方面对Infogram、Venngage和Easelly三款信息图可视化实践工具（网站）进行比较，见表5-3。

表5-3 信息图可视化实践工具Infogram、Venngage和Easelly的比较

类　别	Infogram	Venngage	Easelly
服务费用	提供免费和付费服务。付费服务分为专业、商业、团队和企业四种级别，可按月或按年付费	提供免费和付费服务，免费服务限制了制作信息图的数量，超过限额需付费升级。用户可按月、按季或按年付费，且提供了两个级别的会员服务	提供免费和付费服务。用户可按月付费，费用目前是三款软件中最低的
模板	提供免费和付费的模板	提供免费和付费的模板	提供免费和付费的模板
数据输入	可输入数据，也可导入XLS、XLXS和CSV格式的数据，或从其他若干平台上加载数据，还支持通过提供URL添加JSON格式的数据	可输入数据或加载Google Drive Spreadsheet（谷歌电子表格）的数据	可输入数据，也可导入数据。可导入XLXS、XLS格式的数据，但不支持导入CSV格式的数据
图表编辑	提供了折线图、条形图、柱状图、饼图、词云、气泡图等十余种图表，大部分可免费使用。可对图表样式进行设置	提供了折线图、曲线图、饼图、条形图、柱状图、气泡图、词云等种类丰富且可供免费使用的图表类型，还提供了三维柱状图、三维饼状图等付费使用的图表类型。可对图表样式进行设置	只提供了四种可免费使用的图表，分别是柱状图、条形图、折线图和雷达图，其他更多图表类型需付费使用。可对图表样式进行设置

---

① Venngage的官方网址为https://venngage.com/。
② Easelly的官方网址为https://dev.easel.ly/。
③ Visually的官方网址为https://visual.ly/。
④ Visme的官方网址为https://www.visme.co/。

（续表）

类　别	Infogram	Venngage	Easelly
交互与多媒体支持	所提供的图表基本都是交互式图表，交互功能丰富。还提供了文本、地图、元素（如时间轴、标注等）、图像、形状等丰富的素材，也允许用户上传和使用自己的图片，以及加载来自其他平台的视频、幻灯片等	信息图可具备交互性，且交互功能丰富，还支持添加投票、表单等功能。提供了文本、图片、图标、图标矩阵（Icon Chart）、地图等丰富的素材，还允许用户上传和使用自己的图片，以及加载来自其他平台的视频等	信息图可具备交互性，提供了文本、图表、图标、插图、图片、图形等素材，还能上传自己的图片及加载来自其他平台的视频等
中文支持	支持	支持	支持
发布与分享	支持在平台上发布，可获得作品链接和将可视化内容嵌入其他网页所需的代码，下载图表的图片需付费升级。支持用第三方工具分享，还支持通过邮件分享，并支持与其他人一起创作	支持在平台上发布，可获得作品链接和将可视化内容嵌入其他网页所需的代码，下载图片、交互式的PDF文件、幻灯片需付费升级。支持用第三方工具分享	支持在平台上发布，可获得作品链接和将可视化内容嵌入其他网页所需的代码，也可免费下载低质量的JPG格式的图片，下载高质量图片和用于印刷的PDF则需付费升级。支持将可视化内容分享到一些第三方平台，或通过邮件分享，还可邀请其他人一起参与创作

5.3　词云的可视化实践与工具

如 1.4.3 节所述，词云（又称"标签云"）是将关键词按照词频或其他规则进行排序，借助大小、颜色、字体等图形属性对其进行可视化，并按照一定的规律布局和呈现的一种可视化技术类型[7]。其中，按词频来排序关键词并进行可视化展示的词云尤为常见，即通过词云展示一段文本中出现的各词汇及其出现频次，频次高的词汇字号更大，颜色通常也更醒目，频次低的词汇字号更小，颜色也通常不那么显眼。通过这种方式，向受众直观展现一段长文本中有哪些关键词。本书接下来所讨论的也都是按词频排序关键词并进行可视化展示的词云。支持进行词云可视化实践的工具非常多，例如，前面提到的 D3.js、ECharts、

| 245 |

Infogram、Venngage 等都能制作词云。还有许多专门用于词云可视化实践的工具，如 WordArt.com[①]、Tagxedo[②]、Wordle[③]、微词云[④]等。相比之下，国外的词云可视化实践工具更丰富，但有些在支持中文字符的显示上做得不够好。本书重点介绍 WordArt.com 这款专门进行词云可视化实践的工具，此外，还会简单介绍用 ECharts 进行词云可视化实践的一种做法。两款工具都能较好地支持中文字符的显示。

5.3.1　WordArt.com

WordArt.com 原名 Tagul，是一款在线使用的词云可视化实践工具。该工具支持中文词云的制作，不过，它不带中文分词功能，若针对一篇中文文本进行词云制作，需要在制作之前先做好分词。中文分词可以人工进行，也可以借助工具。开源的中文分词工具很多，这里不一一介绍。分词的最终目的是要对文本中每个词出现的频次进行统计，并形成列表。如果是英文文本，就不需要分词工序，可以在 WordArt.com 平台上直接输入整篇文本进行词云制作。下面，先以海伦·凯勒（Helen Keller）的著名散文 *Three Days to See*（《假如给我三天光明》）[⑤]作为文本，介绍用 WordArt.com 进行词云可视化实践的步骤。然后，再简单介绍一个用 WordArt.com 制作中文词云的实例。

【例 5-3】

目标：以海伦·凯勒的散文 *Three Days to See* 作为文本，用 WordArt.com 制作词云。

过程：本例用 WordArt.com 制作词云并保存和使用该词云的过程分为五步。为便于理解绘制步骤，先给出本例最终制作的词云预览图（见图 5-4）。

第 1 步：在 WordArt.com 官网打开制作词云的页面。通过浏览器打开其官网 https://wordart.com/，注册并登录后，跳转到【My Word Art】页面，再单击

---

① WordArt.com 的官方网址为 https://wordart.com/。

② Tagxedo 的官方网址为 http://www.tagxedo.com/。

③ Wordle 的官方网址为 http://www.wordle.net/。

④ 微词云的官方网址为 https://www.weiciyun.com/。

⑤ *Three Days to See* 的原文发表于 Atlantic Monthly（Volume: 151, Issue: 1, Pages: 35-42），本书进行可视化实践时所用文本来源于美国盲人基金会（American Foundation for the Blind，AFB）转载的该文的抄本，参见 http://www.afb.org/info/about-us/helen-keller/letters/on-the-senses/three-days-to-see-as-published-in-atlantic-monthly-january-1933/12345。

【Create】按钮，即可打开制作词云的页面，页面左侧区域是制作词云需要使用的全部选项，右侧是词云预览区域，如图 5-5 所示。

图 5-4　使用 WordArt.com 制作的词云

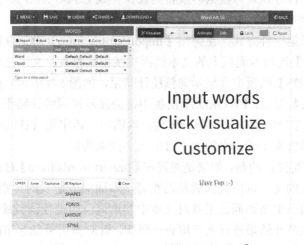

图 5-5　WordArt.com 制作词云的页面①

---

① WordArt.com 制作词云的页面显示效果会随着计算机屏幕、浏览器界面宽度而自适应调整。

第 2 步：输入数据。在【WORDS】面板中进行数据输入（若该面板未展开，先单击【WORDS】标签展开面板）。WordArt.com 提供了三种输入数据的方式：①直接输入/粘贴文本或粘贴词频统计列表；②提供文本所在的 Web 链接；③按照词频统计列表来录入。前两种输入方式的操作方法是：首先，单击【WORDS】面板上的【Import】按钮，弹出【Import words from】对话框。其次，在该对话框中【Text】选项卡面板上的文本框内输入或粘贴整篇文本，还支持粘贴 CSV 格式或来自 Excel 软件的词频统计列表（粘贴这两种格式的词频统计列表时，在【Import words from】对话框中须勾选【CSV format】选项，而直接输入或粘贴整篇文本时，则不能勾选该选项，而且，CSV 格式的词频统计列表需用英文分号作为分隔符，而不能用逗号）；或者也可以单击【Import words from】对话框中的【Web】标签，切换到【Web】选项卡面板，在【Web URL】文本框内输入文本所在的 Web 链接。然后，在【Import words from】对话框中选择是否勾选【Remove common words】（去掉常用词）、【Remove numbers】（去掉数字）等项。最后，单击对话框中的【Import words】按钮完成输入。第三种输入方式则是按照词频统计列表在【WORDS】面板上直接录入各词及其词频等数据。若需要制作中文词云，就必须事先做好词频统计列表，然后通过第三种方式录入数据，或将列表保存成 CSV、XLS 或 XLXS 格式，再通过第一种方式粘贴过来。

本例按照第一种方式，在弹出【Import words from】对话框以后，向该对话框中【Text】选项卡面板上的文本框内直接粘贴整篇散文以完成数据输入。随后，【WORDS】面板中会显示词频统计结果，如图 5-6 所示。使用上述任意一种方式输入数据后，【WORDS】面板中都会显示词频统计结果，所有词汇会按照"Size"字段的数值从大到小排列。本例中，该字段统计的就是各词出现的频次，各词将来在词云中的大小可由该字段来决定。

此外，值得注意的是，如果是通过在【Import words from】对话框中【Text】选项卡面板上的文本框内输入或粘贴整篇文本而完成输入的，则【WORDS】面板中得到的结果是该词云工具对文本中的单词自动进行词频统计的结果，制作者还要对该统计结果进行人工检查。例如，针对被引号括起来的单词，该词云工具会将引号作为单词的一部分，因此，带有引号和不带引号的同一个单词会被识别为两个不同的词而各自进行词频统计。如果人工检查词频统计结果，发现这种情况可以进行手动修改。不过，对于整篇文本来说，词云的主要作用是直观展现其中有哪些关键词，尤其当文本很长，所包含的单词很多，而只有个别单词出现了因为带有引号而被单独统计的情况，且带引号的单词词频数很小，并不影响该词被识别为关键词，或并不影响该词与其他词相对大小的比较结果时，也可以不做修改。例如，本例中出现一个"see"被单独识别为"'see'"的情况，由于并不影响"see"这一单词词频排名第一的结果，故本例未对此做手动修改。

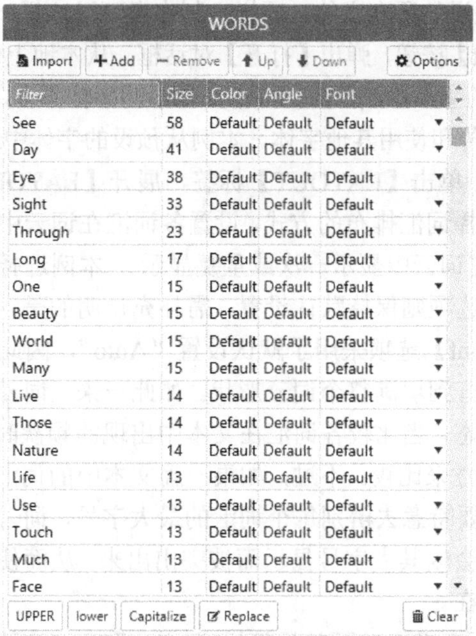

图 5-6　【WORDS】面板中显示的词频统计结果

第 3 步：设置词云样式，包括选择词云中各词大小的确定方式，以及词云的形状、字体、布局、文字颜色及其动画效果等样式。

① 选择词云中各词大小的确定方式。单击【WORDS】面板中的【Options】按钮，弹出【Words options】对话框，通过【Size】选项来设置词云中各词大小的确定方式。本例将【Size】设置为"Use size column"，从而使词云中各词的大小由【WORDS】面板中"Size"字段的数值大小来决定（本例中，该字段是各词的词频统计结果）。完成选择后，单击【Close】按钮关闭【Words options】对话框。

　　② 选择词云的形状。单击【SHAPES】标签，展开【SHAPES】面板。面板中显示了 WordArt.com 预设的所有形状。制作者可以选择这些预设的形状，也可以单击【Add image】按钮，在弹出的【Add image】对话框中添加自定义形状。自定义形状可从本地上传，或通过一个 Web 链接提供。所支持上传的图片格式是 JPEG 和 PNG 格式。本例选择一种预设的形状。

　　③ 设置字体。单击【FONTS】标签，展开【FONTS】面板。面板中显示了 WordArt.com 预设的所有字体。同样，制作者可以选择一种预设的字体，也可以单击【Add font】按钮，弹出【打开】对话框，从本地上传和添加其他字体。WordArt.com 预设的字体中，目前支持中文显示的字体不多，因此，制作中文词云时也可以考虑上传和使用其他字体。本例从预设的字体中选择了一种。

　　④ 设置布局。单击【LAYOUT】标签，展开【LAYOUT】面板，制作者可以在该面板中选择词汇排布的方式，设置各词汇在词云中显示的次数及密度（可使同一个词仅在词云中显示一次或重复显示）。本例选择一种较随机的排布词汇的方式，其他选项则保持默认设置。需补充说明的是，由于本例中该面板上的【Words amount】选项采用了默认设置"Auto"，因此所用词汇会在词云中不断重复显示，直到填满整个词云形状。如此一来，词云中同一词汇会出现大小不一的多个形态，当比较各词汇在文本中出现的频次时，需按照它们在词云中显示的最大字号来比较。不过，如果一篇文本中的词汇比较多，就像本例一样，则通常不需要特意去辨别每个词汇的最大字号，词云中出现频次最高的几个关键词一般都会因其大字号显示而被突出出来，从而使观察者能直观而迅速地把握关键词所在。

　　⑤ 设置文字颜色及其动画效果等样式。单击【STYLE】标签，展开【STYLE】面板，制作者可以在该面板中设置文字颜色、鼠标指针悬停在文字上时文字及其背景的颜色，以及动画（鼠标指针悬停时文字颜色、大小和背景发生变化的动画）播放速度等。以文字颜色为例，要通过【Words colors】选项进行设置。首先，在【Shape】和【Custom】中做出选择，选择【Shape】，词云中各词将以在【WORDS】面板上所指定的颜色来呈现，由"Color"字段来指定颜色，若"Color"字段均为默认值（Default），则各词以同一种预设的颜色呈现；选择【Custom】，词云中各词将综合运用【Custom】旁所列颜色块加以呈现。选择【Custom】以后，单击旁边的颜色块，弹出【Words colors customization】对话框，在该对话框中可以添加新的颜色（所添加的颜色可指定，也可随机产

生），或删除已经添加的颜色（单击对话框中要删除的颜色块，即可将该颜色删除）。完成颜色设置后，单击【Close】按钮关闭【Words colors customization】对话框。本例通过【STYLE】面板上的【Words colors】选项进行了颜色的设置（所选择的是【Custom】），其他选项则采用了默认设置。

第4步：生成词云。上述设置完成后，单击【Visualize】按钮，就能在预览区域生成词云的预览图。如果不满意，还可继续修改各面板中的选项，然后再单击【Visualize】按钮生成预览图（有的选项修改后可自动更新预览效果，不用再单击【Visualize】按钮），重复此过程，直到满意为止。

本例经过上述四步，最终就生成了如图 5-4 所示的词云。此外，生成词云后，单击预览区域上方的【Edit】按钮，就可以对词云中的各个词汇单独进行拖动、缩放、旋转等操作，从而得到更为个性化的词云显示效果。

第5步：保存并使用词云。单击页面顶部的【DOWNLOAD】菜单，在打开的下拉框中显示了可供下载的多种图片格式，包括 PNG、JPEG、SVG 等，还提供了 HTML 源码等内容，其中有许多是付费使用的。如果需要静态的词云图片，则从下拉框中选择 PNG、JPEG 等格式的文件进行下载。还可以选择【Custom】命令，在弹出的【Custom HQ download】对话框中进行图片文件大小、图片尺寸等的定制后再下载。如果需要交互式的词云，可以从【DOWNLOAD】菜单的下拉框中选择【HTML】命令，下载 HTML 源码并加载到自己的网页上。还有一种获得交互式词云的做法是：单击【SHARE】菜单，从打开的下拉框中选择【Embed on a webpage】命令，在弹出的【Make public?】对话框中单击【Make public】按钮，弹出【Embed on a webpage】对话框。按照提示将对话框中的两段 HTML 代码复制并粘贴到自己的网页代码中，这时就能获得交互式的词云了（若按照对话框所提示的方法操作后，在网页中未显示词云，则在浏览器中分别打开两段 HTML 代码中的两个链接，并从浏览器的地址栏重新复制一次网址，替换原来代码中的相应链接，再刷新网页，即可看到词云显示效果）。其中，前一种方式可以实现从本地加载词云文件，而后一种方式是加载存储在 WordArt.com 平台上的词云文件。此外，单击词云制作页面顶部的【SAVE】按钮，可以将绘制结果在 WordArt.com 平台上进行保存。

使用 WordArt.com 制作中文词云的步骤与上述步骤基本相同，只是在第 2 步"输入数据"阶段，需要先统计词频形成列表后再输入，而不能直接输入整篇文本。

此外，词云的运用不限于呈现一段文本中的各词汇及其出现的频次，也可以用来比较和直观展现不同对象的数值大小，突出数值较大的对象，这时，它所起的作用与气泡图类似，下面就是这样一个实例。这个实例中包含了中文字符，因此，也是对中文词云制作过程的介绍。

【例 5-4】

目标：表 5-4 是通过分析第 2 章经例 2-5 得到的北京星级饭店数据文件（.xls 文件）而获得的关于北京市各区星级饭店的数量统计，用 WordArt.com 制作词云以直观呈现哪些区的星级饭店更多。

表 5-4　北京市各区星级饭店的数量统计

区　名	星级饭店数	区　名	星级饭店数	区　名	星级饭店数	区　名	星级饭店数
昌平区	44	房山区	43	门头沟	15	顺义区	19
朝阳区	112	丰台区	35	密云区	17	通州区	7
大兴区	13	海淀区	90	平谷区	10	西城区	82
东城区	72	怀柔区	29	石景山	5	延庆区	19

过程：中文词云的制作、保存和使用仍分为五步，与例 5-3 相同的步骤不再赘述。为便于理解绘制过程，同样先给出本例最终制作的词云预览图（见图 5-7）。

图 5-7　使用 WordArt.com 制作的中文词云

第 1 步：在 WordArt.com 官网登录并打开制作词云的页面。

第 2 步：输入数据。本例采用第三种输入数据的方式，即把表 5-4 中的数据依次录入【WORDS】面板上的表格内，其中，"区名"字段录入到该面板表格中的"Filter"列，"星级饭店数"字段录入到"Size"列，面板表格中的其他列则采用默认值。

第 3 步：设置词云样式，包括词云中各词大小的确定方式，以及词云形状、字体、布局、文字颜色及其动画效果等样式。其中，词云中各词的大小同样也设置为由【WORDS】面板中"Size"字段的数值大小来决定。以上各项内容的设置方法已在例 5-3 中做了介绍，故不再赘述。需补充说明的一点是，由于本例所用词汇较少，为了使生成的词云更美观，在【LAYOUT】面板上对【Words amount】选项仍采用默认设置"Auto"。如前所述，如此一来，所有词汇就会在词云中不断重复显示，直到填满整个词云形状，进而词云中同一词汇出现了大小不一的多个形态，因此，在比较各词汇所代表对象的数值大小时，同样需要按照它们在词云中显示的最大字号来比较。也可以在【LAYOUT】面板上将【Words amount】设置为"Keep as is"，从而使词汇不重复显示。

第 4 步：单击【Visualize】按钮，生成词云。

第 5 步：保存并使用词云。

本例通过上述步骤便制作并保存了如图 5-7 所示的词云。从图中能直观看出朝阳区的星级饭店数量最多，其次是海淀区和西城区。不过，词云只能用于直观呈现比较显著的差异，而像海淀区与西城区在星级饭店数量上的细微差别就难以用词云来描述了。同样，气泡图、热力图等通过面积大小或颜色深浅来表达差异的可视化图表也都难以描述对象数值间的细微差异。

除 WordArt.com 外，微词云也是一款专门用于词云可视化实践且简单易用的工具。它提供了十分丰富的形状，还自带中文文本分词功能，允许读者直接输入大段中文文本来进行词云制作。而且，它提供了许多插图，可以添加到词云中，以便使之更符合主题及提升其视觉展现效果。由于微词云的使用方法与WordArt.com 大体相同，故不再赘述。

5.3.2　使用 ECharts 制作词云

如前所述，使用 ECharts 也可以制作词云，且所制作的词云也是交互式的。

4.2.2 节已经介绍过，用 ECharts 来绘制图表，主要是在 ECharts 代码中进行配置项（有时还可能涉及变量、函数）的设置，绘制词云也遵循同样的原理。而且，ECharts 2.0 官网就提供了一个词云（该网站称"字符云"）的实例，网址是 https://info.swufe.edu.cn/netinfo/echarts/doc/example/wordCloud.html。读者可以在该实例代码基础上，通过增删、修改配置项来实现满足自己要求的词云，包括绘制中文词云。不过，在其基础上绘制词云，无论是英文文本还是中文文本都需要事先准备好词频统计列表，然后，根据词频统计列表修改代码中的相应配置项，主要需修改如下这样的代码段。

```
{
    name: "Sam S Club",
    value: 10000,
    itemStyle: {
        normal: {
            color: 'black'
        }
    }    /* 此处 itemStyle 的值也可能是对随机生成颜色的函数
createRandomItemStyle( ) 的调用，即 itemStyle 配置项的代码也可能以
"itemStyle: createRandomItemStyle()" 的形式出现。*/
},
```

其中，name 的值是文本中某个具体的词汇；value 的值是该词出现的频次或与频次相关的值；color 用来设置该词在词云中显示的颜色。词云中词汇的颜色可以被指定或随机生成。上面的代码段中显示了为词汇指定颜色所需的代码，即从第 4 行的花括号到第 8 行的花括号的内容。若要使词汇的颜色随机生成，由于原始实例中已经定义了随机生成颜色的函数 createRandomItemStyle( )，因此，如上述代码中的注释所述，只需将代码中 itemStyle 的值（即从第 4 行的花括号到第 8 行的花括号）替换为对该函数的调用即可。整篇文本有多少不同的词汇，代码中就有多少个这样的代码段。这些代码段都包含在 data 中。书写这些词汇的顺序最好不要随机，尤其是如果所绘制的词云要实现"鼠标指针悬停在各词汇上时显示词汇对应的 value 值等注释文字"的交互效果，就需要

将所有词汇先按照 value 值的大小从大到小排列，再依次书写相应的代码段。

如果要直观展现不同对象的数值大小，也同样按上述思路为每个对象设置这样的一个代码段。以例 5-4 的绘制目标为例，要实现这一目标就要将表 5-4 中的记录按照星级饭店数从大到小排列，再根据调整顺序以后的表格对原始实例代码中的上述代码段进行修改（即修改 data 中各对花括号内 name、value 和 itemStyle 的值），其中，一个 name 对应一个区名，将每个区所对应的 value 值设置成其星级饭店数的 10 倍，区名文本的颜色则随机生成。之所以 value 值要设置成星级饭店数的倍数，是为了保证所有区名都能以足够大的字号来显示。通常，词云中各词汇的大小由 autoSize 来设置（autoSize 被添加在 series 中并开启以后），具体来说，autoSize 被开启以后，ECharts 将根据各词汇对应的 value 值大小、预览区的尺寸来自动计算和设置各词汇大小，且在 autoSize 中可以通过 minSize 指定最小字号。不过，如果有的词汇对应的 value 值小于 minSize，最小字号将对其不起作用，这些词汇会以更小的字号显示。这时，就可以像本例这样，将 value 值乘以相同的倍数，同时，设置合适的 minSize 值，从而使所有词汇都能以足够大的字号来显示。此外，本例还修改了 title、tooltip、series 中的 name 等配置项，以便修改词云的标题、取消鼠标指针悬停在各词汇上时出现注释文字的交互效果及使内容关联主题等（取消交互式的注释文字是因为该注释显示的是各区的 value 值，其原意是反映各区的星级饭店数量，但由于本例将该值扩大为饭店数量的 10 倍，为避免引起歧义，故将其取消）。修改后的代码示例如下（完整代码可扫描旁边的二维码查看），词云预览效果如图 5-8 所示。

```
function createRandomItemStyle() {
    … /* createRandomItemStyle( )是随机生成颜色的函数，是在原实例代
码中就已经定义好的，且本例绘制时未对其进行修改，故此处不展示其函数体的具体代码，
而以省略号代替。 */
    }


option = {
    title: {
        text: '北京市各区星级饭店数量',   /* 修改词云的标题。 */
        textStyle: {
```

```
        color: '#000',
        fontSize:20,
        fontFamily: '宋体',
        fontWeight: 'bold'
    }
```
/* 删除原实例代码中 text 下面的 link，以去掉标题上的链接设置。然后，通过增加 textStyle 对标题文字的颜色、字号、字体、粗细进行设置。 */
```
    },
```
/* 删除 title 与 series 之间关于 tooltip 设置的所有代码，以便取消鼠标指针悬停在各词汇上时显示注释文字的交互效果。 */
```
    series: [{
        name: '北京市各区星级饭店数量',
```
/* 修改 name 的值，以便与本例主题相符。若未取消鼠标指针悬停时的交互效果，则当鼠标指针悬停在各词汇上时，该值会作为注释文字的一部分而显示出来。 */
```
        …
```
/* name 与 autoSize 之间的代码未做修改，故此处以省略号代替。 */
/* autoSize 被开启以后，词云中各词汇的大小由 autoSize 来设置，Echarts 将根据各词汇对应的 value 值大小、预览区的尺寸来自动计算和设置各词汇大小，并通过 minSize 指定最小字号。 */
```
        autoSize: {
            enable: true,
            minSize: 14
        },
        data: [
            {
                name: "朝阳区",
```
/* 将 name 的值设置为区名。 */
```
                value: 1120,
```
/* 将 value 的值设置为该区星级饭店数的 10 倍，使区名以足够大的字号显示。 */
```
                itemStyle: createRandomItemStyle()
```
/* 使该词汇（即区名）的颜色随机生成。 */
```
            },
            …
```
/* 海淀区、西城区、东城区等其他 14 个区都按上述代码段的格式设置相应代码段，且应按照星级饭店数从大到小的顺序依次设置各区的相应代码段，此处不详细展示，而以省略号代替。 */
```
            {
                name: "石景山",
```

```
            value: 50,
            itemStyle: createRandomItemStyle()
        }
    ]
}]
};
```

北京市各区星级饭店数量

图 5-8　根据例 5-4 的绘制目标用 ECharts 制作的词云预览效果

如果词汇太多，则直接录入每个词汇对应的代码段是比较费时的。这时，可使用 ECharts 4.0 官网提供的表格工具将表格数据转换为所需的代码格式，从而节约处理代码段的时间。在其官网选择【资源】→【表格工具】导航菜单，即可跳转到【表格工具】页面。就本例而言，使用表格工具将表 5-4 中的数据转换为代码格式，步骤如下。

第 1 步：在 Excel 中将表 5-4 的第 2 列"星级饭店数"各单元格的数据乘以 10，并用计算结果替换原来的相应单元格，再将表格中的记录按第 2 列的数值从大到小排列，然后在 ECharts 4.0 的【表格工具】页面，将修改后的表 5-4 的数据按"区名"和"星级饭店数（扩大 10 倍后）"两列输入（复制并粘贴到）页面中的表格内（不用输入首行字段名），图 5-9 是输入数据后页面表格前两行的显示效果。

	A	B	C	D
1	朝阳区	1120		
2	海淀区	900		

图 5-9　在 ECharts 4.0 的【表格工具】页面输入表 5-4 的数据（第 2 列数据乘以 10 且调整顺序后）的效果截图（前两行）

第2步：在页面右侧的【表格数据转换工具】区域，根据目标格式来进行各选项的设置。就本例而言，在【结果类型】区域单击【数组+对象】标签，切换到【数组+对象】选项卡面板。在该面板的【属性设置】中，单击按钮⬛，删去多余的行，直到剩下两行为止。然后，将【列 A/C/E/...】的【属性名】设置为"name"，【类型】设置为"string"（字符串类型），将【列 B/D/F/...】的【属性名】设置为"value"，【类型】设置为"number"（数值类型）；再将【结果格式】区域【JavaScript】选项卡面板中的【引号设置】设置为"双引号"；其他选项保持默认值，如图 5-10 所示。这时，【表格数据转换工具】区域下方的【转换结果】文本框内就会显示经过转换的代码格式，见图 5-10。

图 5-10　根据目标格式在 ECharts 4.0【表格工具】页面的【表格数据转换工具】区域对各选项的设置及在【转换结果】文本框内显示的转换结果（部分截图）

与前面的代码相比，得到的转换结果正是"data"中要录入的部分内容，只是少了对颜色的配置。可以在此基础上再手动添加配置各词汇颜色的代码，这样就减少了录入代码段的工作量。ECharts 4.0 的表格工具还能完成其他很多数据转换功能，这里不再一一介绍。

5.4　时间轴的可视化实践与工具

1.4.4 节提到，在数据新闻中，时间轴常用来表达事件或事物随时间发展的过程，常见的构成形式包含时间轴线、时间点及其标注说明三个要素。目前，三个要素都有了越来越丰富多样的表达形式。在国内日常的数据新闻实践中，静态的时间轴可视化内容居多，用 AI 软件就能制作。一些基于模板的信息图可视化实践工具（如 Venngage、Easelly 等）也能制作静态或带有简单交互的时间轴。除此之外，前面介绍过的 D3.js 等可视化框架也能进行交互式时间轴的可视化实践。还有一些专门的时间轴可视化工具和站点，如 TimeFlow①、Timegraphics②、TimelineJS③，它们都能制作交互式时间轴或允许制作者对所制作的时间轴进行交互式的探索。下面分别对 TimeFlow、Timegraphics 进行简单介绍。

5.4.1　TimeFlow

TimeFlow 是一个开源的时间轴可视化工具，可用来帮助记者分析时态数据（Temporal Data）[144]。用户可以从 Github 上下载它的压缩包，下载地址是https://github.com/FlowingMedia/TimeFlow/downloads，有两个版本可供下载。如果用户希望帮助开发 TimeFlow，还可以从 https://github.com/FlowingMedia/TimeFlow 下载压缩包。本书从前一个网址下载压缩包"TimeFlow_004.zip"。解压后，双击其中的文件 Timeline.jar，即可打开 TimeFlow。不过，要注意的是，想正确打开并使用后缀名为.jar 的文件，必须安装 Java 程序的运行环境（Java Runtime Environment，JRE），并配置好相应的环境变量。相关操作方法能从网络上很方便地搜索到，本书不详细介绍。如果计算机上已经安装了 Java 开发工具包（JDK）并配置了相应的环境变量，就不需要再安装 JRE 和进行环境变量的配置了。关于 JDK，本书 2.2.3 节在介绍使用新浪微博 API 搜集和获取数据的实例（例 2-1）中已经提到过，它的安装和相应环境变量的配置是开发 Java

---

① TimeFlow 的官方网址为 http://flowingmedia.com/timeflow.html。
② Timegraphics 的官方网址为 https://time.graphics。
③ TimelineJS 的官方网址为 http://timeline.knightlab.com。

程序前必备的环节。

除了时间轴（Timeline）外，TimeFlow 还提供了其他几种可视化展现形式，如日历（Calendar）、列表（List）、表格（Table）、条形图（Bar Graph）等，通过其应用程序窗口中的【Timeline】、【Calendar】、【List】、【Table】、【Bar Graph】标签进行选择，如图 5-11 所示。它还提供了简单的统计功能，单击【Summary】标签可切换到统计面板，显示对用于绘制时间轴的数据文件的若干统计结果（实际上，【Bar Graph】面板展示的条形图也是对求和、求均值等统计结果的展示）。

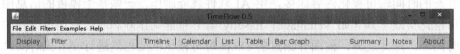

图 5-11　TimeFlow 应用程序窗口中选择可视化展现形式的标签

如前所述，TimeFlow 用来帮助记者分析时态数据[144]，借助它梳理所搜集的信息，从中挖掘有价值的内容。例如，搜集一段时间内大量的新闻资料，当需要制作某个选题的数据新闻时，可以用 TimeFlow 对搜集的资料进行梳理，发现与之相关的新闻事件、它们出现的时间及一些特点等。除了梳理新闻资料外，还可以用于梳理其他资料，如网民的评论意见等。例如，下面的例 5-5 中就有一份某网站上网民关于北京旅游感受的评论数据，我们根据这组数据介绍如何用 TimeFlow 进行时间轴的可视化实践并在该过程中发现有价值的内容。

【例 5-5】

目标：有一份某网站上 2016 年 9 月 22 日—2017 年 3 月 22 日这段时间内网民关于北京旅游感受的评论数据（记录条数为 59 条），包括评论记录编号、评论发布的日期、评论者、评论对象、评论类型、评论意见、评价等级等字段。其中，评论者是网民在该网站的昵称；评论对象是北京的某个饭馆、景区、车站等的名称；评论类型包括"食""游""行""整体"，"食"与饭馆有关，"游"与景区有关，"行"与车站等有关，"整体"是对北京旅游的总印象；评论意见是评论者对某个评论对象发表的具体评论内容；评价等级是评论者对某个评论对象的评分，从 1 颗星到 5 颗星。我们用 TimeFlow 进行时间轴可视化，从而梳理数据，发现一些有价值、可进一步挖掘的内容。为了使可视化结果更清晰，以便更直观地观察结果，对用于可视化的数据做了简化，用编号来代替具体的评论者和评论对象名称，且去除"评论意见"字段，同时，将所有字段名用英文命名，这是因为 TimeFlow 对中文字符的识别功能不够完善。数据示例见表 5-5。

我们用简化后的数据来进行时间轴可视化，当发现有价值的内容后可以再回到原始数据进一步查看详细情况。

表5-5 某网站上 2016 年 9 月 22 日—2017 年 3 月 22 日网民关于北京旅游感受的评论数据（前三条记录示例，总记录数 59 条）

id	date	commentfromid	commenttoid	commenttype	commentstars
1	3/22/2017	F40	T17	食	5
2	3/11/2017	F21	T18	食	5
3	3/9/2017	F39	T01	食	5

注：id 是评论记录的编号，date 是评论发布的日期，commentfromid 是评论者的编号，commenttoid 是评论对象的编号，commenttype 是评论类型，commentstars 是评价等级。

过程：先用 TimeFlow 制作时间轴，再通过观察结果发现一些可进一步挖掘的内容。使用 TimeFlow 制作时间轴的过程分为以下三步。

第 1 步：打开 TimeFlow。如前所述，当制作者正确安装 JRE 或 JDK 并完成相应环境变量的配置以后，双击文件 Timeline.jar 即可打开 TimeFlow 软件。

第 2 步：导入数据。TimeFlow 提供了两种导入数据的方式。一种方式是从本地上传一个 CSV 或 TSV 格式（TSV 是以制表符 Tab 为分隔符的文本格式）的数据文件。本例采用的就是这种方式，具体做法如下。

第 2.1 步：事先在 Excel 软件中将表 5-5 所示的评论数据存储为 CSV 格式。在向 TimeFlow 导入数据前，还要检查"date"字段中日期的书写格式，应采用"月""日""年"的顺序来书写，例如，采用表 5-5 所示的写法。如果采用其他顺序，TimeFlow 可能无法正确识别。

第 2.2 步：选择【File】→【Import CSV/TSV】命令，在弹出的【打开】对话框中选择本例的 CSV 文件并单击【打开】按钮，弹出【Import File】对话框。在该对话框中，每个字段都被分配了一个数据类型，如图 5-12 所示。例如，"id"字段被分配为"Number"类型（数值类型），"date"字段被分配为"Date/Time"类型（日期/时间类型）等。

第 2.3 步：检查【Import File】对话框中各字段被自动分配的数据类型是否正确，特别是要检查"Date/Time"类型是否被正确分配。如果要修改某个字段的数据类型，只需从该字段的数据类型下拉框中选择其他类型即可。如果不希望时间轴中显示某个字段，可以勾选该字段的【Ignore Field】选项。本例经过检查，发现不需要进行调整，然后，单击【Import This】按钮，初步绘制的时间轴就呈现在【Timeline】面板中。在该时间轴上，各条评论信息记录按时间顺序排布在面板中的空白区域，以节点形式呈现。

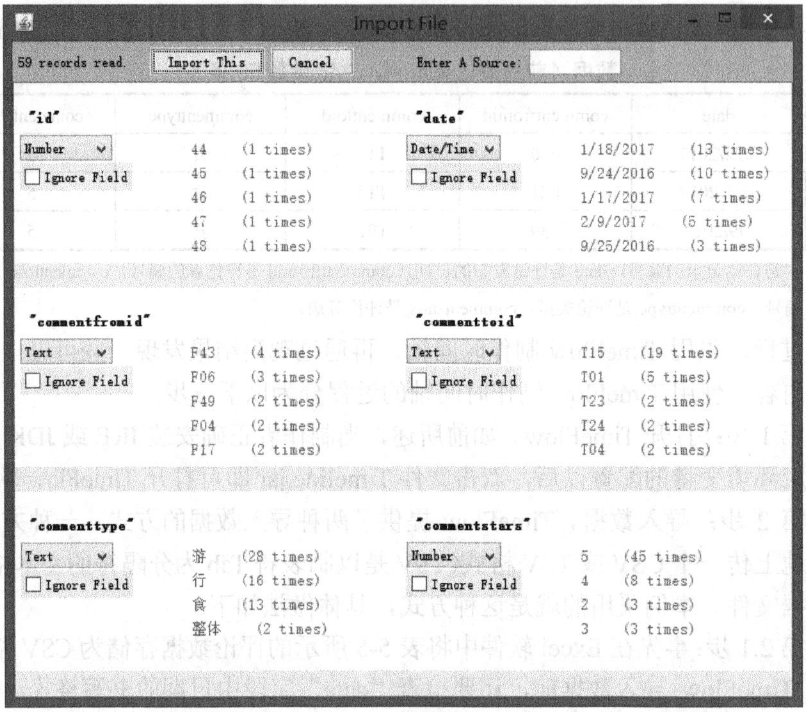

图 5-12　本例向 TimeFlow 导入数据时弹出的【Import File】对话框

TimeFlow 提供的另一种导入数据的方式是直接粘贴数据，方法是：选择【File】→【Paste From Spreadsheet/HTML】命令，弹出【Import From Paste】对话框，将数据（可以是从 Excel 中复制的数据）直接粘贴到对话框中的文本框内从而替换文本框内预设的文本，并单击【Import】按钮，在弹出的【Import File】对话框中按第一种方式的做法进行数据类型的检查和调整，再单击【Import This】按钮即可导入数据，并在【Timeline】面板中得到初步绘制的时间轴。

第 3 步：调节可视化内容的显示。在调节可视化内容的显示之前，先补充说明一点，在导入数据以后，TimeFlow 应用程序窗口中默认展示的是【Timeline】面板，对应于时间轴的展现形式。由于本例讨论的是时间轴的可视化，故所要选择的就是【Timeline】面板。不过，如前所述，TimeFlow 也提供了其他的若干可视化展现形式，若要选择其他展现形式，可通过单击相应标签，切换到所需展现形式的相应面板。本例无须切换面板，而调节可视化内容的显示主要通过设置【Display】选项卡面板中的各选项来实现。具体来说，本例在【Display】选项卡面板中通过以下操作来调节时间轴的显示。

第 3.1 步：通过设置面板中【Timeline Controls】选项区域的【Layout】选项来选择时间轴的布局方式，有"loose"（松散）、"diagonal"（对角线）、"graph"（图表）三种方式可供选择，本例选择"loose"。

第 3.2 步：在面板中的【Global Controls】区域调整时间轴上的显示内容和样式：通过设置【Label】选项，可决定在时间轴上将评论数据中的哪个字段作为节点的标签来显示。例如，选择"commenttoid"，评论对象的编号就将作为标签来显示。通过设置【Groups】选项，可将所有评论信息节点按照某个字段分组显示。例如，选择"commenttype"，评论信息节点就会按评论类型分组显示，属于同一类的评论信息节点被放在一起。通过设置【Color】选项，可使所有评论信息节点按照某个字段分颜色显示。例如，选择"commenttoid"，评论信息节点就会按评论对象的编号分颜色显示，属于同一评论对象的节点颜色相同。通过设置【Dot Size】选项，可按照某一字段来调节节点大小。不过，该选项必须选择数值类型的字段。例如，选择"commentstars"，评论信息节点的大小将由评论对象所得评分来决定。最终，本例将【Label】设置为"commenttoid"，【Groups】设置为"none"（即不进行分组），【Color】设置为"commenttoid"，【Dot Size】设置为"commentstars"，得到的时间轴可视化效果如图 5-13 所示。这时，将鼠标指针悬停在任一节点上，会显示该评论信息节点各字段的信息。【Timeline】面板底部有两个黄色块，拖动黄色块还可以扩大或缩小时间轴的显示区域，以便展示全局或局部信息。

根据以上步骤就在 TimeFlow 中完成了时间轴的制作。观察该时间轴，进而从中发现一些有价值、可进一步挖掘的内容。例如，由于我们是按照评论对象分颜色显示节点的，因此，从时间轴中同一颜色节点的多少可以直观看出哪些饭馆、景区或车站等被评论最多。此外，【Display】选项卡面板中的【GlobalControls】区域会出现【Color Legend: 'commenttoid'】统计结果，按评论对象对评论信息节点数量进行分类统计并在此以数量从大到小的顺序展示，也可以从中了解哪些对象经常被评论。由图 5-13 可以看到，编号为 T15 的评论对象被评论最多，为 19 次。将鼠标指针悬停在时间轴某个标签为 T15 的节

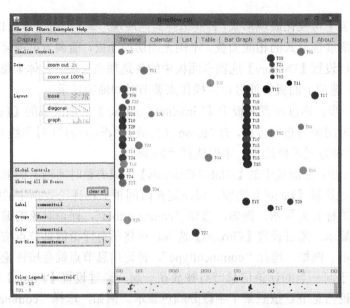

图 5-13　用 TimeFlow 制作的时间轴可视化效果

点上，从显示的信息中了解到它是一个景区，再通过对照原始数据表格，可以查看它具体对应哪个景区。还可以单击【Color Legend: 'commenttoid'】统计结果中的评论对象编号"T15"，使【Timeline】面板中的时间轴上非此评论对象的评论信息节点变灰，以便更清晰地查看属于 T15 的所有节点。经进一步观察发现，时间轴中属于 T15 的节点一般都比较大，说明网民对它的评分普遍较高，因此，这个景区值得进一步挖掘其新闻价值。又如，通过观察时间轴发现网民的评论较多地集中在 2016 年 9 月 24 日、2017 年 1 月 17 日、2017 年 1 月 18 日这三天，可以进一步观察原始数据，分析这三天是否存在具有新闻价值的内容。此外，前面提到，TimeFlow 还可以做一些简单的统计。例如，单击【Bar Graph】标签，切换到【Bar Graph】面板，通过设置【Display】选项卡面板【Bar Graph Controls】区域中的各选项，可根据需要按照不同评论者/评论对象/评论类型进行若干信息统计，如对评论信息节点数量进行求和或对评分进行求和、求均值等，并将统计信息展示为条形图。单击【Summary】标签，切换到【Summary】面板，面板中也会显示本例所用数据的一些统计信息，如事件总数、事件的最早和最晚时间，以及各字段的若干统计量（如"commentstars"字段的平均值、最大值、最小值、空值的个数等）。单击【Timeline】标签，切换到【Timeline】面板，然后在应用程序窗口单击【Filter】标签，将【Display】选项卡面板切换到【Filter】选项卡面板。接着，在该面板上的【Search】文本框中输入关键词并按 Enter 键（回车键），还可以按照关键词对所展示的节点进行筛选，即在时间轴中仅展现与所输入的关键词有关的节点。在使用其他可视化展现形式的面板，或使用【Summary】面板时，也能通过此功能筛选节点。

5.4.2 Timegraphics

Timegraphics 是一款在线时间轴生成工具，提供若干免费服务和付费增值服务。同 TimeFlow 一样，制作者也只需通过简单的鼠标点击或拖曳等操作就能使用 Timegraphics 来绘制时间轴。其绘制和导出时间轴的基本操作步骤如下。

第 1 步：打开 Timegraphics 官网 https://time.graphics，单击【Create】按钮，跳转到时间轴的编辑页面，并在该页面进行注册和登录。

第 2 步：在时间轴编辑页面根据所搜集的数据绘制时间轴，做法是按照事件发生的时间先后在时间轴上依次添加各事件节点或其他形式的信息元素，还可补充其他更多数据。添加某个事件节点的方法如下。

第 2.1 步：在时间轴上定位事件发生的日期。在时间轴上左右移动鼠标，页面上会显示鼠标所在位置对应的时间轴上的日期。按下鼠标左键同时左右移动，或者使用键盘上的方向键，可以在更大的时间跨度上选择日期。按照以上操作将鼠标定位到该事件发生的日期上并单击，显示绘图工具面板。该面板中所提供的工具按钮呈环状环绕，如图 5-14 所示。

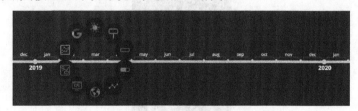

图 5-14 在时间轴上单击后显示的绘图工具面板

第 2.2 步：单击绘图工具面板上的【Event】按钮，在时间轴上创建一个事件节点，该节点由事件名称标签及一条连接时间轴线和名称标签的竖直虚线组成（如图 5-15 所示），同时该事件节点的设置面板被打开（如图 5-16 所示）。在该面板中可以设置事件名称、描述等信息，或调整事件的日期，还可以通过面板提供的其他选项设置事件节点的显示效果，包括单击【Tags】按钮为事件节点添加属性标签等。通过属性标签可为具有同一标签的节点批量设置若干样式。通过设置【Position】，指定事件节点在时间轴线的上方还是下方显示。通过设置【Text layout】，调整事件节点的名称标签与其竖直连线的对齐方式。通过设置【Design】，调整事件节点名称标签的外框、竖直连线等的显示样式。通过设置【General color】和【Text color】，分别调整事件节点名称标签外框的背景颜色和文本的颜色。单击事件节点设置面板顶部靠左的一排图标按钮（见图 5-16），还可以为事件添加图片、视频、地图、文件、链接等内容。通过上述操作就实现了一个事件节点的添加和其样式的设置。单击设置面板右上角的【Duplicate】图标按钮，还可以在该日期上快速复制并创建新的事件节点。按照上述方法可以为时间轴依次添加所有事件节点。若要删除某个事件节点，单击该事件节点，打开其设置面板，再单击面板底部的【Delete】图标按钮即可。

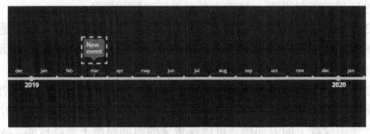

图 5-15　在 Timegraphics 的时间轴上创建的一个事件节点

图 5-16　Timegraphics 中的事件节点设置面板

　　Timegraphics 也支持添加时间段、项目进度百分比、折线图等其他形式的信息元素，或进行事件节点、信息元素的组合。同时，该工具还提供了很多数据可供查询和添加，制作者可据此补充更多数据来丰富时间轴的内容。以上内容可通过图 5-14 所示的绘图工具面板上的按钮来实现。

　　第 3 步：导出时间轴和相关数据。Timegraphics 提供了多种导出时间轴的格式，包括 JPG、PNG 等图片格式，Word、PDF、PPT 等文档格式，还能下载与所绘制的时间轴相关的数据文件，提供了 XLSX、XML 等多种格式供下载。单击时间轴编辑页面左侧各按钮即可下载相应内容。此外，保存时间轴以后，在制作者个人【My timelines】页面，单击选择该时间轴进入其信息页面，再单击【EMBED】按钮，可从弹出的【Share this timeline】对话框中获得分享该交互式时间轴的链接，以及将该时间轴嵌入制作者自己的站点或博客的相关代码。

　　以上是使用 Timegraphics 绘制和导出时间轴的基本操作步骤。限于篇幅，不再举具体的实例展开介绍。

5.5　地理信息的可视化实践与工具

　　用于进行地理信息可视化的工具很多，不仅许多可视化软件和框架（如 Tableau、ECharts 等）提供了此类功能或模块，而且还有许多专门的地理信息可视化工具，其中，国内的相关工具有智图 GeoQ[①]、地图无忧[②]等。下面，分别对使用 Taleau Desktop、智图 GeoQ、ECharts 进行地理信息可视化实践的基本过程与方法进行简单介绍。

5.5.1　Tableau Desktop 的地理信息可视化实践

　　本书 3.2 节已经介绍过 Tableau Desktop 软件，它是简单易用且功能强大的可视化工具，支持绘制的可视化类型较丰富，其中也包括地理信息可视化。接下来通过一个实例简单介绍使用 Tableau Desktop（版本为 2020.3）进行地理信息可视化实践的过程与方法。这个实例只是该软件对地理信息可视化支持的冰

---

① 智图 GeoQ 的官方网址为 http://www.geoq.cn/。

② 地图无忧的官方网址为 https://www.dituwuyou.com/。

山一角，它提供的功能更强大，限于篇幅，不一一介绍。

【例 5-6】

目标：根据经过第 2 章例 2-5 数据清洗后的北京等级景区数据（数据格式范例见图 2-12），用 Tableau Desktop（以下简称"Tableau"）进行地理信息可视化，展现北京市等级景区的位置分布。该数据存储为一个.xls 文件，总记录数是 212 条。

过程：打开 Tableau 软件，本例用 Tableau 进行地理信息可视化的过程分为以下四步。

第 1 步：连接数据。方法与用 Tableau 制作其他类型的图表相同，不再赘述。本例连接数据后，Tableau 自动创建一个名为"工作表 1"的工作表。单击该应用程序窗口下方的【工作表 1】标签，从【数据源】界面转到工作表 1 的界面。此时，各字段（名称）已经被自动分配到【数据】面板的【维度】和【度量】区域，如图 5-17 所示。

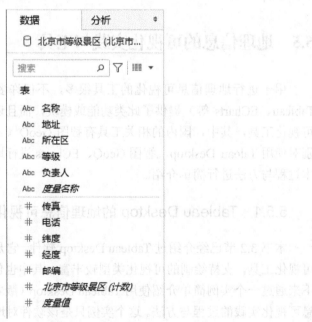

图 5-17　Tableau 将本例各字段（名称）自动分配到工作表界面【数据】面板的【维度】、【度量】区域的结果

　　第 2 步：更改数据类型为"地理角色"。在经过第 2 章例 2-5 数据清洗后的北京等级景区数据文件中，我们已为每个景区标注了经纬度信息，对应于"经度"和"纬度"两个字段，这两个字段（字段名）被分配到 Tableau 工作表界面【数据】面板中的【度量】区域。不过，此时它们的数据类型还未被 Tableau 识别为"地理角色"。在【度量】区域的"纬度"字段（名称）上右击，从弹出的快捷菜单中选择【地理角色】→【纬度】命令，将该字段的数据类型更改为"地理角色"；然后，在【度量】区域的"经度"字段（名称）上右击，从弹出的快捷菜单中选择【地理角色】→【经度】命令，将该字段的数据类型也更改为"地理角色"。

　　第 3 步：初步绘制地理信息可视化内容。从【数据】面板的【度量】区域将"经度"字段（字段名）拖到【列】功能区，将"纬度"字段（字段名）拖到【行】功能区（【行】、【列】功能区在工作表界面的视图区上方，见图 3-6）。这时，视图区显示初步绘制的地理信息可视化内容，包括地图的底图，以及计算了所有景区经度的平均值、纬度的平均值以后，根据该值定位的一个小圆点。

　　第 4 步：实现所有等级景区的定位和美化地理信息可视化内容。本例希望每个等级景区都根据其经度和纬度在地图上进行定位并显示为地图上的一个小圆点，小圆点的下方显示景区名称，而且，代表不同区的等级景区的小圆点显示为不同颜色。做法是从【数据】面板的【维度】区域把"名称"字段名拖到【标记】面板的【标签】按钮上，再从【维度】区域把"所在区"字段名拖到【标记】面板的【颜色】按钮上，这时就能实现上述目标。然后，单击【标记】面板上的【标签】按钮，在打开的面板上设置文本样式；再单击【标记】面板上的【工具提示】按钮，在弹出的【编辑工具提示】对话框中修改鼠标指针悬停在小圆点上时的注释文本及其样式；接着，按照 3.2 节例 3-2 所述的方法，修改工作表标题的内容和样式、图例的文本样式等（也可以按照例 3-2 所述的方法，对工作簿的文本样式等进行统一设置），从而完成地理信息可视化内容的美化。所得到的地理信息可视化内容是交互式的，例如，可以放大查看局部细节、缩小查看整体情况，以及将鼠标指针悬停在小圆点上显示注释文本框，从而查看关于某个景区更详细的信息等。

　　至于如何发布、分享和使用通过 Tableau Desktop 绘制的地理信息可视化内容，可按照例 3-2 介绍的方法进行操作，此处不再赘述。

5.5.2 智图 GeoQ 的地理信息可视化实践

智图 GeoQ 专门致力于地理信息可视化，它的数据产品包括智图地图、矢量数据、导航服务、地理编码和街区数据。在 2.4.3 节的例 2-5 进行数据清洗时就已经使用过智图 GeoQ，通过用它绘制等级景区位置分布图，发现原始数据中一些景区的地址书写不详细可能会带来定位不准确的问题。鉴于此，我们才补充了每个景区的经纬度信息。接下来，主要通过一个实例，讨论使用智图 GeoQ 进行地理信息可视化实践的基本过程与方法。

【例 5-7】

目标：根据经过第 2 章例 2-5 数据清洗后的北京等级景区数据（数据格式范例见图 2-12），使用智图 GeoQ 进行地理信息可视化，分别展现北京市等级景区的位置分布及景区数量的各区分布情况。

过程：实际上，本例有两个地理信息可视化任务，第一个任务与例 5-6 的目标一致，第二个任务则是在第一个任务基础上的一次内容聚合（按区聚合）。下面重点介绍第一个任务的实践过程，第二个任务的实践过程与第一个任务有许多相似之处，仅概括地介绍。

1．第一个任务：绘制北京市等级景区的位置分布图

总的来说，用智图 GeoQ 绘制和导出北京市等级景区位置分布图的过程分为以下五步。

第 1 步：检查数据中是否包含了必需的字段。这是在为后面导入数据做准备。智图 GeoQ 支持按照三种模式导入数据，分别是地址模式、经纬度模式和行政区划模式。若将来要按地址模式导入数据，则数据中应包含"地址"字段；若将来要按经纬度模式导入数据，则数据中应包含"经度"和"纬度"两个字段；若将来要按行政区划模式导入数据，则数据中应包含"城市"字段。若缺少上述需要的字段，则应先将数据字段补充完整。本例将来准备按经纬度模式导入数据，根据图 2-12 所示的数据格式范例，所用数据的字段满足要求。

第 2 步：打开智图 GeoQ，并新建地图。

第 2.1 步：在浏览器中打开智图 GeoQ 官网 http://www.geoq.cn/，单击页面右上角的【登录/注册】按钮，跳转到登录页面，再单击【注册账号】按钮，跳转到注册页面，注册并登录后，跳转到用户个人页面，显示【地图管理】选项卡面板。

第 2.2 步：单击【地图管理】选项卡面板上的【新建地图】按钮，打开【新建地图】页面，在此开始地理信息可视化内容的绘制。

第 3 步：导入数据。本例事先准备好了 Excel 格式的数据，即经过第 2 章例 2-5 数据清洗后另存为.xls 文件的北京等级景区数据，通过以下四个子步骤进行导入。

第 3.1 步：单击【新建地图】页面上的【添加数据】按钮，弹出【添加数据】对话框。在对话框中单击【上传文件】按钮，弹出【导入数据】对话框。此时，该对话框显示的是"上传文件"这一步。

第 3.2 步：单击【导入数据】对话框中间的加号按钮＋，在弹出的【打开】对话框中选择存放在本地的数据文件，再单击【打开】按钮，进行数据文件的上传；也可以将本地数据文件拖曳到【导入数据】对话框的中间虚线区域内进行上传。上传完成后，该对话框显示为"预览数据"这一步，出现所上传数据的预览效果。智图 GeoQ 支持上传.xls、.xlsx、.csv 等格式的数据文件或压缩成.zip 的 shapefile 文件。

第 3.3 步：在【导入数据】对话框中预览数据，如果预览后没有问题，在对话框中设置【请选择数据空间化类型】选项，有"地址""经纬度""行政区""不含位置信息"四项可供选择。具体如何选择与所准备的数据字段有关，这也就是为什么第 1 步要先检查数据中是否包含所需字段的原因。本例选择了"经纬度"。然后，将【经度字段】设置为"经度"（指数据文件中的"经度"字段），【纬度字段】设置为"纬度"（指数据文件中的"纬度"字段），【文件编码】设置为"GBK"（GBK 是汉字内码扩展规范），如图 5-18 所示。

第 3.4 步：在【导入数据】对话框中单击【下一步】按钮，完成数据文件的上传；再单击对话框中的【确定】按钮，关闭【导入数据】对话框，回到【添加数据】对话框。刚才上传的数据文件的名称出现在对话框内的列表中，勾选该数据，再单击【确定】按钮，完成数据的选择和导入并关闭【添加数据】对话框。同时，【新建地图】页面上出现初步绘制的地图，各等级景区已根据其经纬度信息被定位在地图上，每个景区显示为一个小圆点。

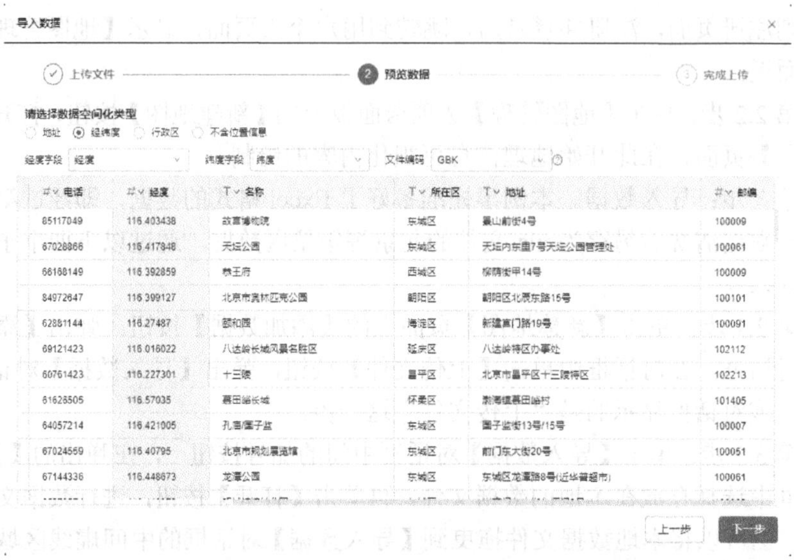

图 5-18　在智图 GeoQ【导入数据】对话框中预览数据并设置【请选择
数据空间化类型】等选项

　　第 4 步：进行地图样式的设置。在【图层】面板上单击所上传的数据文件
名称右侧的【配置样式】图标按钮 ，打开【样式】面板，可对第 3 步初步绘
制的地图进行样式调整。通过【颜色/大小】选项可以设置地图中代表各景区的
小圆点（以下简称"景区小圆点"）的颜色和大小。在【颜色/大小】选项右边的
颜色条上单击，打开设置颜色的面板。在该面板上可以选择是统一设置所有景
区小圆点的颜色，还是按字段进行分类设置。本例在该面板上单击【按字段】
标签，切换到【按字段】选项卡面板，并选择"所在区"，从而使景区小圆点按
照"所在区"分类进行颜色设置。此时，该面板上显示了为每个区的景区小圆
点设置的颜色，如图 5-19 所示，可根据需要对颜色进行调整。在【颜色/大小】
选项右边的数值上单击，打开设置小圆点大小的面板，可在该面板上统一设置
或按字段分类设置小圆点的大小，本例将小圆点大小统一设置为 12。

　　其他可设置的样式还包括：①通过【边框】选项可为景区小圆点设置边
框的颜色和粗度；②通过【渲染模式】选项可对小圆点的显示效果加以渲染；
③通过【图层可见范围】选项中所设置的从"全球"到"街区"的拖曳条，
能够设置图层可显示的地图级别；④通过【标注】选项可以选择是否在各小

圆点周围显示某种标注（如景区名称）及设置其显示样式；⑤通过【弹窗】选项可以选择在单击小圆点时是否弹出相应景区的信息。如果该项选择"开"，还可以设置弹窗标题、弹窗大小及所要显示的是该景区哪些字段的信息。

图 5-19　在【样式】面板的【颜色/大小】选项中按"所在区"分类进行
景区小圆点颜色的设置

　　本例仅对景区小圆点的颜色和大小进行以上的调整，其他选项使用默认设置。设置完成后，就得到了根据所在区进行景区小圆点颜色区分的地理信息可视化内容。该地图是可以进行定位和缩放的，定位通过单击其左上角的【搜索位置】按钮 🔍 打开搜索框进行搜索来实现；缩放通过滚动鼠标中轮或单击地图右下角的加号 ＋ 和减号 － 按钮来实现。

　　除了能够设置小圆点的样式、图层可显示的地图级别、标注及弹窗信息外，智图 GeoQ 还提供了其他一些外观设置的功能，例如：

　　① 底图设置。单击地图右下角的【基础地图切换】按钮 ▣，可从打开的面板中选择其他底图，从而对地图的底图进行切换。面板中有智图提供的地图，也有互联网上其他第三方厂商（如腾讯、高德等）提供的地图，还支持添加用户自己准备的地图。

②标绘。单击地图右下角的【标绘工具】按钮 ，可以在地图上进行标绘。

第 5 步：保存、导出与分享。单击【新建地图】页面上的【设置】标签，切换到【设置】面板，在该面板中设置地图应用的基本信息，包括【名称】、【描述】、【地图控件】等选项；然后，单击【新建地图】页面上的【保存】按钮，将所绘制的内容进行保存。保存后，会出现【分享】按钮。单击该按钮，在弹出的【分享设置】对话框中，将【公开分享】设置为"开"，就可以获得该可视化内容的分享链接、二维码及将其嵌入网页的代码，还可以设置公开分享的有效期。单击该可视化内容左上角的【导出图片】按钮 ，还能导出它的图片。

2. 第二个任务：绘制北京市等级景区数量的各区分布图

绘制该分布图需要添加"区划聚合"工具。单击【新建地图】页面上的【工具箱】标签，切换到【工具箱】面板，单击面板中"区划聚合"工具名称旁的【添加】按钮，即可添加该工具。此时，【新建地图】页面左侧会出现【区划聚合】标签，单击该标签，可切换到【区划聚合】面板。通过设置该面板中的各选项，就可以针对点数据按照行政区划进行聚合统计和展示。第二个任务在第一个任务的基础上进行，也就是说，根据前面的步骤导入数据（即完成第 1~3 步）后，接着按照行政区划来创建聚合图，做法如下。

第 1 步：根据上文所述的方法添加"区划聚合"工具。每次新建地图并导入数据后，该工具都要重新添加。

第 2 步：在【新建地图】页面上单击【区划聚合】标签，切换到【区划聚合】面板。

第 3 步：在该面板中将【图层】设置为"北京市等级景区"（即选择之前导入的数据），将【计算】设置为"计数"（即按照行政区划进行景区的计数统计），【颜色/大小】、【边框】、【标注字体】选项使用默认设置，再单击【创建】按钮，就形成了等级景区按照行政区划聚合后的可视化效果。

第 4 步：由于完成了第一个任务的 1~3 步以后，【新建地图】页面上会出现初步绘制的景区位置分布图，即所有景区小圆点也会出现在地图上。单击地图左上角的【图例】按钮 ，在打开的【图层】面板中取消勾选第一个任务所用数据"北京市等级景区",最终就得到了北京市等级景区数量的各区分布图。

以上是对使用智图GeoQ进行地理信息可视化实践的过程与方法的简单介绍。其【新建地图】页面上的【工具箱】面板中还有其他若干功能强大的工具,限于篇幅,不再一一介绍。

5.5.3　ECharts 的地理信息可视化实践

ECharts 2.0 的官网提供了丰富的地理信息可视化实例,ECharts 4.0 的官网又做了进一步完善,不仅丰富了平面的地理信息可视化实例,还提供了 3D 地球、3D 地图等类型的实例。所以,ECharts 非常适用于地理信息可视化。下面,仍使用经过第 2 章例 2-5 数据清洗后的北京等级景区数据,通过一个实例来介绍用 ECharts 进行地理信息可视化实践的基本方法。

【例 5-8】

目标:根据经过第 2 章例 2-5 数据清洗后的北京等级景区数据(数据格式范例见图 2-12),用 ECharts 进行地理信息可视化,展现北京市等级景区数量的各区分布情况。

过程:实际上,本例的目标与例 5-7 中第二个任务的目标(绘制区划聚合图)一致。本例的绘制思路同 4.2.2 节例 4-2 介绍的使用 ECharts 绘制其他类型的图表一样,我们从 ECharts 官网提供的实例中进行选择,并在此基础上根据自己的可视化需求,通过在代码中添加、删除、修改配置项(变量或函数),来实现满足需求的地理信息可视化内容,整个过程分为以下六步。

第 1 步:寻找合适的实例。通过浏览 ECharts 2.0 和 ECharts 4.0 官网提供的实例,本例选择了 ECharts 4.0 官网提供的一个关于全国主要城市空气质量的实例,网址是 https://echarts.apache.org/examples/zh/editor.html?c=effectScatter-bmap。该实例将全国主要城市的空气质量数据用圆点来表示,一个圆点对应一个城市,并通过各城市的经纬度在地图上定位圆点,圆点的大小由反映相应城市空气质量的数值大小决定。通过上面的网址在浏览器中打开该图表实例的编辑页面,也可以在 ECharts 4.0 官网单击【实例】导航菜单,跳转到实例汇总页面,再从该页面中选择这一图表实例,从而打开其编辑页面。如前所述,每个图表实例编辑页面的左侧是代码编辑区,显示该图表实例对应的代码,可在此对代码进行编辑;右侧是图表预览区。在左侧代码编辑区修改代码后,右侧的图表预览效果会自动更新，也可以通过单击代码编辑区右上角的【运行】按钮来更新图表预览效果。本例将在上述实例的基础上，根据自己的可视化需求来完成绘制。为方便理解接下来的各步，读者也可以先查看后文的图5-20，即本例完成绘制后在图表预览区显示的地理信息可视化内容的预览效果。

第2步：修改代码中的数据。原始实例代码中包含两组数据，分别定义为一个变量。第一组是关于城市及其空气质量数值的数据，它决定了地图上对应于各城市的圆点的大小；第二组是关于城市及其经纬度的数据，它决定了各圆点在地图上的位置。本例要将代码中的数据修改为与北京市各区及其等级景区数、经纬度有关的数据，具体操作如下。

第2.1步：根据代码数据格式，将本例所需提供的数据整理成表5-6。（注意，由于经过例2-5数据清洗后的北京等级景区数据中没有各区的经纬度信息，因此，本例对此信息进行了查询并整理在表5-6中。）

表5-6　本例所需提供的数据

区　名	等级景区数	经度（°）	纬度（°）	区　名	等级景区数	经度（°）	纬度（°）
昌平区	19	116.2380900000	40.2268600000	门头沟	12	116.1080750000	39.9462350000
朝阳区	13	116.4497600000	39.9265610000	密云区	17	116.8497110000	40.3821080000
大兴区	8	116.3480550000	39.7324740000	平谷区	11	117.1275900000	40.1469700000
东城区	12	116.4227610000	39.9347680000	石景山	3	116.2295130000	39.9113440000
房山区	20	116.1496630000	39.7541900000	顺义区	6	116.6610860000	40.1365110000
丰台区	12	116.2926520000	39.8648060000	通州区	4	116.6631660000	39.9162320000
海淀区	16	116.3048080000	39.9660510000	西城区	20	116.3724540000	39.9181910000
怀柔区	15	116.6381350000	40.3223860000	延庆区	24	115.9817060000	40.4623460000

第2.2步：根据表5-6，对代码中的变量值进行修改，修改后的代码示例如下（本例中的各步在展示代码时，仅展示包含了该步所修改代码在内的部分代码片段，其中经过修改的代码有的会通过注释说明修改过程，而未在该步修改的代码一般用省略号代替，修改方法相同的代码也用省略号代替并通过注释说明）。

```
var data = [
    {name: '昌平区', value: 19},
```

```
    ... // 中间14行代码省略。它们的格式同上，都是每个区的区名和等级景区数
    {name: '延庆区', value: 24}
];
var geoCoordMap = {
    '昌平区':[116.2380900000,40.2268600000],
    ... // 中间14行代码省略。它们的格式同上，都是每个区的区名及经度、纬度
    '延庆区':[115.9817060000,40.4623460000]
};
```

第3步：使原始实例的地图定位到北京地区。原始实例依靠经纬度定位地图的中心点，并通过输入范围值来控制其显示区域的大小。本例输入北京的经纬度来定位地图的中心点，并输入范围值，以使地图显示北京地区。做法是修改 bmap 中的两个配置项 center 和 zoom，前者与定位地图的中心点有关，后者与控制其显示范围有关，修改后的代码如下。

```
center: [116.4135540000, 39.9110130000],
zoom: 9,
```

第4步：修改圆点的显示状态及鼠标指针悬停在圆点上时出现的注释文字。滚动鼠标中轮，将右侧预览区的地图放大，并用鼠标拖曳地图，以便清楚地观察每个区对应的圆点。原始实例中，当鼠标指针悬停在某个圆点上时，会显示该圆点对应的城市及其数值，并做一判断：如果该城市对应的数值排名前六，就会显示"Top 5"字样，否则，会显示"pm2.5"字样。而且，两类圆点的显示状态不同（无论鼠标指针是否悬停在圆点上），前者持续出现向外辐射的动画效果，且圆点右侧会持续突出显示该圆点对应的城市名称；后者则是静态的，且圆点右侧不会突出显示该圆点对应的城市名称。本例也将圆点分为两类，不过，重点突出等级景区数排名前五的圆点，呈向外辐射的动画效果，右侧持续突出显示其所对应的区名，当鼠标指针悬停在此类圆点上时，出现注释文字，包括"等级景区数 Top 5"字样及对应的区名、等级景区数；其他圆点（以下称"普通圆点"）静态呈现，不突出显示其所对应的区名，且鼠标指针悬停在此类圆点上时出现的注释文字仅包括对应的区名和等级景区数。实际上，

经过第 2 步以后，鼠标指针悬停在各圆点上时所显示的注释文字中，名称已经变成了各区的区名，数值也已变成了相应区的等级景区数，圆点旁也按照两类划分呈现出突出显示/不突出显示所对应的区名的两种状态。因此，对比发现，只需将代码中判断"排名前六"的代码修改为判断"排名前五"，调整鼠标指针悬停在普通圆点上时显示"pm2.5"字样的配置项设置，以及修改鼠标指针悬停在等级景区数排名前五的区对应的圆点上时所显示的文字（即使其显示"等级景区数 Top 5"字样）。控制上述效果的配置项都在 series 中。series 中的第一级由两对花括号构成。其中，第一对花括号内的代码控制所有圆点及其显示样式；第二对花括号内的代码控制排名前列的圆点及其显示样式。首先，所有圆点会按照第一对花括号中的代码进行相应效果的设置；然后，排名前列的圆点再按照第二对花括号内的代码进行效果的设置，其中，若遇到与前面重复的配置项设置则覆盖之前的设置。综上所述，本例从 series 中找到控制上述效果的配置项进行修改。此外，本例还对排名前列的圆点旁持续突出显示的区名及鼠标指针悬停在圆点上时出现的注释文字进行了样式（如字体、字号、粗细）的设置。修改后的代码（片段）示例如下，经过该步修改的代码添加了注释，用以说明修改过程。

```
tooltip : {
        trigger:'item',    /* 在配置项 trigger 的最后添加逗号，再在其下
方添加 textStyle 及 fontFamily、fontSize，以设置鼠标指针悬停在圆点上时所出
现的注释文字的字体和字号。*/
        textStyle: {
            fontFamily: '宋体',
            fontSize: 14
        }
    },
    ...
series : [
    {
        name: '',  // 去掉鼠标指针悬停在普通圆点上时显示的"pm2.5"字样
        ...
```

```
        },
        {
            name: '等级景区数 Top 5',    /* 将 name 的值修改为 "'等级景区数
Top 5'" */
            ...
        data: convertData(data.sort(function (a, b) {
            return b.value - a.value;
        })).slice(0, 5)),    /* 该函数已在原始实例中进行了定义, 用于将所
有记录按数值大小排列后选出排名前列的记录, 其中, slice(0, n) 中的第二个参数 n 控
制选出排名前几的记录。本例用该函数将所有区按等级景区数排列, 然后选出排名前五的
区的记录, 所做修改是将 slice( ) 中的第二个参数由 "6" 改为 "5"。 */
            ...
        label: {
            ...
            show: true,    /* 在配置项 show 的最后添加逗号, 再在其下方添
加 fontFamily、fontSize、fontWeight 来对圆点旁持续突出显示的区名进行字体、
字号和粗细的设置。 */
            fontFamily: "宋体",
            fontSize: 14,
            fontWeight: 'bold'
        },
        ...
        }
    ]
```

第 5 步：修改圆点大小、颜色等外观内容。这些外观内容也是由 series 中的配置项来设置的。其中, symbolSize 控制圆点大小; 而设置圆点其他样式的配置项主要都在 itemStyle 中。4.2.2 节已介绍过, itemStyle 与设置图形的样式有关。本例将各圆点等比例增大, 并将圆点颜色和阴影效果进行调整, 代码修改如下。

```
series : [
    {
        name: ",
```

```
...
    symbolSize: function (val) {
        return val[2]*1.5;    /* 原始实例中将数值除以 10，为增大圆
点，本例乘以 1.5 */
    },
    ...
    itemStyle: {
        color: '#1c6a87'    // 修改 color 的值，以改变圆点颜色
    },
    …
},
{
    name: '等级景区数 Top 5',
    ...
    symbolSize: function (val) {
        return val[2]*1.5;    /* 原始实例中将数值除以 10，为增大圆
点，本例乘以 1.5 */
    },
    ...
    itemStyle: {
        color: '#1c6a87'    /* 修改 color 的值，以改变排名前五的区所
对应的圆点的颜色，然后删除 color 的值最后的逗号及其下面的配置项 shadowBlur 和
shadowColor，从而去掉关于圆点阴影效果的设置。 */
    },
    ...
}
]
```

第 6 步：删除地理信息可视化内容的标题。原始实例设置了主标题和副标题，副标题还配有链接，由于标题显示在地图上不够明显，因此本例将标题删除。与标题设置相关的代码在 title 中，故只需将 title 及其花括号内的所有代码删除即可，同时还要删除花括号外的逗号。

根据上述步骤修改代码后，就可以在图表实例编辑页面的图表预览区看到本例绘制的地理信息可视化内容的预览效果，如图 5-20 所示。

同样可以将所绘制的地理信息可视化内容嵌入制作者自己的网页，方法与嵌入用 ECharts 4.0 绘制的其他类型的图表一样，本书 4.2.2 节已经对将 ECharts 4.0 图表嵌入网页的方法做了概述，此处不再赘述。不过，在使用 ECharts 4.0 进行地理信息可视化实践并在制作者的网页中进行加载和应用时需要获取有效密钥，实现密钥对该应用的百度地图 JavaScriptAPI 授权，至于如何操作，可访问网址 http://lbsyun.baidu.com/apiconsole/key#查看，本书不再详细介绍。

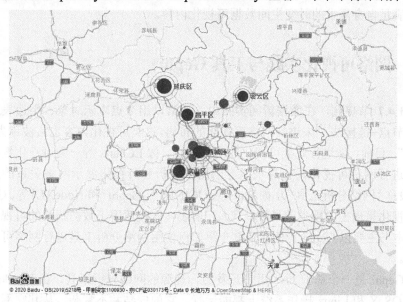

图 5-20　用 ECharts 4.0 绘制的地理信息可视化内容在图表实例编辑页面的图表预览区所显示的预览效果

5.6　时变空间数据可视化实践工具 Power Map

如前所述，本书所指的"时变空间数据可视化"强调时间与空间的双重变化，是对既有时间标签又有空间位置的数据进行可视化。3.3 节提到过一款由微软推出的可视化工具 Power Map，能够将地理数据或时序数据绘制在三维地球仪或自定义地图上[145]，是用来进行时变空间数据可视化的工具之一。使用 Power Map，可以通过动画的形式反映地理信息可视化内容随时间变化的情况，也可以将时间作为筛选器中的一项指标，从而展现某个时间点上地理信息可视化内容反映的数值分布情况，或比较某些时间点上的数值情况。关于 Power Map 的具体用法，本书不做详细介绍，有兴趣的读者可以通过微软官网提供的教程 "Get started with Power Map"（Power Map 入门）[145]进行学习。

除 Power Map 外，ECharts 4.0 还提供了一些时变空间数据可视化的实例。用户可以它们为基础，根据自己的需求增删、修改配置项、变量或函数，从而获得满足自身需求的时变空间数据可视化内容。

5.7 网络可视化实践与工具 Gephi

1.4.7 节提到，在数据新闻实践中，通常以用节点表示对象、用边表示关系的节点–链接法[31]来进行网络可视化的布局，这类可视化内容也常被称为"关系图"。目前，能进行此类可视化的工具不少，像 ECharts 等一类可视化框架就支持进行网络可视化，也有一些专门用来分析和可视化展示网络关系的工具（一般称"网络分析工具"），如 Pajek①、UCINET②、Gephi③和 NodeXL④等。Gephi 在可视化呈现上的视觉效果好，且入门容易，比较适用于数据新闻的可视化实践。本书主要以 Gephi 为例，简单介绍如何使用网络分析工具进行网络可视化实践。

Gephi 是一个基于 Java 语言开发的、开源的网络分析工具，在 Windows、Mac OS X 和 Linux 操作系统上都能运行。它的安装并不复杂，从其官网下载与用户的操作系统相匹配的 Gephi 安装包，根据提示安装即可。不过，同本书 5.4.1 节介绍的 TimeFlow 一样，Gephi 也需要安装 JRE 或 JDK 并正确配置环境变量才能正常运行。

下面，通过一个实例来介绍使用 Gephi 进行网络可视化实践的基本过程和方法，所用版本为 0.9.1。

【例 5-9】

目标：从经过第 2 章例 2-5 数据清洗后的北京等级景区数据中筛选出东城

---

① Pajek 的官方网址为 http://mrvar.fdv.uni-lj.si/pajek/。
② UCINET 的官方网址为 http://www.analytictech.com/。
③ Gephi 的官方网址为 https://gephi.org/。
④ NodeXL 的官方网址为 https://archive.codeplex.com/?p=nodexl。

区和西城区所有等级景区的信息，总记录条数是 32 条，需要通过 Gephi 呈现其中从哪些景区最方便可达其他景区。

过程：完成本例目标，首先应将"方便可达"这一指标量化，然后再使用 Gephi 进行网络可视化，通过绘制关系图来表现各景区之间的方便可达性。

1. 量化"方便可达"指标

量化这一指标有很多不同的办法，本例的解决办法是：如果景区 A 到景区 B 乘坐公共交通工具在 30 分钟内可达，则认为景区 A 到 B 是方便可达的，在关系图展现上，则存在景区 A 指向景区 B 的箭头；否则，认为从景区 A 到 B 不太方便，在关系图展现上，则不存在景区 A 指向景区 B 的箭头。通过一些公交、路况查询及路线导航工具就能获得从一个景区到另一个景区乘坐公共交通工具所需花费的时间（不考虑夜间出行的情况）。首先，根据 32 个景区中任意两个景区之间是否方便可达，我们在 Excel 中按照表 5-7 的格式整理了数据。其中，"source"字段是当前考察的景区，"target"字段是从当前考察的景区方便可达的所有其他景区。表 5-7 中只是一部分数据示例，是从"故宫博物院"方便可达的所有景区，而该统计表的总记录数是 386 条。然后，我们将该统计表另存为 CSV 格式的文件。

表 5-7　关于东城区与西城区的两两等级景区之间方便可达的信息统计示例

source	target
故宫博物院	中山公园
故宫博物院	南锣鼓巷
故宫博物院	前门大街景区
故宫博物院	北京市劳动人民文化宫
故宫博物院	恭王府
故宫博物院	北海公园
故宫博物院	景山公园
故宫博物院	首都博物馆
故宫博物院	中国地质博物馆
故宫博物院	北京古钱币展览馆
故宫博物院	北京湖广会馆大戏楼
故宫博物院	北京老舍茶馆

（续表）

source	target
故宫博物院	大观楼影城
故宫博物院	北京市大栅栏商业街区

2. 使用 Gephi 绘制关系图

本例用 Gephi 绘制景区间方便可达的关系图可分为以下五步（为方便理解接下来的步骤，读者也可以先查看后文的图 5-27，即本例最终绘制完成的关系图）。

第 1 步：新建项目。打开 Gephi 软件，选择【文件】→【新建项目】命令，即可完成项目的创建。

第 2 步：导入数据。分为以下三个子步骤。

第 2.1 步：单击【数据资料】标签（如图 5-21 所示），切换到【数据资料】界面。

图 5-21　Gephi 的【数据资料】标签

第 2.2 步：在【数据表格】面板上单击【输入电子表格】按钮，弹出【输入电子表格】对话框。在对话框中单击【选择一个 CSV 文件输入】文本框旁的按钮 ┄┄┄ ，在弹出的【打开】对话框中选择整理好的 CSV 格式的数据文件，并单击【打开】按钮，这时，文件路径被添加到【选择一个 CSV 文件输入】文本框内。然后，在【输入电子表格】对话框中设置【分隔符】为"逗号"，【如表格】为"边表格"，【格式】为"GB2312"，如图 5-22 所示。其中，【分隔符】选项是根据 CSV 数据文件使用逗号分隔符而做出的选择。【如表格】选项是根据 CSV 数据文件所采用的表示数据关系的格式而做出的选择。由于本例采用的"source-target"表示方式是一种"边表格"表示方式，故选择"边表格"。2.4.2 节提到，GB2312 是信息交换用汉字编码字符集，由于本例的 CSV 数据文件中存在中文字符，故【格式】选项选择该字符集。设置完成后，可从对话框的【预览】区域预览数据。

第 2.3 步：单击对话框中的【下一步】按钮，再单击【完成】按钮，完成数据的导入。

第 3 步：整理数据。本例导入数据后，在【数据表格】面板上只有一个"Id"

字段，罗列了 32 个景区的名称。为了在关系图中的各节点上显示对应景区的名称，需复制出一个"Label"字段，即把"Id"字段复制到"Label"字段。方法是在【数据表格】面板中选择【复制数据到其他列】→【Id】命令，在弹出的【复制数据到其他列】对话框中，将【从"Id"复制数据复制到】设置为"Label"，再单击【好】按钮，完成复制。

图 5-22　在 Gephi 的【输入电子表格】对话框中的各项设置

　　第 4 步：关系图的可视化与美化。单击【概览】标签，从【数据资料】界面切换到【概览】界面。这时就会在【图】面板中看到关系图已经被可视化呈现出来，只不过是未经美化修饰的图。通过设置【外观】和【布局】面板上的各选项可对关系图进行美化，包括美化节点、边及布局等。本例主要进行节点和布局的美化。

　　第 4.1 步：美化节点。【外观】面板上默认显示【节点】面板，若未显示该面板，可单击【外观】面板上的【节点】标签切换到该面板，通过该面板中各选项可设置节点样式。【节点】面板右上角有一排标签（标签的名称如图 5-23 所示），通过这些标签可对面板中的内容进行切换，以便面板中呈现用于设置关系图中节点颜色、节点大小、文字标签的颜色和尺寸等不同内容的选项。【节点】面板上还有【统一的】和【数值设定】两个标签。选择【统一的】标签，将在面板中按照统一值来设置各节点的某类样式；选择【数值设定】标签，则可以根据所选的一种渲染方式（如连入度、连出度）来设置各节点的某类样式。

图 5-23 所显示的就是选择【数值设定】标签后面板呈现的状态。

图 5-23 Gephi【外观】面板上的【节点】面板及其右上角标签的名称

本例在美化节点上所做的具体操作如下。

① 设置节点颜色。本例将按照一种渲染方式来设置节点颜色。首先，选择节点颜色的渲染方式，方法是单击【节点】面板上的【颜色】标签，再单击【数值设定】标签，在面板中的【选择一种渲染方式】下拉框中选择"连出度"，【节点】面板上出现一个颜色条，此时将以颜色条上的颜色为基础并按照节点连出度的大小来决定节点颜色的深浅。"连出度"又叫"出度"，是指一个节点指向其他节点的箭头总数。由于本例考察的是从一个景区到其他景区的方便可达性，因此需要考虑每个景区的连出度，连出度越大说明该景区方便可达的景区越多。本例由连出度来决定节点颜色的深浅，这样就能凸显出方便可达更多其他景区的那些景区，使关系图的表达更直观。

然后，更换节点的颜色，可以单击【节点】面板上颜色条右侧的按钮，在打开的菜单中选择【默认】子菜单中的一种预设的颜色模式；还可以将鼠标指针悬停在颜色条上，从而使调节颜色渐变状态的小三角显示出来，再据此调整颜色的渐变状态；也可以双击【节点】面板上的颜色条，增加控制渐变状态的小三角，并在弹出的【Choose a Color】对话框中自定义颜色。本例选择了一种预设的颜色模式。

根据以上操作完成节点颜色设置后的面板如图 5-24 所示。

图 5-24　在 Gephi【外观】面板上的【节点】面板中选择节点颜色的渲染方式并更换节点颜色

最后，单击【外观】面板上的【应用】按钮，在【图】面板中得到根据以上设置绘制的关系图。

② 设置节点大小。本例仍用节点的连出度来决定节点大小，连出度越大，节点越大。做法是首先单击【节点】面板上的【大小】标签，再单击【数值设定】标签，然后在面板上的【选择一种渲染方式】下拉框中选择"连出度"，并分别设置【最小尺寸】和【最大尺寸】，本例使用了它们的默认值，分别为20 和 150。最后，单击【外观】面板上的【应用】按钮，在【图】面板中得到根据以上设置绘制的关系图，如图 5-25 所示。

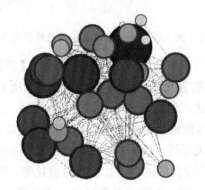

图 5-25　在 Gephi 中美化节点后的关系图

第 4.2 步：美化节点的布局。在通过第 4.1 步绘制的关系图中，节点通常会发生如图 5-25 所示的相互遮盖的情况，需要对该关系图重新布局。【概览】界面上的【布局】面板提供了许多布局算法，它们模拟节点间的引力和斥力，形成不同的布局样式。在【布局】面板上的【选择一个布局】下拉框中选择一种布局算法，根据需要调节该算法的若干参数，然后单击【运行】按钮，就能让关系图中的节点开始重新布局，布局会按照该算法持续调整并在【图】面板中实时显示该关系图的布局效果，而且此时【运行】按钮变成【停止】按钮。单击【停止】按钮，可使布局停止在所需的状态。本例依次执行了 Force Atlas、ForceAtlas 2 和 Fruchterman Reingold 算法（Fruchterman Reingold 算法的【重力】设置为 5.0，其他参数为默认值），在【图】面板中得到美化节点布局后的关系图如图 5-26 所示。

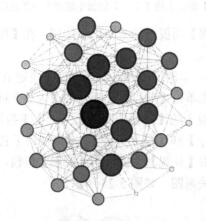

图 5-26   在 Gephi 中经重新布局后的关系图

如果关系图中的节点和边比较少，可以继续在【图】面板底部设置与显示节点的文字标签相关的各选项，从而为各节点添加所对应的景区名称作为标签，并设置其显示样式；然后单击【截屏】按钮 ，获得 PNG 格式的关系图效果图片。但由于本例的关系图中节点和边的数量较多，采用上述方法难以得到美化效果良好的关系图。例如，图中节点的文字标签会因节点过多而无法全部显示，图中的边会因数量过多而显示效果虚化等。这时，就需要切换到【预览】界面继续美化关系图，再将关系图导出。这也是更为常见的做法。因此，本例继续进行第 5 步操作。

第 5 步：在【预览】界面继续美化并导出关系图。

第 5.1 步：单击【预览】标签，切换到【预览】界面。

第 5.2 步：单击该界面中【预览设置】面板底部的【刷新】按钮（此时应确保【预设置】选择了"默认值"），使界面右侧的【预览】面板中显示已绘制的关系图。这里显示的图像与之前在【概览】界面的【图】面板中看到的图像效果会有少量出入，如节点描边相对不明显、边变成曲线等，这是由于【预览】界面的【预览设置】面板对某些选项的值进行了预设，单击【刷新】按钮后，关系图会根据这些预设值进行重绘。如果对重绘的关系图效果不满意，只需在【预览设置】面板上调整相应选项的值即可。本例对该面板中【设置】选项卡面板上的部分选项进行调整，以便为关系图中的节点添加其对应的景区名称作为标签，并调整边的粗细使之显示得更清晰等。所做调整具体为：① 在【节点标签】选项区域勾选【显示标签】，并通过设置【字体】选项，调整节点标签的字体、字号和粗细；同时，取消勾选【比例大小】，从而使"Label"字段作为节点的标签，按所指定的文本样式以统一的大小呈现。② 在【边】选项区域，勾选【显示边】和【弯曲】（通常这两项已默认被勾选），设置【厚度】为 1.5，设置【颜色】为"source"，从而使两两节点之间的连线（即关系图中的"边"）显示为所指定厚度的曲线，且连线按照源节点来着色。本例用于表示关系的边最终绘制成了曲线（而非直线箭头），主要是为了使关系图更美观。【预览设置】面板上的其他选项则保持默认设置。设置完成后，再次单击【刷新】按钮，在【预览】面板中得到美化后的关系图，如图 5-27 所示。若节点标签发生遮挡，可调整节点标签的字号，或返回【概览】界面继续调整节点的布局，既可以根据第4.2 步的操作通过【布局】面板来调整布局，也可以在【图】面板上拖曳节点，从而对个别节点的位置进行手动调整。进行布局调整后，返回【预览】界面，再次单击【刷新】按钮，重新获得经过布局调整和美化的关系图。

图 5-27 直观显示出从中山公园、北海公园、南锣鼓巷等景区可方便到达的其他景区最多。此外，虽然需要在【预览】界面的【预览设置】面板中继续美化关系图，但第 4 步在【概览】界面所做的美化操作也是必不可少的。

第 5.3 步：单击【预览】界面【预览设置】面板左下角的【SVG/PDF/PNG】按钮，在弹出的【输出】对话框中设置【文件名】，选择【文件类型】，再单击【保存】按钮，即可导出绘制好的关系图。Gephi 支持将关系图导出为 SVG、

PDF 或 PNG 格式。

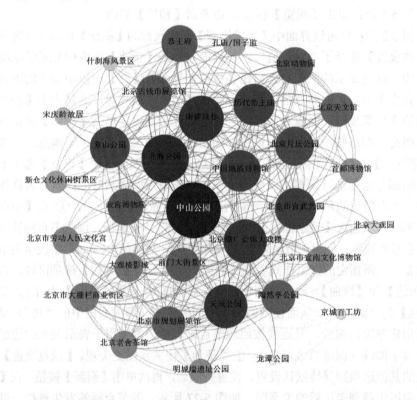

注：本例主要考虑到关系图的美观性，最终使用了曲线来表示图中的边。不过，在使用 Gephi 绘图时，若关系图中使用曲线来表示边（即表达节点之间的关系），曲线上是无法显示箭头的，也就是说，使用曲线无法表示关系中的有向性。如果需要表达有向性，就只能用直线，此时只需在【预览】界面【预览设置】面板的【设置】选项卡面板上，取消勾选【边】选项区域中的【弯曲】即可。此外，实际上，与用直线箭头相比，使用曲线表示边时，图中连线的总数量更多，这是因为若两节点之间相互有到对方的连线，使用曲线表示时会显示两条曲线，而用直线箭头表示时，则显示为一条带有双向箭头的直线，即在本例中，若两节点之间相互方便可达，则它们之间会出现两条曲线，读图时要予以注意。

图 5-27 在 Gephi【预览】界面中经过美化的关系图

以上是 Gephi 进行网络可视化实践的一种最基本用法。它的功能远不止这些，例如，在【概览】界面绘制出关系图以后，还能通过【统计】选项卡面板上的各选项计算网络直径、图密度、模块化、平均聚类系数、平均路径长度等用于描述网络、节点和边的各项数值，且据此又能进一步丰富美化和渲染关系图时的选择。例如，当运行【模块化】（Modularity）以后，Gephi 会进行社区（Community）探测并将节点划分为不同社区（即"组"），进而在选择节点颜色的渲染方式时，可以选择 "Modularity Class"，以便按照节点所形成的组来分配颜色。此外，在绘制关系图时，Gephi 所支持导入的数据格式也不仅仅是 "source-target" 这一种表示方式，限于篇幅，关于该软件的更多内容在此不能一一展开讨论。

5.8　高维多元数据的可视化实践与工具

如 1.4.8 节所述，高维多元数据可视化的目标是在低维度（多是二维）空间中显示具有多个独立或相关属性的数据。可视化的一般原则是：如果超出的维度不多，通常可在二维或三维可视化基础上增加颜色、大小等属性来表示超出的维度；如果超出的维度较多，则可以采用空间映射（如散点图矩阵、平行坐标法等）、图标法、基于像素的可视化等方法来进行可视化[31]。第 3～5 章介绍的许多可视化工具都可以用于进行高维多元数据可视化实践，关键还要看具体的绘制目标及维度的多少。例如，假设我们想表现景区的位置分布，同时表现每个景区到其他景区的方便可达性及每个景区的成人票价，此时，每个景区至少具备了四个属性——经度、纬度、它方便可达的其他景区数量，以及它的票价，那么，我们可以使用 Tableau、智图 GeoQ 或 ECharts 等工具来完成绘制。首先，根据各景区的经纬度信息绘制出景区位置分布图，图中用圆点来标记景区，一个圆点标记一个景区。然后，在此基础上，用圆点的大小来表示第三个属性——该圆点所代表的景区方便可达的其他景区数量，从而反映该景区到其他景区的方便可达性；用圆点颜色的深浅来表示第四个属性——该圆点所代表的景区的成人票价。又如，使用 ECharts、D3.js 等可以进行平行坐标法、基于像素的可视化方法等的实践。限于篇幅，本书不再列举具体的实例对高维多元数据可视化的实践过程展开讨论。

5.9　基于计算模型的交互可视化实践工具 Tangle

在数据新闻实践中，有时需要输入数据并基于一些计算模型得到结果再进行可视化展示。其中涉及的计算模型可能是方程、多项式、三角函数等数学运算模型，也可能是更复杂的一些计算模型。例如，1.5.1 节提到的财新网《数字说》栏目的数据新闻报道《从调控到刺激 楼市十年轮回》中的"房奴计算器"，就需要在接受受众输入的数据后经过一定的计算得到结果并向受众呈现。实现此类需求的工具在科学可视化中比较多见，前面提到的 Python、R 都能支持一些数学运算，此外还有 Matlab[①]、Maple[②]、Scilab[③]等，因为"将科学计算过程中产生的数据及计算结果转换为图形或图像在屏幕上显示出来"[146]是科学可视化研究涉及的内容。在数据新闻实践中，基于计算模型的运算过程通常不会在前端显示，仅可视化呈现运算结果。而且，这类可视化内容通常是实时和交互式的，即允许受众输入数据或从预设的数据集中进行选择，再基于计算模型的运算呈现相应的结果。如此一来，通过一些编程语言来开发计算模型，再借助可视化工具实时呈现结果成为实现此类可视化的主要思路。对于在网页上呈现的此类数据新闻作品，一些简单的数学模型可通过 JavaScript 来开发。在这样的作品中，当受众输入数据时，浏览器就会运行关于计算模型的 JavaScript 脚本并得到结果；紧接着，在将结果可视化地呈现于前端页面时，也可以继续使用 JavaScript 编写实现可视化目标的脚本，或借助基于 JavaScript 的可视化框架（如 D3.js、ECharts 等），抑或借助其他任何适用的可视化工具，同时可能还要结合使用 HTML5 Canvas、SVG 等。

接下来，再介绍一款工具——Tangle（网址：worrydream.com/Tangle/）。它是一个开源的 JavaScript 库，提供了若干 API，允许制作者调用这些 API 来开发计算模型，同时，所提供的 API 中也包含了一些根据实时变化的数据和计算结果来更新可视化内容外观的方法，从而使制作者得以开发具有实时交互运算能力的可视化内容。通过这些 API 就降低了制作者直接用 JavaScript 来开发此类作品的难度。制作者在调用 Tangle 提供的 API 的基础上，再结合运用 HTML、CSS、JavaScript、HTML5 Canvas、SVG 或其他可视化工具等，可以进一步丰富可视化内容的呈现效果。Tangle 非常适合用在数据新闻制作房贷计算器、运动时热量消耗计算器等一类可视化实践中。可从 Github 上下载 Tangle 的压缩包，网址是 https://github.com/worrydream/Tangle。将压缩包解压后，在浏览器

---

① Matlab 的官方网址为 https://www.mathworks.com。
② Maple 的官方网址为 https://www.maplesoft.com。
③ Scilab 的官方网址为 https://www.scilab.org。

中打开文件 index.html，就可以看到基于 Tangle 完成的一些实例。图 5-28 展示了使用 Tangle 并结合使用 HTML、CSS、HTML5 Canvas 等制作的一个交互可视化实例，它是 Tangle 官网给出的一个关于模拟状态变量滤波器的数字自适应（Digital Adaptation of The Analog State Variable Filter）的例子[①]。当鼠标拖动曲线图上的圆形滑块时，图中的曲线以及 F_c、Q 的数值会发生相应改变，上方滤波器的图和计算公式对应的数值等也会被实时计算并发生相应改变。

Below is a simplified digital adaptation of the analog state variable filter.

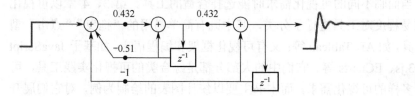

The coefficients and transfer function are :

$$k_f = 0.432 \qquad k_q = 0.51$$

$$H(z) = \frac{0.186}{1 - 1.593z^{-1} + 0.78z^{-2}}$$

Some example frequency responses :

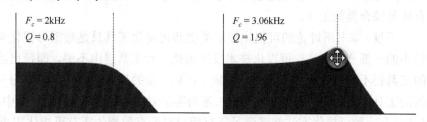

图片来源：http://worrydream.com/Tangle/

图 5-28　Tangle 官网提供的一个实例及其进行实时交互计算和展示的效果截图

关于 Tangle 的具体实践过程，本书不再举例。有兴趣的读者可在它的官网首页单击【GETTING STARTED】菜单，跳转到它的教程页面[147]了解其详细用法。

---

① Tangle 实例 "Digital Adaptation of The Analog State Variable Filter" 参见其官网 http://worrydream.com/Tangle/。同时，从该网址还可查看其他更多基于 Tangle 实现的例子。

5.10 小结

本章及本书第 3、4 章围绕数据新闻中的可视化环节，主要以举例的方式面向新闻从业者讨论了数据新闻中一些常用、适用的可视化工具及其可视化实践的基本过程、原理、方法和特点，目的是希望读者在对各类可视化工具有所了解后，当面临不同的可视化需求时能选择合适的工具。第 3、4 章以可视化工具的难易程度对工具进行了分类，其中既有简单易用的"拖曳""点击"型可视化工具，如 AI、Tableau 等；又有可视化框架和编程语言，如基于 JavaScript 的框架 D3.js、ECharts 等。它们中的大部分都是综合类的可视化实践工具，可应对丰富多样的可视化需求，而本书主要以统计图表的绘制为例，对它们展开了介绍。本章则进一步深入，主要针对 1.4 节介绍的一些数据新闻中常见可视化技术类型，举例介绍了特定展现形式的可视化内容的实践过程、思路及若干工具在该过程中的使用方法，主要包括组合式统计图表的可视化实践与工具 Plotly，基于模板的信息图可视化实践与工具（主要以 Infogram 为例），词云的可视化实践与工具 WordArt.com、ECharts，时间轴的可视化实践与工具（主要以 TimeFlow 为例），地理信息的可视化实践与工具 Tableau Desktop、智图 GeoQ、ECharts，网络可视化实践与工具 Gephi 等。其中，有些是专用工具，有些是综合类的工具。

不过，本书所讨论的可视化技术类型和可视化工具只是数据可视化领域中较小的一部分。而且，可视化技术发展很快，新工具层出不穷，即使已经出品的工具仍不断被改版和更新升级功能。所以，相关从业者需要不断学习和了解新的工具和技术。更重要的是，正如陈为等学者在《数据可视化》一书中所言："并没有一种可视化方法能够满足所有用户对所有数据的所有可视化需求"[31]，而对与可视化方法密切相关的可视化工具来说，同样也几乎没有任何一种工具（软件、站点、框架或编程技术）能应对所有的可视化需求，即便是综合类的可视化工具，也不能保证在任何可视化实践中都是可行的、最适用或易用的。可视化框架和编程语言相对灵活，能实现从业者的许多个性化需求，但前提是从业者需要对该技术运用熟练，而且，在实际的数据新闻实践中，什么情况都以编程实现也是不理智的，要考虑时间和人力成本等问题。简单易用的可视化工具可以节约时间成本，但很多此类工具灵活性相对较差，有时可能无法满足从业者的个性化需求。因此，实践中到底选择哪个工具，要根据具体情况而定，制作成本、对工具的熟悉度、工具对于可视化实践需求的匹配度等因素都应考虑在内。当然，有时还可能会综合运用多个工具。

最后，值得一提的是，涉及代码或编程的可视化工具也并非洪水猛兽，有兴趣的读者可以尝试从一款这样的工具入手，在熟悉了一门编程技术后，其他技术就相对容易了。基于 JavaScript 的框架越来越流行，是开始学习用代码进行可视化的较佳选择，像 D3.js、ECharts 等都非常适合作为入门工具。

第 6 章

数据新闻可视化内容的整合呈现

在数据新闻中，从业者进行可视化实践，最终目的还是为了完成一个完整的新闻报道，换言之，用第 3～5 章介绍的工具和方法完成一些可视化内容的制作以后，最终要通过完整叙事，将它们整合为一个数据新闻作品，而本章就介绍这个整合呈现过程。由于本书前几章基本上都以"制作一期关于北京旅游的数据新闻，重点解读北京等级景区和星级饭店情况"为实例背景，因此，本章也主要围绕该目标，介绍一个关于"北京旅游"的数据新闻的可视化内容整合、制作过程。同时，通过本章的介绍，也简单说明了"选题内容策划"环节，并将前几章的内容串联起来，让读者对数据新闻制作过程及可视化实践在其中的应用有一个完整的理解。不过，1.5.2 节也提到，数据新闻报道有图片、视频、动画和网页等不同呈现形式，不同形式在整合可视化内容时的具体过程和操作细节不同，而本章主要以网页形式的数据新闻为例，通过介绍如何采用网页形式来整合可视化内容，从而制作一个关于"北京旅游"的数据新闻，展示一个可行的整合呈现方法，供读者参考。此外，本书着重于技术层面的探讨，因此，本章对"选题内容策划"环节也只进行了最简单的概括，而且不考虑在实践流程中可能遇到的各环节并行、交织、往复的复杂情况，也不涉及新闻故事叙述技巧等方面的探讨。

6.1 案例描述与制作流程概述

如上所述，全书始终贯穿着一个"制作一期北京旅游的数据新闻"的实例背景，接下来，对这一实例进行描述。

【例 6-1】

目标：以"北京旅游"为主题，制作一期以网页形式呈现的数据新闻报道。

过程：根据 1.3 节对数据新闻实践流程的讨论，例 6-1 的整个实践过程分为四部分：①选题内容策划；②可视化前的数据准备；③可视化（可视化内容的制作与准备）；④可视化内容的整合呈现（新闻故事叙述，数据新闻报道形成）。如前所述，本书聚焦于技术探讨，不考虑各部分之间并行、交织、往复的情况。上述四部分中，由于第 2 部分的实践主要是本书第 2 章讨论的内容，第 3 部分是第 3～5 章讨论的内容[①]，因此，本章将前三部分概括为"前期流程实践"阶段，针对例 6-1 的这一阶段在下一节做一个总结概括。第 4 部分是对前期实践结果的整合和应用，因此，这一部分才是本章叙述的重点。下面会详细介绍当可视化内容准备好后，如何将它们整合呈现为一个网页形式的数据新闻报道。

6.2　前期流程实践概述

6.2.1　选题内容策划

围绕主题，最终确定面向自助游受众，制作一期关于北京旅游攻略的数据新闻报道。其中，以介绍景区和饭店情况为主要内容，因为"游玩"和"食宿"是旅游时必须考虑的两大因素。由于自助游受众的时间、精力、资金不同，因此，我们分"概览""全面游""六区游""轻松游"四部分来设计报道内容。"概览"展示北京景区全景；"全面游"围绕北京十六个区的景区和饭店情况进行介绍；"六区游"围绕北京城六区的景区和饭店情况进行介绍；"轻松游"则围绕北京东城区和西城区两个中心城区的景区和饭店情况进行介绍。受众可依次浏览四部分内容或选择某部分内容进行浏览。如前所述，鉴于本书聚焦的是技术探讨，故对于选题内容策划只做如上概述。选题内容策划通常是一个层层递进的过程，会根据数据准备阶段、可视化阶段等的实施情况而灵活调整，尤其与数据准备阶段之间常常表现出往复性。例如，后续在搜索到相关数据后，

---

① 前几章在介绍可视化内容的制作时，为了叙述更清晰，对各个实例中的可视化实践需求进行了必要的简化。本章为了形成一个叙述条理、有逻辑性的完整数据新闻报道，会对前面的部分可视化实践需求做适当修改，但所用工具仍是前几章介绍的可视化工具，可视化实践原理和方法与前几章相同。

还会结合数据对各部分的内容做进一步策划,后文在概述本例的数据准备情况时会提及各部分进一步策划的内容,但不再详述策划细节。

此外,为了方便后文的叙述及读者对后面内容的理解,下面先给出通过例 6-1 制作完成的网页形式的数据新闻报道的各页面在浏览器中呈现时的效果图或页面的设计草图、实现本例的部分主要代码、其他所需文件及网页站点文件夹的层级目录说明,相关内容见图 6-9 及扫描旁边的二维码查看。在本例制作的网页中,所划分的"概览""全面游""六区游""轻松游"四部分内容被分别呈现于一个页面上,因此,完整作品包含四个主页面(一个页面即一个 HTML 文档)。其中,"概览"页被作为 6.3.2 节介绍如何搭建网页框架的示例,这一节会给出该页面的设计草图(见图 6-9),故不再展示其在浏览器中呈现时的效果图。所展示的部分代码主要是实现四个主页面及绘制部分可视化内容的代码,对于前面章节已较为清楚地说明了绘制过程的部分可视化内容所对应的代码,或者通过点击、拖曳菜单控件等操作绘制可视化内容后直接单击按钮可获得的代码,未再进行展示。

6.2.2　可视化前的数据准备

根据选题内容策划,需要搜索关于北京景区和饭店的、符合本例内容需求的相关数据,并对数据进行处理与分析。这是本书第 2 章完成的任务。概括来说,首先,通过搜索数据,我们从北京市政务数据资源网分别下载了一份北京等级景区的数据和一份北京星级饭店的数据(都包括 Excel 软件专用格式和 CSV 格式两种格式的数据文件,后缀名分别是.xlsx 和.csv),并进行了数据权威性验证①。虽然,我们搜集的两份数据未包含北京全部的景区和饭店,但其已经涵盖了北京几乎所有主要的景区和饭店,可满足受众的游玩和食宿需求,而且也能满足本例中按照不同区来分析梳理景区、饭店情况的需要,因此,我们最终确定通过讨论这两份数据来展示北京景区和饭店的情况。然后,需要对数据进行进一步的清洗。以北京等级景区数据为例,主要通过 Excel 软件的"数据透视表""定位条件"等功能,并结合人工查看和其他一些软件,对该数据进行清洗,获得了一份包含 212 条记录且为各景区添加了

---

① 本章是数据新闻制作过程中的最后整合阶段,主要是在前几章内容和结果基础上的延续,因此,本章使用的仍然是第 2 章的数据。

经度和纬度信息的北京等级景区数据文件（存储为.xls 文件）。该数据的清洗过程已在 2.4.3 节的例 2-5 中进行了较详细的讨论，这里不再赘述。北京星级饭店数据也可按照类似的方法进行清洗，本书不再进行说明，只对字段名做了一些修改，并另存为.xls 文件，总记录数为 612 条。接着，按照前期选题内容策划，进行数据分析、统计。本例根据所划分的四部分对新闻内容做了进一步细化，并使用 Excel 软件对数据进行统计分析，主要实施了计数、排序、求和、占比分析等操作，分析过程中也对所需数据进行了必要的补充。四部分的具体内容和所做分析见表 6-1[①]。

表 6-1　本例根据前期选题内容策划所做的四部分划分进行的数据统计
分析及对内容的进一步细化

内容划分	具体内容	数据统计分析结果
概览	展示北京市等级景区数量的各区分布情况	关于北京市各区等级景区数量和经纬度信息的统计数据见表 5-6
全面游	比较北京市各区的等级景区数量	关于北京市各区等级景区数量的统计见表 3-2
	通过分析景区数 TOP5 进一步讨论北京市各区等级景区的数量和质量	关于北京市景区总数排名前五的各区 4A 级及以上景区数、景区总数的统计见表 6-2； 关于北京市 4A 级及以上景区数排名前五的各区 4A 级及以上景区数、景区总数的统计见表 6-3
	比较北京市各区的星级饭店数量	关于北京市各区星级饭店的数量统计见表 5-4
六区游	通过比较景区分级数量和总数量，展示北京城六区等级景区的数量与质量情况	关于北京市城六区各区等级景区的分级（4A 级及以上、4A 级以下）数量统计见表 5-2
	通过比较饭店分级数量和总数量，展示北京城六区星级饭店的数量与质量情况	关于北京市城六区各区星级饭店的分级（三星级以上、三星级、三星级以下）数量统计见表 4-2
轻松游	通过比较一个区各级景区、饭店数量及其与北京市该级景区、饭店总量的数值关系，展示和比较北京市东城区和西城区等级景区、星级饭店的数量与质量	关于北京东城区和西城区各级景区数量与占比的分析见表 6-4； 关于北京东城区和西城区各级饭店数量与占比的分析见表 5-1

---

① 虽然例 6-1 需进行的具体统计分析问题与 2.5.2 节的数据分析实例（例 2-6）中所讨论的统计分析问题并不完全相同，但使用 Excel 软件进行统计分析时所做的操作类似，故具体过程不再展开介绍。

（续表）

内容划分	具体内容	数据统计分析结果
轻松游	展示北京市东城区和西城区各等级景区间的交通情况	关于北京市东城区和西城区两两等级景区间方便可达性的统计见表 5-7 的统计数据示例

注：为了反映总数量，表 5-2 和表 4-2 通常在数据准备阶段还应增加一列关于各区等级景区/星级饭店总数量的统计。在可视化阶段，我们主要分别使用了堆积柱状图和堆积条形图来表达"六区游"部分所列的两个具体内容，实际上用不到关于总数量的统计这一列数据，但这是后知的，故上述两个表格在数据准备阶段应包含相应总数量的统计，为节省篇幅，本书仅做此说明，不再罗列具体的统计结果。

表 6-2　北京市景区总数排名前五的各区 4A 级及以上景区数、景区总数的统计

	延庆区	西城区	房山区	昌平区	密云区
4A 级及以上景区数	4	8	5	7	4
景区总数	24	20	20	19	17

表 6-3　北京市 4A 级及以上景区数排名前五的各区 4A 级及以上景区数、景区总数的统计

	海淀区	西城区	昌平区	朝阳区	东城区
4A 级及以上景区数	9	8	7	7	7
景区总数	16	20	19	13	12

表 6-4　北京东城区和西城区各级景区数量与占比的分析

分　　级	东城区景区数量	西城区景区数量	东城区景区占比	西城区景区占比
1A 级景区	0	0	0%	0%
2A 级景区	2	1	5%	3%
3A 级景区	3	11	3%	13%
4A 级景区	5	7	8%	11%
5A 级景区	2	1	25%	13%

注：此处"占比"是指东城区（西城区）某级景区数量占北京市该级景区总数的百分比。

6.2.3　可视化内容的制作与准备

根据前期选题内容策划和数据统计分析结果，就可以使用各类可视化工具开始可视化实践，完成可视化内容的制作。可视化内容的制作及其工具的使用是本书第 3～5 章讨论的内容。制作例 6-1 的各个可视化内容所使用的主要工

具有 AI、Tableau Desktop、D3.js、ECharts、Plotly、WordArt.com、Gephi，这些工具分别在第 3～5 章通过具体的实例做了详细介绍。例 6-1 要制作的可视化内容有的就是第 3～5 章所举实例制作的内容，有的在前面举例的基础上做了一些变动，但实践方法相同，故不再详细介绍其制作过程。下面仅根据所划分的"概览""全面游""六区游""轻松游"四部分，对可视化内容的制作做概括说明。

1．概览

"概览"部分主要展示北京市等级景区数量的各区分布情况。根据表 5-6，用 ECharts 4.0 绘制地理信息可视化内容，其在 ECharts 4.0 平台图表实例编辑页面的图表预览区的预览效果如图 5-20 所示，实践过程见 5.5.3 节的例 5-8。

2．全面游

首先，比较北京市各区的等级景区数量。根据表 3-2，用 Tableau Desktop 绘制气泡图（预览效果见图 3-11 中的气泡图部分），直观展示等级景区总数比较多的区有哪些，实践过程见 3.2 节的例 3-2。而且，我们根据例 3-2 所述的方法将所绘制的气泡图放置在 Tableau Desktop 的一个仪表板中，设置仪表板的尺寸，调整气泡图和图例的宽度，并发布到 Tableau Public 上，从而获得该图表的嵌入代码。

其次，通过分析景区数 TOP5 进一步讨论北京市各区等级景区的数量和质量。我们根据表 6-2 和表 6-3，用 AI 软件绘制如图 6-1 所示的可视化内容，展示北京市景区总数排名前五的区、4A 级及以上景区数排名前五的区，以及这些区的 4A 级及以上景区数、景区总数。实践过程与 3.1 节的例 3-1 类似，不过绘制图表时应选择【堆积条形图工具】；用代表 4A 级及以上、4A 级以下两类景区的景区图标来填充条形时，要基于两种景区图标分别新建设计，再使用【直接选择工具】分别选中两类条形，用相应设计进行填充。将绘制好的内容截图并保存为 PNG 格式的图片，图片名为"ai"（也可以存储为 SVG 格式的图片，这样可以得到缩放页面时不失真的矢量图）。

最后，比较北京市各区的星级饭店数量。根据表 5-4，用 WordArt.com 绘制如图 5-7 所示的词云，直观展示星级饭店总数比较多的区有哪些，实践过程见第 5.3.1 节的例 5-4。我们按照该节所述的方法下载了该词云 PNG 格式的图片，再将其转换成 JPG 格式，命名为"cloud"。

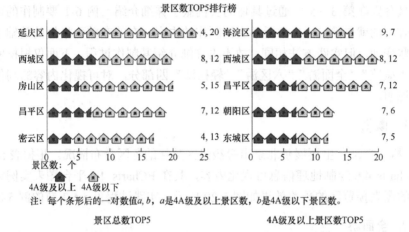

图 6-1　例 6-1 用 AI 软件绘制的可视化内容效果图

3. 六区游

首先，通过比较景区分级数量和总数量，展示北京城六区等级景区的数量与质量情况。根据表 5-2，用 ECharts 2.0 绘制关于北京城六区 4A 级及以上、4A 级以下等级景区数量的堆积柱状图（两部分柱形堆叠形成的整体反映各区等级景区总数量），如图 6-2 所示。此图表的绘制方法与 4.2.2 节的例 4-2 相同，也是在 ECharts 2.0 官网提供的温度计式图表实例及其代码[①]基础上，通过向代码中添加或删除、修改代码中的若干配置项，从而实现绘制目标的。

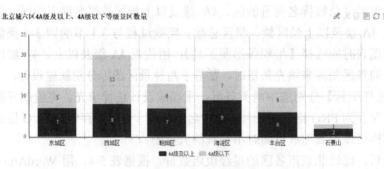

图 6-2　例 6-1 用 ECharts 2.0 绘制的堆积柱状图

---

① ECharts 2.0 官网的温度计式图表实例参见 https://info.swufe.edu.cn/netinfo/echarts/doc/example/bar10.html。

其次，通过比较饭店分级数量和总数量，展示北京城六区星级饭店的数量与质量情况。根据表 4-2，用 D3.js 绘制如图 4-4 所示的关于北京城六区三星级以上、三星级、三星级以下星级饭店数量的堆积条形图（三部分的堆叠反映各区星级饭店总数量），从而形成一个包含此 D3.js 可视化内容的 HTML 文档（命名为"d3chart"）及一个用于设置该可视化内容样式的 CSS 文档（命名为"d3"），两个文档可扫描 6.2.1 节最后的二维码查看，即其中的 B.1.6 和 B.2.2 部分，实践过程见 4.2.1 节的例 4-1。

4．轻松游

首先，通过一个区各级景区、饭店数量及其与北京市该级景区、饭店总量的数值关系，展示和比较北京市东城区和西城区等级景区、星级饭店的数量与质量。根据表 6-4 和表 5-1，用 Plotly 的 Chart Studio（以下简称"Plotly"）绘制关于北京市东城区和西城区各级景区、饭店数量比较（包括计数和占比①比较）的可视化内容，如图 6-3 所示。实践过程与 5.1 节的例 5-1 类似，故不再赘述。

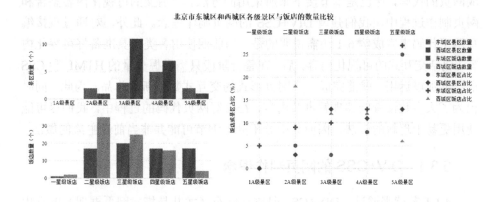

图 6-3　例 6-1 用 Plotly 绘制的关于北京市东城区和西城区各级景区、饭店数量比较的可视化内容

其次，展示北京市东城区和西城区各等级景区间的交通情况。根据表 5-7 所示格式的数据文件（CSV 文件，共 386 条记录），用 Gephi 软件绘制如图 5-27

---

① 此处"占比"是指东城区（西城区）某级景区/饭店数量占北京市该级景区/饭店总数的百分比。

所示的网络关系图，以反映北京市东城区和西城区两两等级景区之间的方便可达性，尤其是直观展示可方便到达其他景区最多的那些景区，实践过程见 5.7 节的例 5-9。将绘制好的图表导出为 PNG 格式，再存储为 JPG 格式，共保存这两种图片格式，均命名为 "gephi"，在 6.3.4 节再解释保存两种格式图片的原因。此外，同样也可以将图表导出为 SVG 格式，从而得到缩放页面时不失真的矢量图。

6.3 可视化内容整合呈现与数据新闻制作

根据前期流程做好准备以后，接下来就要按照策划的内容进行新闻故事叙述，将所有可视化内容进行整合呈现，形成一个完整的数据新闻报道。本例用网页来作为最终呈现形式，即要将可视化内容按照一定的叙事逻辑整合到网页中加以呈现。有许多工具，如 iH5[①]、Coolsite360[②]等，都能帮助用户整合多媒体内容并生成网页。不过，更常见的方式是直接基于 HTML、CSS 等来编写形成网页的代码，这也是本节接下来所采用的方法。在后文的可视化内容整合和网页制作过程中，我们强调 DIV+CSS 的网页制作理念。此外，对通过直接编写网页代码来完成例 6-1 还需说明的是，当前期使用各类工具准备好可视化内容（包括交互式的可视化内容）后，在整合阶段只需掌握少量的 HTML 和 CSS 语法并加以运用，就能完成一个网页形式的交互式数据新闻作品。为此，同时也为了大多数读者能够理解本节内容，在编写网页代码的过程中，我们尽可能使用更易于理解的做法，因而其中若干处理细节可能并非当前最主流的做法。

6.3.1 DIV+CSS 的网页制作理念

4.1.1 节就强调过，DIV+CSS 是制作网页（尤其是搭建网页框架）的常用做法，即 "DIV+CSS 的网页制作理念"。对于网页大家都不陌生，网页一般都是采用 "豆腐块" 的布局模式，也就是定义大小不一的矩形框，有的矩形框顺次放置，有的则层层嵌套，文字、图片、音视频和动画等多媒体元素都被放置

① iH5 的官方网址为 https://www.ih5.cn。
② Coolsite360 的官方网址为 http://www.coolsite360.com。

在一个个矩形框内，再通过对这些矩形框进行排列、定位和布局来调整多媒体元素的位置。定义和布局这样的矩形框并设置其样式，就是根据 "DIV+CSS" 的理念来进行的。第 4 章已经介绍过<div>元素，它是一个 HTML 元素，是用来对网页进行布局的元素。可以把它形象地理解为一个没有高度、边框，也没有填充颜色的矩形框。在定义了这样一个矩形框以后，就可以用 CSS 来设置其尺寸、边框、填充背景等样式。在前面的一些实例中，我们已经运用过<div>元素，接下来，为了便于后文的理解，再通过一个实例对其做正式的介绍。假如在 HTML 文档的<body>元素内部输入下面这段代码，就定义了一个 id 名为 "firstdiv" 的矩形框（<div>元素）。

```
<div id="firstdiv">
        我是放在矩形框里的文字段落，我也可以是图片、音视频、动画或者嵌套的其他
矩形框等。
    </div>
```

上面的代码给<div>元素赋予 id 属性（id 名），就是为了可以在 CSS 中通过 ID 选择器来指定该元素从而为其设置样式（也可以给<div>元素赋予 class 属性，即类名）。在 HTML 文档的<head>元素内部用 CSS 设置这个矩形框（即 id 名为 "firstdiv" 的<div>元素）的样式为：宽 300 像素，高 100 像素，且具有 1 像素粗的蓝色实线边框，代码如下。

```
#firstdiv {
    width:300px;
    height:100px;
    border:solid 1px #0000FF;
}
```

如此一来，在浏览器中打开这个 HTML 文档，就可以看到如图 6-4 所示的矩形框了。如前所述，用<div>元素定义的矩形框原本没有高度、边框和填充颜色等样式，不过，在<div>元素内部输入文字、插入图片或其他多媒体元素等内容以后，可以把这个矩形框 "撑起来"，而若要固定矩形框的宽和高，或使之显示边框、填充颜色等，就要像上述这样，用 CSS 来设置其样式。

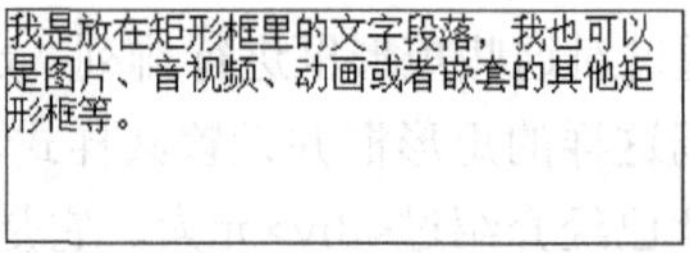

我是放在矩形框里的文字段落，我也可以
是图片、音视频、动画或者嵌套的其他矩
形框等。

图 6-4　使用 DIV+CSS 在网页中定义的一个矩形框

实现上述效果的完整 HTML 代码如下。

```
<!DOCTYPE html>
<html>
    <head>
        <meta charset="utf-8">
        <title>使用 DIV+CSS 在网页中定义一个矩形框举例</title>
        <style type="text/css">
            #firstdiv {
                width:300px;
                height:100px;
                border:solid 1px #0000FF;
            }
        </style>
    </head>
    <body>
        <div id="firstdiv">
            我是放在矩形框里的文字段落，我也可以是图片、音视频、动画或者嵌
套的其他矩形框等。
        </div>
    </body>
</html>
```

当然，也可以将 CSS 代码存放在一个单独的 CSS 文档中，然后在 HTML 文档中链接该 CSS 文档，从而建立起两个文档的联系，即运用 4.1.2 节介绍的将 CSS 添加到 HTML 文档的第二种方式——外部样式表。此时，HTML 文档和 CSS 文档中的代码分别如下。

HTML 文档 index.html：

```
<!DOCTYPE html>
```

```
<html>
    <head>
        <meta charset="utf-8">
        <title>使用 DIV+CSS 在网页中定义一个矩形框举例</title>
        <link rel="stylesheet" type="text/css" href="style.css">
    </head>
    <body>
        <div id="firstdiv">
            我是放在矩形框里的文字段落，我也可以是图片、音视频、动画或者嵌
套的其他矩形框等。
        </div>
    </body>
</html>
```

CSS 文档 style.css（与 index.html 存放在同一个文件夹中[①]）：

```
@charset "utf-8";
/* CSS Document */
#firstdiv {
    width:300px;
    height:100px;
    border:solid 1px #0000FF;
}
```

6.3.2　网页框架的搭建

网页框架可以根据 DIV+CSS 的原理搭建起来。如前所述，一个网页就是大小不一的矩形框的排列和嵌套，矩形框由<div>元素定义，用 CSS 为其设置样式（包括定位）。为方便叙述，把这些矩形框称为 DIV 矩形框。在一个网页框架中，通常有以下几种 DIV 矩形框的排列和嵌套形式。

第一种：两个 DIV 矩形框纵向顺次排列，如图 6-5 所示。

---

① 此处规定两个文档在同一个文件夹中是为了方便在 HTML 文档的<link>标签中书写 href 属性的值，该值是
　 CSS 文档的存放路径，需使用相对路径。

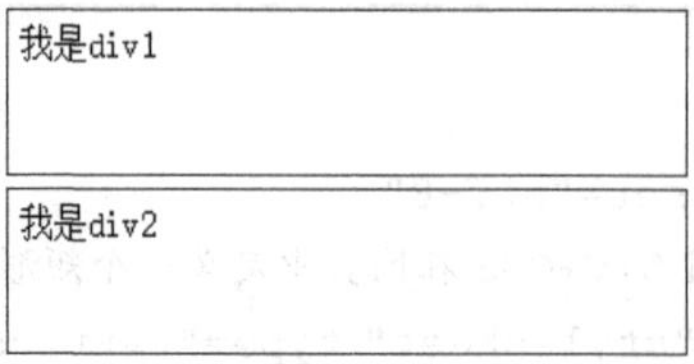

图 6-5 两个 DIV 矩形框纵向顺次排列的示意图

这种排列方式对应的 HTML 代码和 CSS 代码分别如下。

```
<!--HTML-->
<div id="div1">我是 div1</div>
<div id="div2">我是 div2</div>
```

```
/* CSS */
#div1, #div2 {              /* 如果两个或多个 HTML 元素的 CSS 样式设置
相同，可将它们对应的选择器写在一起，中间用英文逗号隔开 */
    width:300px;           /* DIV 矩形框的宽为 300 像素 */
    height:60px;           /* DIV 矩形框的高为 60 像素 */
    margin:5px;            /* DIV 矩形框上下左右的外边距都为 5 像素 */
    padding:5px;           /* DIV 矩形框上下左右的内边距都为 5 像素 */
    border:solid 1px #0000FF;   /* DIV 矩形框的边框为 1 像素粗的蓝色
实线边框 */
}
```

在上述 HTML 代码中，两个<div>元素（DIV 矩形框）被依次定义，即定义了 id 名为"div1"的<div>元素后，在其下面接着定义 id 名为"div2"的<div>元素。然后，用 CSS 为它们设置宽、高、内外边距和边框等样式，从而就会看到两个 DIV 矩形框呈现如图 6-5 所示的排列效果。关于 margin 和 padding 属性值的写法，以 margin 为例，如果像上述代码一样，写一个值，则表示上下左右的外边距都设置为该值；若写两个值，中间用一个空格隔开，如"margin:5px 8px;"，则表示上下的外边距都为 5px（像素），左右的外边距都为 8px（即前一个值用于设置上下的外边距，后一个值用于设置左右的外边距）；若写成三个值，各值之间用一个空格隔开，如"margin:5px 8px 26px;"，则表示上方的外边距是 5px，左右的外边距是 8px，下方的外边距是 26px（即第一

个值用于设置上方的外边距，第二个值用于设置左右的外边距，第三个值用于设置下方的外边距）；若写成四个值，各值之间用一个空格隔开，如"margin:5px 8px 26px 12px;"，则表示上方的外边距是 5px，右侧的外边距是 8px，下方的外边距是 26px，左侧的外边距是 12px（即四个值分别用于设置上方、右侧、下方、左侧的外边距）。padding 属性值的写法和含义与 margin 一致，只不过用于设置内边距，故不再赘述。

第二种：两个 DIV 矩形框嵌套，如图 6-6 所示。

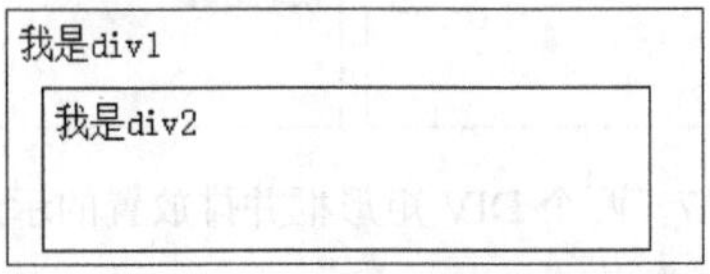

图 6-6 两个 DIV 矩形框嵌套的示意图

这种嵌套方式对应的 HTML 代码和 CSS 代码分别如下。

```
<!--HTML-->
<div id="div1">
    我是div1
    <div id="div2">我是 div2</div>
</div>
```

```
/* CSS */
#div1 {
    width:300px;
    height:100px;
    padding:5px;
    border:solid 1px #0000FF;
}

#div2 {
    width:260px;
    height:60px;
    margin:10px;
    padding:5px;
```

```
    border:solid 1px #0000FF;
}
```

在上述 HTML 代码中, id 名为"div1"的<div>元素内嵌套了 id 名为"div2"的<div>元素, 再用 CSS 为上述两个<div>元素指定宽、高、边距和边框等样式, 就会看到两个 DIV 矩形框呈现如图 6-6 所示的效果。

第三种: 两个 DIV 矩形框并排放置, 如图 6-7 所示。

图 6-7　两个 DIV 矩形框并排放置的示意图

这种排列方式对应的 HTML 代码如下。

```
<!--HTML-->
<div id="div1">我是div1</div>
<div id="div2">我是div2</div>
```

看起来, 上述 HTML 代码与两个 DIV 矩形框纵向顺次排列的 HTML 代码并没有什么不同, 要使它们呈现如图 6-7 所示的并排放置效果, 关键就在于 CSS 代码的写法, 代码如下。

```
/* CSS */
#div1, #div2 {
    width:300px;
    height:60px;
    margin:5px;
    padding:5px;
    border:solid 1px #0000FF;
    float:left;   /* 此属性的设置是实现将两个 DIV 矩形框并排放置的关键 */
}
```

在上述 CSS 代码中, 实现将两个 DIV 矩形框并排放置的关键是添加了 float 属性。具体来说, 一般两个顺次书写的<div>元素都是分开在两行依次显示的, 即呈现图 6-5 所示的效果; 如果要将它们并排放置, 就需要在它们的 CSS 代码中添加 float 属性，用于进行浮动设置。该属性的值一般可设置为"left"或"right"，若设置为"left"（表示向左浮动），则前后定义的两个矩形框按照从左到右的顺序被并排放置；若设置为"right"（表示向右浮动），则它们按照从右到左的顺序被并排放置。不过，要使两个 DIV 矩形框并排放置，除了添加 float 属性外，还应保证它们的宽度、左右侧边框粗度及左右侧内外边距之和不超过网页外框的宽度，否则，矩形框会因页面外框宽度太窄排不下而分开到两行。

第四种：在两个被并排放置的 DIV 矩形框的下方放置一个 DIV 矩形框，如图 6-8 所示。

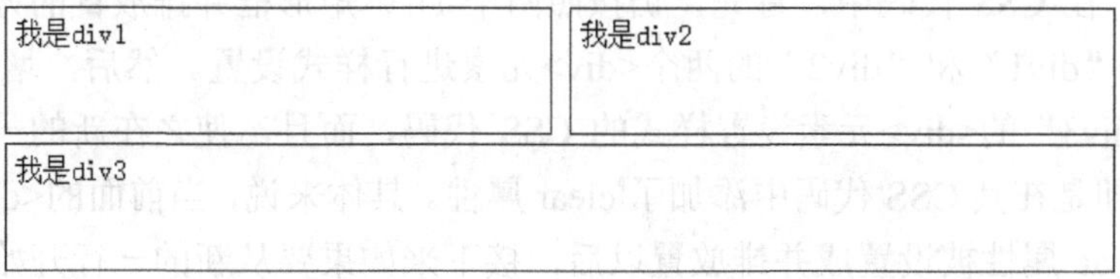

| 我是div1 | 我是div2 |
| 我是div3 | |

图 6-8　第三个 DIV 矩形框在两个并排放置的 DIV 矩形框下方接排的示意图

这种排列方式对应的 HTML 代码和 CSS 代码分别如下。

```html
<!--HTML-->
<div id="div1">我是 div1</div>
<div id="div2">我是 div2</div>
<div id="div3">我是 div3</div>
```

```css
/* CSS */
#div1, #div2 {
    width:300px;
    height:60px;
    margin:5px;
    padding:5px;
    border:solid 1px #0000FF;
    float:left;
}

#div3 {
    width:622px;
```

```
        height:60px;
        margin:5px;
        padding:5px;
        border:solid 1px #0000FF;
        clear:left;              /* 此属性的设置是将一个 DIV 矩形框从新的一行
开始放置的关键 */
    }
```

上述 HTML 代码顺次定义了三个<div>元素，id 名分别为"div1""div2""div3"。在 CSS 代码中，首先，仍按照两个 DIV 矩形框并排放置的方式，对 id 名为"div1"和"div2"的两个<div>元素进行样式设置。然后，增加给 id 名为"div3"的<div>元素设置样式的 CSS 代码，而且，使之在新的一行排列的关键即是在其 CSS 代码中添加了 clear 属性。具体来说，当前面的<div>元素通过 float 属性被设置成并排放置以后，接下来如果要从新的一行开始放置一个<div>元素，就需要在该<div>元素的 CSS 代码中增加 clear 属性，用于清除前面的浮动设置。它的值一般跟前面<div>元素所设置的 float 属性的值相同，若前面 float 属性的值既有"left"又有"right"，则 clear 属性的值可设置为"both"（表示同时清除向左、向右浮动）。根据上述代码，三个 DIV 矩形框就会呈现如图 6-8 所示的排列效果。

不过，针对最后这种排列方式的上述做法是为了便于理解而采用的最为简单的一种做法，目前更常见的做法是定义一个类名"clearfix"，并使用:after 伪元素，实现在类名为 clearfix 的元素之后添加一个具有 clear 属性的块级元素，从而清除浮动。而且，采用这种做法时，通常为兼容 IE6、IE7 浏览器，还会额外添加在这些浏览器中能够使用的清除浮动的代码（此时不再使用:after 伪元素和 clear 属性），本书在此不再对这种做法做详细说明。实现例 6-1 的代码中就采用了这一清除浮动的做法，可扫描 6.2.1 节最后的二维码查看，应用在 B.1.2 和 B.2.1 两部分代码中。

一个完整的网页框架基本上就是以上几种 DIV 矩形框排列、嵌套形式的组合。下面，介绍例 6-1 的网页框架搭建过程。如前所述，本例所划分的"概览""全面游""六区游""轻松游"四部分内容将分别呈现在一个网页上，即完整作品包含四个主页面，一个页面即一个 HTML 文档。在搭建框架之前，可以先用 Photoshop 或 AI 软件绘制每个主页面的设计草图，以"概览"页的设计草图为例，如图 6-9 所示。

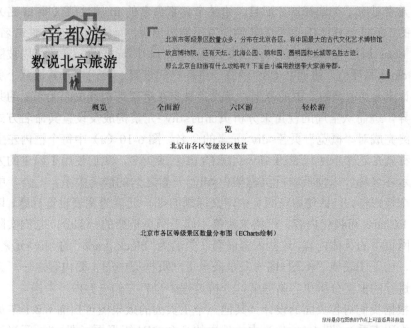

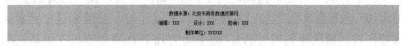

图 6-9 例 6-1 "概览"页的设计草图

接下来就以"概览"页为例，来说明例 6-1 的网页框架搭建过程。

先根据该页面的设计草图进行页面框架分析（即分析其<div>元素构成），如图 6-10 所示。图 6-10（a）是它的框架图，除了中间的两个矩形框（即标识<h1>和 ECharts 可视化内容的矩形框）外，每个框均代表一个 DIV 矩形框（即一个<div>元素）。由于一个网页由若干<div>元素组合嵌套构成，因此，需要为每个<div>元素命名，这样后续用 CSS 来设置<div>元素的样式时，才可以方便地指定当前是在为哪个<div>元素设置样式。可采用 id 属性为<div>元素命名

（即 id 名），也可采用 class 属性为其命名（即类名）。4.1.2 节介绍过，以 id 属性命名的元素在用 CSS 进行样式设置时对应了 ID 选择器，而用 class 属性命名的元素对应了类选择器。而且，给某个元素命名的 id 属性值（即 id 名）是唯一的，在同一 HTML 文档的其他地方不能再出现；而使用 class 属性命名时，同一 class 属性值（即类名）可反复出现，具有相同样式的元素都可以被赋予同一 class 属性值，进而在 CSS 中统一进行样式设置。我们结合其他几个页面的设计来分析"概览"页的框架，寻找各页面在框架结构及页面元素上的共性和差异，进而从全局的视角来分析页面的<div>元素构成及设置其命名方式，并最终完成对"概览"页各<div>元素的命名。图 6-10（a）中每个框内左上角的名称就是这个框所代表的<div>元素的 id 名或类名，我们使用了缩进的方式来显示各名称，以便反映网页框架中<div>元素之间的嵌套关系。此外，中间的两个矩形框，包括使用在网页中定义标题的<h1>元素为图表设置标题，以及显示 ECharts 可视化内容，严格来讲都不属于网页框架的一部分，它们实际上都是网页中的具体内容，这些内容嵌套在类名为"block-graph"的<div>元素中。不过，由于图表或"标题+图表"是嵌套于网页框架中的主要内容之一，为了使所进行的框架分析更容易理解，分析过程中也将它们一并做了考虑。

根据我们对各页面的设计（其他三个主页面的效果图可扫描 6.2.1 节最后的二维码查看），图 6-10（a）中，外层的几个 DIV 矩形框（即<div>元素）在每个页面中都会出现，是固定不变的内容，但是，在同一页面中，它们相互之间有着不同的样式和用途，因此，对于这些<div>元素，我们为其赋予 id 名，通过使用 ID 选择器来指定它们并设置其样式（不过，采用为这些元素赋予类名并设置样式的做法也是可以的）；而中间的几个 DIV 矩形框（用填充颜色标识）虽然在不同的页面中可能出现的次数、布局等不同，但它们的结构是类似的。具体来说，根据设计，每个图表在网页上一般都以"解释文案+图表"或"图表+解释文案"的结构出现。我们把这样的一个模块定义为一个类名是"content-block"的<div>元素，其中嵌套两个<div>元素，一个是类名为"block-graph"的<div>元素，用于放置图表；另一个是类名为"block-text"的<div>元素，用于放置解释文案。它们是同一级的，出现的先后顺序视选题策划的具体情况和设计图而定。有一些图表是交互的，可以用一段文字注明交互方式，以提醒受众注意，这时，就可以在类名为"block-graph"的<div>元素内再嵌套一个<div>元素，我们将该<div>元素的类名设置为"interactive-description"，有个别图表需要添加图注，我们也使用该<div>元素，并将放置交互说明或图注的<p>元素嵌套在该元素内。此外，还有一些图表本身不带标题，需要在网页中为其添加标题，因此，如图 6-10（a）所示，就可以在类名为"block-graph"的<div>元素内嵌套一个<h1>元素来设置图表的标题。在定义<div>元素时，id 名和类名可由制作者在遵循语法规范的前提下自由定义，一般应便于理解。图 6-10（b）进一步表示了所定义的<div>元素及其构成的框架与"概览"页内容的对应关系，更详细的解释还可见后文实现该页面框架搭建的 HTML 代码中的注释。

```
<div id="container">
  <div id="header">



  </div>
  <div id="nav">
  </div>
  <div id="content">
    <div id="parttitle">
    </div>
    <div class="content-block">
      <div class="block-graph">
        <h1>
        显示ECharts可视化内容



        <div class="interactive-description">
        </div>
      </div>
      <div class="block-text">
      </div>
    </div>
  <div id="footer">
  </div>
```

（a）例 6-1 "概览"页的框架图

图 6-10　例 6-1 "概览"页的框架分析

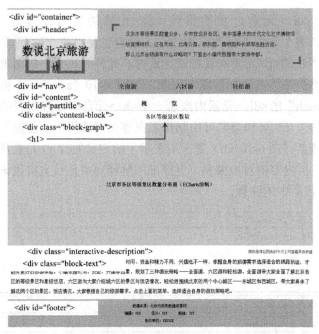

（b）例 6-1"概览"页<div>元素及其构成的框架与页面内容的对应关系

图 6-10 例 6-1"概览"页的框架分析（续）

根据上述框架图，就可以通过如下的代码来搭建"概览"页的网页框架（本例将该 HTML 文档命名为"index"）。

```
<!DOCTYPE html>
<html>
    <head>
        <meta charset="utf-8">
        <title>帝都游——数说北京旅游</title>
        <link rel="stylesheet" type="text/css" href="css/style.css">
    </head>
    <body>
        <div id="container">
            <div id="header">
                <!--用来放置栏头图片。-->
```

```
            </div>
            <div id="nav">
                <!--用来定义包含"概览、全面游、六区游、轻松游"四个链接的
导航菜单。-->
            </div>
            <div id="content">
                <div id="parttitle">
                    <!--用来定义当前页面的标题"概览"，要嵌套<h1>标签。不
过，由于该<div>元素内只有一个标题，故此处也可以不使用<div>标签而仅用<h1>标签。
-->
                </div>
                <div class="content-block">
                <div class="block-graph">
                    <h1><!--用来放置图表的标题。--></h1>
                    <!--放置北京市各区等级景区数量分布图（用 ECharts
绘制）。-->
                        <div class="interactive-description">
                            <!--用来放置说明交互操作方法的文字。-->
                        </div>
                    </div>
                    <div class="block-text">
                        <!--用来放置解释文案。-->
                    </div>
                </div>
            </div>
            <div id="footer">
                <!--用来放置说明数据来源及制作者、制作单位等信息的文字。-->
            </div>
        </div>
    </body>
</html>
```

　　上述 HTML 文档 index.html 链接了一个名为"style"的 CSS 文档（该文档用于为例 6-1 的作品进行页面样式设置），即使用外部样式表的方式将 CSS

添加到 HTML 文档。在该 CSS 文档中添加以下 CSS 代码，为"概览"页做初步布局。

```
*  {
    margin: 0;
    padding: 0;
}
#container {
    width: 1024px;
    margin: 0 auto;
}
```

上述 CSS 代码的第 1～4 行设置整个页面所有元素的外边距和内边距均为 0，其中，"*"是通配符，即表示页面中的所有元素。这样做是因为各浏览器对网页中的很多元素都设置了默认的内外边距等样式，即 padding、margin 等被设置了默认值，且所设值可能不同。为了保证网页在不同的浏览器中都能以预想的样式正常显示，因而我们通过上述语句来清除所有元素在各浏览器中默认的内外边距设置。不过，在实践中，这种使用通配符的写法也被一些开发者建议慎用，尤其是在大型网站中，使用通配符毕竟要遍历网页中的所有元素，会影响加载速度。本书为了举例时方便书写，同时也因为数据新闻作品的站点一般规模都比较小，因此采用了通配符。读者也可以把需要清除内外边距预设属性值的各元素具体指出来，比较常见的写法是"body, div, dl, dt, dd, ul, ol, li, h1, h2, h3, h4, h5, h6, pre, code, form, fieldset, legend, input, button, textarea, p, blockquote, th, td {margin: 0; padding: 0;}"，还可以根据自己站点中用到的具体元素来写。第 5～8 行通过 width 属性为 id 名为"container"的\<div\>元素设置了宽度（为 1024 像素），并通过设置 margin 属性的值，使该元素在浏览器中水平居中显示（其中，margin 属性的第一个值表示设置上下的外边距为 0，而第二个值则实现了元素的水平居中显示）。由于该\<div\>元素是整个框架最外层的\<div\>元素（构成了网页外框），所以，只要使其水平居中显示，则整个页面在浏览器中也就水平居中显示了。而且，为了简化案例以降低理解难度，为网页中的元素设置宽度时都采用固定值，而在实际的网页开发中，还需要考虑如何使网页宽、高能自适应于浏览器窗口大小的调整及在不同屏幕大小的终端设备之间的切换。此外，为一个<div>元素设置了宽度以后，如果该元素内嵌套的某个<div>元素未被指定宽度，后者就会按照与其父元素（即前者）相同的宽度来显示。我们暂时没有为任何<div>元素设置高度，因为前面提到，<div>元素会随着将来在其内部填充的内容而被"撑起来"，除非将来有<div>元素内部没有被填充其他内容，届时再根据需要为其设置高度。

按照以上做法，就可以为每个页面搭建出网页框架。搭建好网页框架以后，接下来就可以按照设计图和选题内容策划，依次实现框架中各部分的制作，包括添加栏头和页脚信息、制作导航菜单，以及嵌入可视化内容和文案等。下面，就如何制作导航菜单，以及如何嵌入可视化内容和文案做重点介绍，而添加栏头和页脚信息可以分别通过用 CSS 为<div>元素设置背景图（栏头图片 header.jpg 作为<div>元素的背景被添加）、在 HTML 中添加文本的方式来实现。在 HTML 中添加文本的方法与嵌入文案的方法类似，用 CSS 为 HTML 元素设置背景图的方法在 4.1.3 节也已做了介绍，故不再赘述，读者可扫描 6.2.1 节最后的二维码，在实现本例的代码中查看与之相应的部分。

6.3.3　导航菜单的实现

在例 6-1 中，我们采用的是具有简单交互效果的导航菜单，如图 6-11 所示，当鼠标指针悬停在某个菜单上时，菜单会高亮显示，且菜单标题文字会变成另一种颜色。单击该菜单，会跳转到其对应的页面。该导航菜单在例 6-1 所划分的四部分对应的页面中都会出现，本节仍以在"概览"页实现该导航菜单为例来进行说明，在其他页面实现该菜单的方法与之基本相同（只是在设置链接时，关于相对路径的写法不同）。

| 概览 | 全面游 | 六区游 | 轻松游 |

图 6-11　例 6-1 具有简单交互效果的导航菜单

首先，根据导航菜单上呈现的链接文字，在"概览"页的 HTML 文档 index.html 中要呈现该导航菜单的位置（id 名为"nav"的<div>元素内）添加以下 HTML 代码。

```
<ul>
```

```
    <li><a href="index.html" target="_self">概览</a></li>
    <li><a href="html/overalltour.html" target="_self">全面游
</a></li>
    <li><a href="html/sixdistrictstour.html" target="_self">六
区游</a></li>
    <li><a href="html/easytour.html" target="_self">轻松游</a>
</li>
    </ul>
```

其中，<ul>和<li>标签用于定义无序列表。<a>标签用于定义超链接，<a>元素内部的文字就是被做成链接的文字，通过<a>元素的 href 属性，分别针对不同文字指定了其所链接到的页面文档存放的路径（使用相对路径）。具体来说，文字"概览"链接到"概览"页面的 HTML 文档 index.html，文字"全面游"链接到"全面游"页面的 HTML 文档 overalltour.html，文字"六区游"链接到"六区游"页面的 HTML 文档 sixdistrictstour.html，文字"轻松游"链接到"轻松游"页面的 HTML 文档 easytour.html。<a>元素的 target 属性用于指定所链接到的页面在浏览器中被打开的方式，属性值"_self"表示从当前的页面直接跳转到所链接的页面，跳转到的页面会覆盖当前页面。

然后，根据所设计的导航菜单样式和交互效果，在 CSS 文档 style.css 中添加如下 CSS 代码，以完成具有如图 6-11 所示效果的导航菜单的制作。

```
/* 设置id名为"nav"的<div>元素的样式 */
#nav {
    background: #FBBC00;      /* 设置背景颜色 */
    padding: 15px 0px;           /* 设置内边距，上下均为15像素，左右均为
0像素 */
    text-align: center;          /* 设置元素内的文本对齐方式为居中对齐 */
}
/* 设置id名为"nav"的<div>元素中的<li>元素的样式 */
#nav ul li {
    list-style: none;          /* 将无序列表前的项目标记符号去除 */
    display: inline;           /* 使所有列表内容横向排列 */
}
```

```
/* 设置 id 名为 "nav" 的<div>元素中的<a>元素的样式 */
#nav ul li a {
    font-family: "宋体";              /* 设置字体为宋体 */
    font-size: 20px;                  /* 设置字号为 20 像素 */
    font-weight: bold;                /* 设置文本加粗显示 */
    color: #1B1B1B;                   /* 设置文本颜色 */
    text-decoration: none;            /* 去掉对超链接文本预设的下画线 */
    line-height:20px;                 /* 设置行高为 20 像素, 使文本垂直居
中显示 */
    padding: 15px 60px;               /* 设置内边距, 上下均为 15 像素, 左
右均为 60 像素 */
    }
/* 设置鼠标指针悬停在超链接上时, 超链接的显示样式 */
#nav ul li a:hover {                  /* 在 a 的后面添加 ":hover" 就表示为鼠
标指针悬停在上面的超链接 (<a>元素) 设置样式 */
    color: #9A1C1B;         /* 超链接的文本颜色变成另一种颜色 */
    background: #FAD054;    /* 超链接的背景颜色变成另一种颜色 */
    }
```

关于上述 CSS 代码,补充解释以下两点:第一,在设置 padding 或 margin
属性的值时,若设置为 0 值,则也可以省略单位(如 "0px" 也可以写成 "0");
第二,本例将行高设置成与文本字号相同的大小(都为 20 像素),就可以实现
文本在导航框内的垂直居中显示。

6.3.4　可视化内容和文案的嵌入

向网页中嵌入可视化内容和文案是将前期流程中制作的可视化内容进行
整合呈现的关键操作。例 6-1 中共有以下几种类型的可视化内容:①静态图片,
包括用 Gephi 软件绘制的网络关系图、用 AI 软件绘制的景区数 TOP5 排行榜、
用 WordArt.com 绘制的词云;②用 Tableau Desktop 绘制的带有交互的可视化内
容;③用 ECharts 2.0 绘制的带有交互的可视化内容;④用 ECharts 4.0 绘制的
带有交互的可视化内容;⑤用 D3.js 绘制的可视化内容;⑥用 Plotly 绘制的具

有交互性的可视化内容。其中，只有第一种可视化内容是图片格式的，可通过添加图片的方式加载到网页中。后五种都是代码形式的^①，大多都具有交互性（虽然本例中 D3.js 的图表不具有交互性，但前面提到，它也可以绘制交互式可视化内容），且其中若干可视化内容还能够自适应页面宽度，需要将它们的代码嵌入例 6-1 的作品页面的代码中，以实现交互式可视化内容在网页中的加载。关于第二、三、四、六种可视化内容如何嵌入网页，本书在前面的相关章节已经做了介绍，采用这些方法便可完成相应可视化内容的整合。不过，一般在整合代码形式的可视化内容时，最好尽量先将这些可视化内容存储于（嵌入）单独的 HTML 文档中，然后再整合到新闻作品的主页面。该做法可以使新闻作品网页的代码结构更清晰，便于开发，也便于进行图表的修改和更新。这一做法所要考虑的问题即是如何在用于整合新闻作品的网页（主页面）中显示存储在其他网页中的可视化内容。综上，本节重点说明三个内容：①如何在网页中添加静态图片格式的可视化内容；②如何在网页中显示存储在其他网页中的可视化内容；③如何添加文案及设置其显示效果。

1. 如何在网页中添加静态图片格式的可视化内容

添加图片格式的可视化内容，方法与向网页中添加一张普通图片相同。以向"轻松游"页面添加 Gephi 图表的图片 gephi.png 为例，即在 HTML 文档 easytour.html 中使用<img>标签来添加，代码如下。

```
<img src="../images/gephi.png" alt="东城区与西城区各景区方便可达关
系图" width="680"/>
```

其中，src 属性用于指定图片存放的位置，需使用相对路径；alt 属性用于定义当图片无法显示时的替换文本；width 属性用于指定图片的宽度，图片会按照此宽度等比例缩放。如果所用图表的图片文件较大，可先在网页中添加一个尺寸较小、所需存储容量较小的格式的图表图片，并将其设置成一个链接，单击图片链接时再打开尺寸相对更大、显示更清晰的图表图片（当然，也可以通过 JavaScript 脚本来实现点击小图时弹窗加载大图，此为更常见的做法）。这样做，一来不会影响主页面的加载速度，二来不会因为要添加尺寸过大的图片

---

① 虽然有的可视化内容也能够导出图片格式，但若要使其具有交互性，就需要以代码形式来嵌入图表。

而破坏主页面整体布局的美观性，同时，又能让用户看清图表上的数据。我们在可视化内容的制作和准备阶段保存了 Gephi 图表的两种格式 JPG 和 PNG，其中 JPG 格式的图片尺寸更小、所需存储容量也相对更小，我们也将其添加到网页中，以实现上述功能。为此，HTML 文档 easytour.html 中用于添加 Gephi 图表图片的代码修改如下。

```
<a href="../images/gephi.png" target="_blank">
    <img src="../images/gephi.jpg" alt="东城区与西城区各景区方便可达关系图" width="680"/>
</a>
```

其中，<a>元素的 href 属性指定了图片 gephi.png 存放的路径，而<img>元素的 src 属性指定了尺寸和所需存储容量更小的图片 gephi.jpg 存放的路径，均使用相对路径。<a>元素 target 属性的值为"_blank"，表示所链接到的内容将在浏览器的一个新标签页中打开。上述添加 Gephi 图表图片的代码放置在一个类名为"block-graph"的<div>元素内，如 6.3.2 节所述，此为在网页框架中所定义的用于放置图表（即可视化内容）的<div>元素。而且，由于该 Gephi 图表图片原本没有设置标题，我们还在放置该图表的<div>元素内部添加了一个<h1>元素，从而为其添加标题。关于图表标题的设置，由于后文讨论其他可视化内容的嵌入时还会遇到，故后文再一并说明。

此外，在 6.2.3 节制作和准备可视化内容时也提到，像 AI、Gephi 等软件还可以导出 SVG 格式的矢量图，也可以将图表以该格式添加到网页中。4.1.3 节已经介绍了将 SVG 图片嵌入网页的多种方法，最简单的就是使用<img>标签。例如，若我们将绘制的 Gephi 图表导出为 SVG 图片 gephi.svg，则把它添加到 HTML 文档 easytour.html 中的代码如下。

```
<img src="../images/gephi.svg" alt="东城区与西城区各景区方便可达关系图" width="680"/>
```

除此之外，也可以将 SVG 图片以代码的形式嵌入网页，4.1.3 节已对嵌入方法做过介绍，故不再赘述。最后，要补充说明的是，有的可视化软件导出的 SVG 图片有时会在图片尺寸、字体、文本粗细等样式上与制作者原本的设计有出入，这时就要先在 SVG 图片的代码中按照原设计对样式进行修改，然后再将修改后的图片添加到网页中。

2. 如何在网页中显示存储在其他网页中的可视化内容

如前所述，例 6-1 在整合代码形式的可视化内容时将采用先把可视化内容存储于（嵌入）单独的 HTML 文档中，再整合到新闻作品主页面的做法。前面的章节已经介绍了如何将通过 Tableau Desktop、ECharts 2.0、ECharts 4.0 绘制的可视化内容嵌入一个网页（同样适用于嵌入一个单独的 HTML 文档），故本节不再赘述。本例将嵌入了用 Tableau Desktop 绘制的气泡图（仪表板）的 HTML 文档命名为"tableaububble"，将嵌入了用 ECharts 2.0 绘制的堆积柱状图（见图 6-2）的 HTML 文档命名"echarts"（可扫描 6.2.1 节最后的二维码查看该文档，即其中的 B.1.5 部分），将嵌入了用 ECharts 4.0 绘制的地理信息可视化内容的 HTML 文档命名为"echartsmap"。用 D3.js 绘制如图 4-4 所示的堆积条形图本来就是在一个 HTML 文档中进行的，如前所述，绘制完成后形成了包含此 D3.js 可视化内容的 HTML 文档 d3chart.html 和用于设置该可视化内容样式的 CSS 文档 d3.css（可扫描 6.2.1 节最后的二维码查看，即其中的 B.1.6 和 B.2.2 部分）。至于用 Plotly 绘制的如图 6-3 所示的图表，在该图表绘制完成后，从 Plotly 平台上下载代码压缩包，便可获得与该可视化内容相关的 HTML 文件（index.html，重命名为"plotly"）、JavaScript 文件（plotlyjs-bundle.js、figure.js）和图片文件，主要保留 HTML 文件和 JavaScript 文件。前面提到，要将这些单独存储于各 HTML 文档的可视化内容整合到新闻作品主页面，实际上都是要在一个网页（主页面）中显示存储在其他网页中的可视化内容，由于做法相同，故本节主要以嵌入用 D3.js 绘制的可视化内容为例，对该做法进行说明。

如前所述，例 6-1 中用于展现北京城六区三星级以上、三星级、三星级以下星级饭店数量的堆积条形图（见图 4-4）绘制完成后，形成了包含此 D3.js 可视化内容的 HTML 文档 d3chart.html 及进行样式设置的 CSS 文档 d3.css。d3chart.html 中的 D3.js 可视化内容要整合到作品主页面"六区游"页面 sixdistrictstour.html，在该页面的指定区域显示（显示在一个类名为"block-graph"的\<div\>元素内），即要实现在一个网页中显示存储在其他网页中的可视化内容，前面的章节已经提到过，可通过\<iframe\>元素来达到此目标。

使用<iframe>元素时就好像在要整合 D3.js 可视化内容的网页中打开了一个"窗口"，通过该"窗口"来加载和显示存储在另一个网页中的内容。就本例而言，用<iframe>元素在上述指定区域显示 d3chart.html 中 D3.js 可视化内容的方法是向 sixdistrictstour.html 中类名为"block-graph"的<div>元素内添加如下代码。

```
<iframe  src="d3chart.html"  frameborder="no"  scrolling="no"
width='650' height='420'></iframe>
```

在上述<iframe>元素中，通过 src 属性指向了 HTML 文档 d3chart.html（使用的是相对路径），并分别通过 width 属性和 height 属性定义了<iframe>元素的宽（650 像素）和高（420 像素），即定义了"窗口"的尺寸。而且，通过 frameborder 属性的设置使 iframe 的外框不出现边框，通过 scrolling 属性的设置使 iframe 的外框不出现滚动条。

进一步，上述代码放置在主页面 sixdistrictstour.html 中类名为"block-graph"的<div>元素内以后，再用 CSS 为该<div>元素设置样式，就能使 D3.js 可视化内容在主页面中按需要的效果显示。例如，在关于例 6-1 页面样式设置的 CSS 文档 style.css 中按照如下代码设置该<div>元素的样式，就能使 D3.js 可视化内容居中显示，并与其上、下的内容各分开 10 像素的距离。

```
.block-graph {
    margin: 10px auto;    /* 使该<div>元素水平居中显示，上、下的外边距
分别为 10 像素。 */
    text-align: center;        /* 使该<div>元素内部的内容居中对齐 */
}
```

以上的样式设置不仅可以用于 D3.js 可视化内容的显示，而且可以用于作品所有主页面的所有放置在类名为"block-graph"的<div>元素中的图表。此外，该 D3.js 可视化内容本身也没有设置标题，我们同样可以在放置该图表的<div>元素内部添加一个<h1>元素，从而为其添加标题，并使用 CSS 设置其样式。设置标题及其样式的 HTML 代码和 CSS 代码分别添加在 HTML 文档 sixdistrictstour.html 和 CSS 文档 style.css 中（由于例 6-1 中的其他若干图表也要设置标题，因此，我们对这些标题统一进行样式设置），可扫描 6.2.1 节最后的二维码查看这两个文档，分别是其中的 B.1.3 和 B.2.1 部分。

综上所述，要在一个网页的指定区域内显示存储在另一个网页中的可视化内容，可以使用<iframe>元素。这样加载的好处是，可以将图表代码与HTML页面框架的代码分开，从而，除了如前文所述，可以使代码结构更清晰，也方便修改、更新图表外，还可以更方便地调节可视化内容的呈现位置、呈现范围的大小等，这时一般只要调整<iframe>元素的位置和尺寸即可。

3. 如何添加文案及设置其显示效果

文案一般都是普通的文本段落，因此，添加文案就是向网页中添加文本段落。概括地说，可以将文案段落输入或粘贴到一个<div>元素的内部。如6.3.2节所述，例6-1专门定义了类名为"block-text"的<div>元素来放置解释文案。不过，最好让每一个文案段落都先包含在一个<p>元素内，再将这些<p>元素嵌套在<div>元素中。可以用CSS为<p>元素和<div>元素设置样式，以决定文本段落的字体、字号、行高及与周边元素之间的留白等。例如，下面的HTML代码和CSS代码就实现了向一个类名为"block-text"的<div>元素内部添加一段解释文案，并设置该文案的显示样式。

```
<!--HTML-->
<div class="block-text">
    <p>来到帝都，大家都想好好玩一玩。不过每个游客的时间、资金和精力不同，兴趣也不一样，依据自身的旅游需求选择适合的线路玩法，才能有更好的旅游体验。小编依据时间、资金、兴趣等因素，规划了三种游玩策略——全面游、六区游和轻松游。全面游带大家全面了解北京各区的等级景区和星级饭店，六区游向大家介绍城六区的景区与饭店情况，轻松游围绕北京的两个中心城区——东城区和西城区，带大家具体了解这两个区的景区、饭店情况。大家根据自己的旅游需求，点击上面的菜单，选择适合自身的游玩策略吧。</p>
</div>
```

```
/* CSS */
/* 为类名为"block-text"的<div>元素设置样式 */
.block-text {
    margin: 10px;              /* 将该<div>元素上下左右的外边距都
设置为10像素 */
}
```

```
/* 为类名为 "block-text" 的<div>元素内的<p>元素（段落）设置样式 */
.block-text p {
    font-family: "宋体";              /* 设置字体为宋体 */
    font-size: 16px;                 /* 设置字号为 16 像素 */
    line-height: 32px;               /* 设置段落的行高为 32 像素 */
    text-indent: 2em;                /* 设置段落首行缩进 2 字符 */
    text-align: justify;             /* 设置文本段落的对齐方式为两端对齐 */
}
```

综上所述，经过搭建网页框架、制作导航菜单、嵌入可视化内容和文案、添加栏头和页脚信息等步骤，就能完成可视化内容的整合呈现，进而形成一个完整的数据新闻报道。

6.4　小结

本章通过介绍一个以"北京旅游"为主题的数据新闻报道（也是贯穿全书的实例背景）的制作过程，将本书前面几个章节串联起来，并展示了一个基于网页形式整合可视化内容的实践过程与方法。本章虽然介绍了许多基于 HTML 和 CSS 制作网页的内容，但主要目的还在于讨论可视化内容的整合呈现过程。读者不一定非要采取编写代码的方式，也可以根据实际情况选择自己所熟悉的工具来完成整合过程。若不局限数据新闻作品的呈现形式，且不考虑使用不同的可视化工具来制作和准备可视化内容，那么，本书第 3～5 章介绍的若干可视化工具，如 AI、Tableau Desktop、Plotly 及基于模板的信息图可视化实践工具等，也都可以用于整合可视化内容。无论用什么样的工具，最终都要将可视化内容通过一个完整的新闻故事叙述整合在一起，这也使得可视化实践在数据新闻中的价值能够得到更充分的体现。

参 考 文 献

[1] Auer S，Bizer C，Kobilarov G，Lehmann J，Cyganiak R，Ives Z. DBpedia: a nucleus for a web of open data. In: Aberer K. et al.（eds）The Semantic Web. Lecture Notes in Computer Science，vol 4825. Springer, Berlin, Heidelberg.

[2] Wikipedia. Open data. http://en.wikipedia.org/wiki/Open_data.

[3] 方洁，颜冬. 全球视野下的"数据新闻"：理念与实践. 国际新闻界，2013，35（6）：73-83.

[4] 郎劲松，杨海. 数据新闻：大数据时代新闻可视化传播的创新路径. 现代传播（中国传媒大学学报），2014，36（3）：32-36.

[5] Ren L. Research on interaction techniques in information visualization. Ph.D. Thesis，Beijing：The Chinese Academy of Sciences，2009 (in Chinese with English abstract).

[6] Card S K，Mackinlay J D，Shneiderman B. Readings in Information Visualization：Using Vision to Think. San Francisco：Morgan-Kaufmann Publishers，1999.

[7] 任磊，杜一，马帅，等. 大数据可视分析综述. 软件学报，2014，25（9）：1909-1936.

[8] 郑蔚雯，姜青青. 大数据时代，外媒大报如何构建可视化数据新闻团队?——《卫报》《泰晤士报》《纽约时报》实践操作分析. 中国记者，2013，（11）：132-133.

[9] Gray J，Bounegru L，Chambers L. The Data Journalism Handbook. O'Reilly Media，2012.

[10] Gray J，Bounegru L，Chambers L. The Data Journalism Handbook. European Journalism Centre. https://datajournalism.com/read/handbook/one.

[11] Gray J，Bounegru L，Chambers L. 数据新闻手册. 崔岸雍，等译. http://datajournalismhandbook.org/chinese/index.html.

[12] Gray J，Bounegru L，Chambers L. The Data Journalism Handbook 2. European Journalism Centre. https://datajournalism.com/read/handbook/two.

[13] Fink K，Anderson C W. Data journalism in the United States. Journalism Studies，2015，16（4）：467-481.

[14] ProPublica. Treatment Tracker：the doctors and services in medicare part B. https://projects.propublica.org/treatment/，accessed on 2015-10-19，2016-11-07 and 2018-11-17，data updated December，2017.

[15] Lorenz M. Status and outlook for data driven journalism. Paper presented at the Conference of data-driven journalism Amsterdam round-table held in Amsterdam on 24 August 2010. The Netherlands. http://mediapusher.eu/datadrivenjournalism/pdf/ddj_paper_final.pdf.

[16] Cocco F. Hacks and hackers gather to write the first Data Journalism Handbook.

DataDrivenJournalism.net. http://datadrivenjournalism.net/news_and_analysis/hacks_and_hackers_gather_to_write_the_first_data_journalism_handbook，2011.

[17] 马金馨. 从《纽约时报》、彭博社看数据新闻的运用及发展. 中国记者，2015，（1）：93-94.

[18] Kramer M. What Matthew Liddy learned in his first year running an interactive storytelling unit. Poynter. https://www.poynter.org/reporting-editing/2015/what-matthew-liddy-learned-in-his-first-year-running-an-interactive-storytelling-unit/，2015.

[19] John S. and James L. Knight Foundation. NEW RESEARCH EFFORT AT COLUMBIA UNIVERSITY SEEKS BEST PRACTICES FOR DIGITAL REPORTING https:// knightfoundation.org/press/releases/new-research-effort-columbia-university-seeks-best/，2012.

[20] Mock M. Complexity & Context DATA JOURNALISM SYMPOSIUM. Berkeley Advanced Media Institute. https://multimedia.journalism.berkeley.edu/blog/2013mar20our-first-ever-data-journalism-symposium/，2013.

[21] 马轶群. 当新闻先生遇上数据小姐——新华网的数据新闻探索. 中国传媒科技，2014，（Z1）：13-16.

[22] 财新数据可视化实验室. 关于. http://vislab.caixin.com/?cat=5.

[23] 徐锐，万宏蕾. 数据新闻：大数据时代新闻生产的核心竞争力. 编辑之友，2013，（12）：71-74.

[24] 苏宏元，陈娟. 从计算到数据新闻：计算机辅助报道的起源、发展、现状. 新闻与传播研究，2014，21（10）：78-92+127-128.

[25] 石磊，曾一. 融合传播视角下的数据新闻. 四川师范大学学报（社会科学版），2014，41（6）：143-147.

[26] 喻国明. 从精确新闻到大数据新闻——关于大数据新闻的前世今生. 青年记者，2014，（36）：43-44.

[27] 钱进，周俊. 从出现到扩散：社会实践视角下的数据新闻. 新闻记者，2015，（2）：60-66.

[28] 黄骏. 新闻产生机理观察：从精确到数据. 重庆社会科学，2015，（9）：99-105.

[29] 王勇，王冠男，戴爱红. 国内数据新闻本体发生发展研究述评. 昆明理工大学学报（社会科学版），2015，15（6）：92-102.

[30] Ward M，Grinstein G，Keim D. Interactive Data Visualization：Foundations，Techniques，and Applications. Natick，MA，USA：A. K. Peters，Ltd.，2010.

[31] 陈为，沈则潜，陶煜波，等. 数据可视化. 北京：电子工业出版社，2013.

[32] 任永功，于戈. 数据可视化技术的研究与进展. 计算机科学，2004，31（12）：92-96.

[33] Tominski C. Event-based visualization for user-centered visual analysis. Ph.D. Thesis，Rostock：Institute for Computer Science，University of Rostock，2006.

[34] 俞连笙. 统计图表与地图. 地图，1988，（4）：17-19.

[35] 郑康杰，施侣元，陆云霞. 常用统计图表的绘制方法与常见错误辨析. 公共卫生与预防

医学，2006，17（3）：96-98.

[36] 关武阳. 统计图表 世界都在流行. 数据，2013，（4）：28-29.

[37] 丁传礼，王廷兰. 统计地图与统计图表的应用. 热带地理，1990，10（2）：143-150.

[38] 黄婷. 浅谈信息时代现代信息图设计. 西安文理学院学报（社会科学版），2015，18（3）：117-120.

[39] James R B，Dorothy L R. Quantitative graphics in statistics：a brief history. The American Statistician，1978，32（1）：1-11.

[40] 自国天然，冯岚. 信息图的前世今生. 青年记者，2015，（29）：12-13.

[41] 战晓良. 信息图设计中图形语言的准确性控制. 美术教育研究，2014，（14）：40.

[42] Hart J C. Data Visualization. University of Illinois at Urbana-Champaign. Coursera Inc. https://www.coursera.org/learn/datavisualization.

[43] 张艳. 论数据新闻的图像表意与审美转向. 编辑之友，2015，（3）：85-88.

[44] 张枝令. 结构化数据及非结构化数据的分类方法. 宁德师专学报（自然科学版），2007，19（4）：417-420.

[45] 陈琛. 了解美国"非结构化"数据分析产业，先来看看 Taste Analytics 的变革. 钛媒体. https://www.tmtpost.com/1437400.html，2015.

[46] 李琳. 搜索引擎信息检索功能与检索技巧. 图书馆建设，2000，（6）：73-75.

[47] 励漪. 上海开放政府数据资源.人民日报海外版. http://paper.people.com.cn/rmrbhwb/html/2014-05/15/content_1428490.htm，2014.

[48] 北京市政务数据资源网. 网站介绍. https://data.beijing.gov.cn/gywm/wzjs/index.htm.

[49] 肖拥军. 数据开放的经济学分析. 中国经济和信息化，2014，（18）：81-83.

[50] 中国 IDC 圈. 开放数据中心 2014 峰会在京召开. http://news.idcquan.com/news/ 60778. shtml，2014.

[51] 复旦大学，国家信息中心数字中国研究院. 2019 中国地方政府数据开放报告. http://ifopendata.fudan.edu.cn/static/papers/%E4%B8%AD%E5%9B%BD%E5%9C%B0%E6%96%B9%E6%94%BF%E5%BA%9C%E6%95%B0%E6%8D%AE%E5%BC%80%E6%94%BE%E6%8A%A5%E5%91%8A2019%E4%B8%8A%E5%8D%8A%E5%B9%B4.pdf，2019.

[52] 方洁. 数据新闻概论：操作理念与案例解析. 北京：中国人民大学出版社，2015.

[53] Howe J. The rise of crowdsourcing. Wired Magazine，2006，14.06：1-5.

[54] Howe J. Crowdsourcing：A Definition. Crowdsourcing. https://crowdsourcing.typepad.com/cs/2006/06/crowdsourcing_a.html，2006.

[55] Veltman N. Web APIs for non-programmers. GitHub，Inc. https://github.com/veltman/learninglunches/tree/master/apis，2013.

[56] 崔江涛. 开放 Web API 时代正在逐步走近. 程序员，2008，（4）：44+8.

[57] 廖雪峰. 使用新浪微博 API：创建 SDK. 廖雪峰的官方网站. https://www.liaoxuefeng. com/article/895920700915104，2012.

[58] Hardt D，ed. The OAuth 2.0 Authorization Framework. https://tools.ietf.org/html/rfc6749，2012.

[59] 新浪开放平台. 新手指南. https://open.weibo.com/wiki/%E6%96%B0%E6%89%8B% E6%8C% 87%E5%8D%97.

[60] Yau N. 鲜活的数据：数据可视化指南. 向怡宁，译. 北京：人民邮电出版社，2012.

[61] 张秀秀，张立峰. PDF 文件文本内容提取研究. 科技情报开发与经济，2008，18（36）：118-120.

[62] 王琳琳. PDF 文件格式及其在图书馆中的应用. 现代情报，2005，25（6）：89-90.

[63] Whatley K. XML 新手入门基础知识. IBM Developer. https://www.ibm.com/ developerworks/cn/xml/x-newxml/，2009.

[64] W3School. XML 的用途. https://www.w3school.com.cn/xml/xml_usedfor.asp.

[65] JSON.ORG. Introducing JSON. https://www.json.org/json-en.html.

[66] W3School. XML 教程. https://www.w3school.com.cn/xml/index.asp.

[67] W3School. 关于我们. https://www.w3school.com.cn/about/about_us.asp.

[68] W3C. Home. https://www.w3.org/.

[69] McLaughlin B. 掌握 Ajax，第 10 部分 使用 JSON 进行数据传输 以原生方式操作JavaScript 对象. IBM Developer. https://www.ibm.com/developerworks/cn/web/wa-ajaxintro10/，2007.

[70] MDN web docs. JavaScript 指南——使用对象. https://developer.mozilla.org/zh-CN/docs/ Web/JavaScript/Guide/Working_with_Objects，2020.

[71] W3School. JavaScript 对象方法. https://www.w3school.com.cn/js/js_object_methods.asp.

[72] Aziz A，Mitchel S. An Introduction to JavaScript Object Notation （JSON） in JavaScript and .NET. Microsoft. https://msdn.microsoft.com/en-us/library/bb299886.aspx，2007.

[73] MDN web docs. JavaScript 指南——语法和数据类型. https://developer.mozilla.org/zh-CN/ docs/Web/JavaScript/Guide/Grammar_and_types，2020.

[74] Alman B. There's no such thing as a "JSON Object". "Cowboy" Ben Alman. http:// benalman.com/news/2010/03/theres-no-such-thing-as-a-json/，2010.

[75] MDN web docs. JavaScript 数据类型和数据结构. https://developer.mozilla. org/zh-CN/docs/ Web/JavaScript/Data_structures，2020.

[76] MDN web docs. JavaScript 标准内置对象——Array. https://developer.mozilla.org/zh-CN/ docs/Web/JavaScript/Reference/Global_Objects/Array，2019.

[77] W3School. JavaScript 教程. https://www.w3school.com.cn/js/index.asp.

[78] 刘军，张净. 基于 DOM 的网页主题信息的抽取. 计算机应用与软件，2010，27（5）：188-190.

[79] W3School. HTML DOM 简介. https://www.w3school.com.cn/htmldom/dom_intro.asp.

[80] W3School. XML DOM 简介. https://www.w3school.com.cn/xmldom/dom_intro.asp.

[81] D3.js. Overview. https://d3js.org/.

[82] MDN web docs. SVG. https://developer.mozilla.org/zh-CN/docs/Glossary/SVG，2019.

[83] Segnini G. Chapter 5：Investigating with databases：Verifying data quality. Silverman C. Verification Handbook. https://datajournalism.com/read/handbook/verification-2/5-investigating-with-databases-verifying-data-quality.

[84] Tabula. Tabula：Extract Tables from PDFs. https://tabula.technology/.

[85] Richardson L. Beautiful Soup 4.4.0 文档. https://www.crummy.com/software/BeautifulSoup/bs4/doc.zh/.

[86] Rahm E，Do H H. Data cleaning：problems and current approaches. IEEE Bulletin of the Technical Committee on Data Engineering，2000，23（4）：3-13.

[87] 王曰芬，章成志，张蓓蓓，等. 数据清洗研究综述. 现代图书情报技术，2007，（12）：50-56.

[88] 陈丹奕. 数据清洗的一些梳理. 知乎专栏——一个数据分析师的自我修养. 知乎. https://zhuanlan.zhihu.com/p/20571505，2016.

[89] 刘鹏，雷蕾，张雪凤. 缺失数据处理方法的比较研究. 计算机科学，2004（10）：155-156+174.

[90] 乔珠峰，田凤占，黄厚宽，等. 缺失数据处理方法的比较研究. 计算机研究与发展，2006，43（z1）：171-175.

[91] OpenRefine. Home. https://openrefine.org/.

[92] Cohen J，Dolan B，Dunlap M，et. al. MAD skills：new analysis practices for big data. Proceedings of the VLDB Endowment，2009，2（2）：1481-1492.

[93] 数据委. 什么是数据分析. 中国数据分析行业网. http://www.chinacpda.org/hangyejieshao/3056.html，2016.

[94] 尼尔•J. 萨尔金德. 爱上统计学. 史玲玲，译. 第 2 版. 重庆：重庆大学出版社，2011.

[95] IBM. SPSS. https://www.ibm.com/cn-zh/analytics/spss-statistics-software.

[96] 桑一册. IBM SPSS Statistics 实用讲解系列，第 1 部分. IBM Developer. https://www.ibm.com/developerworks/cn/data/library/techarticle/dm-1107sangys/，2011.

[97] SAS Institute Inc. 基础工具. https://www.sas.com/zh_cn/software/foundation.html.

[98] 陆远蓉. 使用数据挖掘工具 Weka. 电脑知识与技术，2008，1（6）：988-990+993.

[99] 阿稳. R——不仅仅是一门语言. 程序员，2010，（8）：80-82.

[100] The R Foundation. The R Project for Statistical Computing. https://www.r-project.org/.

[101] The R Foundation. What is R? https://www.r-project.org/about.html.

[102] 亿瑞设计. Illustrator CS5 从入门到精通. 北京：清华大学出版社，2013.

[103] Nandeshwar A. Tableau 数据可视化实战. 任万凤，刁钰，译. 北京：机械工业出版社，2014.

[104] Microsoft. 什么是 Power BI？. https://powerbi.microsoft.com/zh-cn/what-is-power-bi/.

[105] W3School. HTML 教程. https://www.w3school.com.cn/html/index.asp.

[106] W3School. HTML5 教程. https://www.w3school.com.cn/html5/index.asp.

[107] W3School. CSS 教程. https://www.w3school.com.cn/css/index.asp.

[108] W3School. CSS3 教程. https://www.w3school.com.cn/css3/index.asp.

[109] W3School. HTML 页面中的 SVG. https://www.w3school.com.cn/svg/svg_inhtml.asp.

[110] Bostock M，Ogievetsky V，Heer J. D³：data-driven documents. IEEE Transactions on Visualization and Computer Graphics，2011，17（12）：2301-2309.

[111] Savva M，Kong N，Chhajta A，et. al. ReVision：automated classification，analysis and redesign of chart images. UIST'11: Proceedings of the 24th Annual ACM Symposium on User Interface Software and Technology，Santa Barbara，California，USA，October 16-19，2011：393-402.

[112] Wikipedia. D3.js. https://en.wikipedia.org/wiki/D3.js.

[113] W3School. HTML DOM 节点. https://www.w3school.com.cn/htmldom/dom_nodes.asp.

[114] W3C DOM Interest Group. Document Object Model（DOM）. https://www.w3.org/DOM/，2005.

[115] D3.js. API Reference. GitHub，Inc. https://github.com/d3/d3-3.x-api-reference/blob/master/API-Reference.md.

[116] D3.js. D3 API Reference. GitHub，Inc. https://github.com/d3/d3/blob/master/API.md.

[117] MDN web docs. SVG——g. https://developer.mozilla.org/zh-CN/docs/Web/SVG/Element/g，2019.

[118] MDN web docs. SVG——基础变形. https://developer.mozilla.org/zh-CN/docs/Web/SVG/Tutorial/Basic_Transformations，2019.

[119] MDN web docs. SVG——use. https://developer.mozilla.org/zh-CN/docs/Web/SVG/Element/use，2019.

[120] D3.js. API Reference-Core-Selections. GitHub，Inc. https://github.com/d3/d3-3.x-api-reference/blob/master/Selections.md.

[121] Bostock M. Thinking with Joins. https://bost.ocks.org/mike/join/，2012.

[122] Li D Q，Mei H H，Shen Y，et. al. ECharts：A declarative framework for rapid construction of web-based visualization. Visual Informatics，2018，2（2）：136-146.

[123] Baidu. ECharts 2.0 Architecture. https://info.swufe.edu.cn/netinfo/echarts/doc/feature.html.

[124] Baidu. ECharts 特性. http://echarts.baidu.com/feature.html.

[125] ECharts. 特性. https://echarts.apache.org/zh/feature.html.

[126] Baidu. ECharts 2.0 参考手册. https://info.swufe.edu.cn/netinfo/echarts/doc/doc.html.

[127] ECharts. 术语速查手册. https://echarts.apache.org/zh/cheat-sheet.html.

[128] ECharts. 配置项手册. https://echarts.apache.org/zh/option.html#title.

[129] ECharts. GL 配置项手册. https://echarts.apache.org/zh/option-gl.html#globe.

[130] Baidu. 5 分钟上手写 ECharts 的第一个图表. https://info.swufe.edu.cn/netinfo/echarts/doc/start.html.

[131] Echarts. 5 分钟上手 ECharts. https://echarts.apache.org/zh/tutorial.html#5%20%E5%88%86%E9%92%9F%E4%B8%8A%E6%89%8B%20ECharts.

[132] 蚂蚁金服. AntV. https://antv.vision/zh.

[133] Wikipedia. Google Chart API. https://en.wikipedia.org/wiki/Google_Chart_API.

[134] Google. Google Charts. http://developers.google.com/chart/.

[135] IOLA and Ole Laursen. Flot. http://www.flotcharts.org/.

[136] The jQuery Foundation. jQuery. https://jquery.com/.

[137] Jones M. 用 Processing 进行数据可视化，第 1 部分：语言和环境简介. IBM Developer. https://www.ibm.com/developerworks/cn/opensource/os-datavis/，2010.

[138] 谭亮. Processing 互动编程艺术. 北京：电子工业出版社，2011.

[139] 谭亮. 基于 Processing 的代码艺术应用研究. 装饰，2012，（2）：104-105.

[140] Kabacoff R I. R 语言实战. 高涛，肖楠，陈钢，译. 北京：人民邮电出版社，2013.

[141] Wikipedia. Plotly. https://en.wikipedia.org/wiki/Plotly.

[142] 谭文文，丁世勇，李桂英. 基于 webGL 和 HTML5 的网页 3D 动画的设计与实现. 电脑知识与技术，2011，7（28）：6981-6983.

[143] Plotly. Chart Studio. https://plotly.com/chart-studio/.

[144] Flowing Media，Inc. TIME FLOW. http://www.flowingmedia.com/timeflow.html.

[145] Microsoft. Get started with Power Map. https://support.microsoft.com/en-us/office/get-started-with-power-map-88a28df6-8258-40aa-b5cc-577873fb0f4a?ui=en-us&rs=en-us&ad=us.

[146] 杨峰. 从科学计算可视化到信息可视化. 情报杂志，2007，26（1）：18-20+24.

[147] Victor B. Tangle：Getting Started. http://worrydream.com/Tangle/guide.html.